D1665884

Das neue GATT

Die Welthandelsordnung
nach Abschluß der Uruguay-Runde

Von

Prof. Dr. Heinz Hauser

und

Dipl.-Volkswirt Kai-Uwe Schanz

R. Oldenbourg Verlag München Wien

Die Deutsche Bibliothek - CIP-Einheitsaufnahme

Hauser, Heinz:
Das neue GATT : die Welthandelsordnung nach Abschluß der
Uruguay-Runde / von Heinz Hauser und Kai-Uwe Schanz. -
München ; Wien : Oldenbourg, 1995
    ISBN 3-486-23005-0
NE: Schanz, Kai-Uwe

Gesamtherstellung: R. Oldenbourg Graphische Betriebe GmbH, München

ISBN 3-486-23005-0

Vorwort

Ohne die vielfältige Unterstützung durch Dritte hätte das vorliegende Buch nicht in der verfügbaren kurzen Zeit fertiggestellt werden können. Für ihre wertvolle Mitarbeit am Manuskript sind wir Frau Dipl.-Ökonomin Hilge Timm zu besonderem Dank verpflichtet. Auch den Herren Prof. Dr. Thomas Cottier, Dr. Peter Moser und lic. rer. publ., LL.M. Andreas Ziegler gebührt unser Dank für zahlreiche Anregungen und Hinweise. Unzählige Vorschläge zur besseren Lesbarkeit des Buches verdanken wir v.a. Frau Steffi Kukuk, Frau Katja Maneff, Frau Andrea Martel und Herrn Antonio Annecchiarico. Stellvertretend für die Abteilung Welthandel-GATT im schweizerischen Bundesamt für Aussenwirtschaft sei an dieser Stelle Herrn Minister Dr. Luzius Wasescha gedankt, der uns mit aktuellen Informationen von der "Verhandlungsfront" in Genf versorgte. Unverzichtbare Hilfe bei der Erstellung des reproduktionsfähigen Manuskripts haben schliesslich die Herren Patrick Maier und Reto Schnarwiler geleistet. Alle Fehler und Unvollkommenheiten gehen jedoch auf unser Konto.

Heinz Hauser; Kai-Uwe Schanz

Inhaltsverzeichnis

Kapitel 3: Weiterentwicklung der
Welthandelsordnung

Zur Verwendung des Buches

Hintergrund des Buches:

Am 15. April 1994 wurden in Marrakesch die in mehr als siebenjährigen Verhandlungen erzielten Ergebnisse der Uruguay-Runde des Allgemeinen Zoll- und Handelsabkommens (GATT) von 111 Ländern unterzeichnet.

Die aus der **Uruguay-Runde** hervorgehende **neue Welthandelsordnung** stellt einen **Meilenstein** in den internationalen Wirtschaftsbeziehungen dar: Das bislang nur provisorisch angewandte GATT-Abkommen aus dem Jahre 1947 wird in eine neue internationale Organisation, die **Welthandelsorganisation (WTO)**, überführt.

Mit der Gründung der WTO werden folgende zentrale Ziele verfolgt:
- die Schaffung eines einheitlichen institutionellen Rahmens für die **drei Hauptsäulen der neuen Welthandelsordnung**:
  - die **Güterabkommen**:
    - das GATT-Abkommen von 1947 einschliesslich der Revisionen durch die Uruguay-Runde,
    - die revidierten Abkommen der Tokio-Runde (z.B. das Subventionsabkommen) und
    - neue spezifische Abkommen der Uruguay-Runde zur Eindämmung nicht-tarifärer Handelshemmnisse (z.B. Ursprungsregeln),
  - das **Dienstleistungsabkommen** und
  - das **Abkommen über den Schutz geistigen Eigentums**;
- die Gewährleistung der Übernahme *aller* Abkommen der Uruguay-Runde durch *alle* künftigen WTO-Mitglieder (***single package***-Ansatz).

Ziele und Inhalte des Buches:

Die vorliegende Arbeit möchte schwerpunktmässig einen **Überblick über die neue Welthandelsordnung** vermitteln. Hierbei steht im zentralen Kapitel 2 die Beantwortung folgender Fragen im Vordergrund:

- Welche Fortschritte konnten bei der weiteren **Liberalisierung der Marktzugangsmöglichkeiten** erzielt werden? Welche Vorkehrungen wurden getroffen, um zu verhindern, dass die abzubauenden Einfuhrzölle durch nicht-tarifäre Handelsbarrieren (z.B. technische Handelshemmnisse und Subventionen) ersetzt werden?

- Welche Perspektiven eröffnet die **Einbeziehung des Dienstleistungshandels** in die WTO-Disziplin?

- Welche Auswirkungen haben die Bestimmungen zum stärkeren **Schutz geistiger Eigentumsrechte** auf die Welthandelsströme?

- Was kann von der **institutionellen Stärkung des Welthandelssystems** im allgemeinen und von den griffigeren multilateralen Durchsetzungsmechanismen im besonderen erwartet werden?

Um dem Leser ohne Vorkenntnisse den Einstieg zu erleichtern, ist dem Buch ein **einführendes Kapitel über das GATT-System vor 1994** vorangestellt. Der Leser soll erkennen, dass die neue WTO-Ordnung nicht "aus dem Nichts" entstanden ist, sondern eine Weiterentwicklung des GATT-Vertrages von 1947 und der Ergebnisse vorangehender Welthandelsrunden darstellt. Hierbei werden u.a. folgende Fragen aufgeworfen:

- Auf welchen Grundsätzen beruht der GATT-Vertrag?

- Welche Erfolge und Misserfolge konnte bzw. musste das GATT in dem knappen halben Jahrhundert seines Bestehens verzeichnen?

Das Buch wird schliesslich abgerundet durch einen kurzen **Ausblick auf die künftige Weiterentwicklung der Welthandelsordnung**. Hierbei werden die wichtigsten, im Rahmen der Uruguay-Runde ungelöst gebliebenen Fragen beleuchtet:

- Droht eine Untergrabung der multilateralen WTO-Ordnung durch die immer mehr an Zuspruch gewinnenden regionalen Integrationsvereinbarungen (v.a. Freihandelszonen)?

- Wie kann dem Anliegen des Umweltschutzes stärker Geltung verschafft werden, ohne die Gefahr einer neuen Welle des Protektionismus heraufzubeschwören?

- Wie können *private* Wettbewerbsbehinderungen (z.B. Importkartelle) wirksam bekämpft werden?

Adressatenkreis des Buches:

Wir wenden uns vornehmlich an **Studierende der Wirtschaftswissenschaften** mit abgeschlossenem Vordiplom. Da nicht nur gesamtwirtschaftliche, sondern auch unternehmerische Implikationen der neuen Welthandelsordnung skizziert werden, umfasst der Adressatenkreis Studierende der Volks- *und* Betriebswirtschaftslehre. Darüber hinaus möchten wir - in Anbetracht der in die Arbeit eingebrachten juristischen Literatur - die Aufmerksamkeit von Studierenden der Rechtswissenschaften mit der Vertiefungsrichtung Wirtschaftsvölkerrecht gewinnen.

Der Adressatenkreis beschränkt sich jedoch nicht auf den akademischen Bereich, sondern umfasst auch **Experten in der öffentlichen Verwaltung und den Wirtschaftsverbänden**. Schliesslich sind wir überzeugt, dass auch **Führungskräfte insbesondere multinationaler Unternehmen** für die operative und strategische Planung aus dem vorliegenden Buch nützliche Anregungen beziehen können.

Kapitel 1

Das GATT vor 1994

Das folgende Kapitel vermittelt einen Überblick über die tragenden Prinzipien des GATT-Vertrages sowie die wichtigsten Errungenschaften und Unzulänglichkeiten des bisherigen GATT-Welthandelssystems. Der Leser lernt im folgenden mit dem **GATT-Vertrag** ein **Kernstück der neuen Welthandelsordnung** kennen, die als Fortentwicklung und Fortschreibung des "alten" GATT betrachtet werden kann.

Abbildung 1.1 illustriert die Rolle des GATT-Vertrages in der neuen Welthandelsordnung.

Abbildung 1.1:   Die neue Welthandelsordnung

1.1   Entstehung und Entwicklung[1]

Die Geschichte des Allgemeinen Zoll- und Handelsabkommens (GATT) reicht zurück bis in das Jahr 1941: Im Rahmen der sogenannten "**Atlantik-Charta**" verständigten sich die Alliierten auf die Grundzüge der politischen und wirtschaftlichen Nachkriegsordnung. U.a. wurde eine frühzeitige **Eindämmung aufkommender protektionistischer Tendenzen** beschlossen. Diese Zielsetzung, die ganz im Zeichen der verhängnisvollen handelspolitischen Fehler der 1930er Jahre stand[2], fand ihre erste Konkretisierung in der Gründung des **Internationalen Währungsfonds (IWF)** und der **Weltbank** 1944 im US-amerikanischen Bretton Woods.[3] Die Gründung der Vereinten Nationen (UN) im Jahre 1945 stellte die *politische* Ausprägung des in der "Atlantik-Charta" niedergelegten umfassenden Ordnungsentwurfs dar.

Neben IWF und Weltbank war die *International Trade Organization* **(ITO)** als **dritter institutioneller Pfeiler der Weltwirtschaftsordnung der Nachkriegszeit** vorgesehen. Den Anstoss für dieses Vorhaben gaben die USA Ende 1945 mit ihren "Proposals for Expansion of World

---

[1]   Einen guten Überblick geben u.a. Dam (1970), Hudec (1975), Long (1986), Mc Govern (1986), Senti (1986) und Jackson (1989).

[2]   U.a. hohe Handelsschranken (Zölle, Importverbote), Abwertungswettläufe - zahlreiche Industriestaaten versuchten, durch einseitige Abwertungsschritte die Exporte anzukurbeln und damit die wirtschaftliche Talfahrt zu bremsen - und Devisenkontrollen trugen massgeblich zu einer beispiellosen weltweiten Rezession bei, die ihrerseits die Keimzelle des Zweiten Weltkrieges bildete (vgl. Scammell (1964), S. 128, Jackson (1990a), S. 9ff., sowie Jarchow/Rühmann (1993), S. 106).

[3]   Vgl. grundlegend zu den sogenannten "Bretton Woods-Institutionen" Root (1990), S. 458ff.

Trade and Employment", die im Laufe des Jahres 1947 international beraten wurden und schliesslich die Grundlage für die Anfang 1948 von 54 Staaten unterzeichnete "Havanna Charter for an International Trade Organization" bildeten.[1] Die **ehrgeizigen Zielsetzungen der "Havanna Charter"** erstreckten sich nicht nur auf den Abbau von Einfuhrzöllen und die Regelbindung der nationalen Handelspolitiken, sondern u.a. auch auf multilateral[2] vereinbarte Vorschriften zur Eindämmung von *privaten* Wettbewerbsbeschränkungen sowie zur Schaffung günstiger Voraussetzungen für ausländische Direktinvestitionen.[3]

Das **Allgemeine Zoll- und Handelsabkommen (GATT)** war ursprünglich lediglich ein **Teilabkommen** über den Abbau von Zöllen und anderen Handelshemmnissen, das **in die ITO eingebettet** werden sollte. Die Zollzugeständnisse im Rahmen des GATT (Teil IV der vorgeschlagenen ITO-Satzung) traten am 1. Januar 1948 auf der Grundlage eines "Protocol of Provisional Application", das kaum institutionelle Bestimmungen enthielt, in Kraft.[4] Zu einer Integration des GATT in die ITO kam es jedoch nie, denn die **"Havanna Charter"**, die in wesentlichen Teilen die Handschrift der US-Regierung trug, **scheiterte** pikanterweise ausgerechnet am Widerstand des US-Kongresses.[5] Mit dem **Scheitern der ITO** avancierte das **GATT**, dem ursprünglich 23 Vertragsparteien angehörten,

---

[1]   Vgl. Jackson (1989), S. 32ff.

[2]   Multilaterale, d.h. von mehreren Staaten getroffene Vereinbarungen stehen im Gegensatz zu bilateralen, d.h. zweiseitigen Abmachungen, die häufig vom stärkeren Partner dominiert oder gar diktiert werden.

[3]   Vgl. EVD (1994), S. 3.

[4]   Vgl. Senti (1986), S. 19ff.

[5]   Die in den ITO-Statuten verankerten Handelsbeschränkungen bewogen massgebliche Kreise in Wirtschaft und Politik der USA zur Ablehnung der "Havanna Charter" (vgl. Scammell (1980), S. 41ff., sowie Senti (1986), S. 12).

zum **einzigen multilateralen Handelsabkommen**, wenn auch mit deutlich geringerem Regelungsumfang als die vorgesehene ITO und kaum vorhandener institutionell-organisatorischer Grundlage.[1]

In der Folge gelang es den GATT-Vertragsparteien, sich im Rahmen periodisch stattfindender Welthandelsrunden auf einen z.T. drastischen **Zollabbau** zu verständigen.[2] Darüber hinaus konnte im Rahmen der Tokio-Runde (1973-79) erstmals eine multilaterale **Disziplinierung wichtiger nicht-tarifärer Handelshemmnisse**[3] erreicht werden. Die hierzu vereinbarten Bestimmungen (u.a. zu Subventionen und Ausgleichszöllen[4], Antidumpingmassnahmen[5] und öffentlichen Beschaffungsvorhaben) haben ihren Niederschlag in separaten Abkommen, sogenannten Kodizes, gefunden. Diesen **Kodizes** gehört jeweils nur ein Teil der GATT-Vertragsparteien an, so dass ihre Relevanz für die handelspolitische Praxis beschränkt ist.

---

[1] Vgl. Berg (1976), S. 58ff.

[2] Vgl. zu Einzelheiten Abschnitt 1.3.

[3] Hierbei handelt es sich um Handelsbeschränkungen, die nicht auf Zöllen, sondern u.a. auf technischen Vorschriften (z.B. Abgaswerte bei Automobilen) und Einfuhrquoten beruhen.

[4] Mit derartigen Zöllen können Einfuhrgüter belegt werden, die im Herstellungsland in den Genuss staatlicher Subventionen gelangen und somit über künstliche Wettbewerbsvorteile auf den Märkten des Einfuhrlandes verfügen. Ausgleichszölle sollen derartige Wettbewerbsverzerrungen korrigieren (vgl. die Abschnitte 1.2.4 und 2.3.3).

[5] Antidumpingzölle werden gegen solche Einfuhrgüter verhängt, die den Tatbestand des Dumping erfüllen, d.h. im Ausland zu niedrigeren Preisen als im Inland angeboten werden (vgl. die Abschnitte 1.2.4 und 2.3.2).

1.2   Der GATT-Vertrag

Der GATT-Vertrag umfasst 38, z.T. sehr umfangreiche Artikel. Er besteht aus vier Teilen, die Abbildung 1.2 veranschaulicht.[1]

Abbildung 1.2:   Grobstruktur des GATT-Vertrages[2]

Teil I	Meistbegünstigung
Teil II	Inländerbehandlung; Ausnahmebestimmungen
Teil III	Geltungsbereich; organisatorische Fragen
Teil IV (1965 hinzugefügt)	Sonderbestimmungen für Entwicklungsländer

Da der strukturelle Aufbau des GATT-Vertrages recht unübersichtlich und wenig überzeugend ist, sollen im folgenden die wesentlichen Vertragsinhalte nicht in der im Vertragstext gewählten Reihenfolge, sondern anhand der zentralen Grundprinzipien des Abkommens vermittelt werden. Die Darstellung wird jeweils ergänzt durch eine kurze ökonomische Fundierung der einzelnen Bestimmungen.

---

[1]   Der Wortlaut des Vertrages findet sich z.B. bei Senti (1986), S. 371ff.

[2]   Wie bereits erwähnt, wird der Vertragstext ergänzt durch eine Reihe von Zusatzvereinbarungen (Kodizes), die jedoch nicht für alle GATT-Vertragsparteien gelten.

1.2.1 Das Gebot der Nichtdiskriminierung

Der Kern des GATT-Vertrages ist das **Nichtdiskriminierungsgebot** mit seinen beiden Ausprägungen, der **Meistbegünstigung** und der **Inländerbehandlung**.

Abbildung 1.3: Der GATT-Grundsatz der Nichtdiskriminierung

Meistbegünstigung (Artikel I)	Inländerbehandlung (Artikel III)
Nichtdiskriminierung ausländischer Produkte untereinander (an der Zollgrenze)	Nichtdiskriminierung ausländischer gegenüber inländischen Produkten (nach Überschreiten der Zollgrenze)

Das Meistbegünstigungsprinzip spiegelt sich im GATT-Vertrag wie folgt wider:

Artikel I, Absatz 1:

"Bei Zöllen und Belastungen aller Art, die anlässlich oder im Zusammenhang mit der Einfuhr oder Ausfuhr oder bei der internationalen Überweisung von Zahlungen für Einfuhren oder Ausfuhren auferlegt werden, bei dem Erhebungsverfahren für solche Zölle und Belastungen, bei allen Vorschriften und Förmlichkeiten im Zusammenhang mit der Einfuhr oder Ausfuhr und bei allen in Artikel III, Absätze 2 und 4 behandelten Angelegenheiten werden alle Vorteile, Vergünstigungen, Vorrechte oder Befreiungen, die eine Vertragspartei für eine Ware gewährt, welche aus einem anderen Land stammt oder für dieses bestimmt ist, unverzüglich und bedingungslos für alle gleichartigen Waren gewährt, die aus den Gebieten der anderen Vertragsparteien stammen oder für diese bestimmt sind."[1]

Der **Meistbegünstigungsgrundsatz** stellt sicher, dass jede einseitig gewährte oder mit ausgewählten Handelspartnern vereinbarte Handelsvergünstigung "unverzüglich und bedingungslos" *allen* GATT-Vertragsparteien zugänglich gemacht werden muss. So werden bspw. bilateral ausgehandelte Zollvergünstigungen nach dem Meistbegünstigungsprinzip multilateral wirksam.[2] Es besteht mit anderen Worten die GATT-rechtliche Verpflichtung zur **"Gleichbehandlung der Handelspartner an den Aussengrenzen"**[3]. Hervorzuheben ist allerdings, dass sich das Meistbegünstigungsgebot ausschliesslich auf den Güterhandel bezieht. Bedingungen für die Vornahme von Direktinvestitionen, die Erbringung von Dienstleistungen etc. bleiben ausgeklammert.[4]

---

[1]   Zitiert nach Senti (1986), S. 372.

[2]   Die tatsächliche Relevanz der Meistbegünstigungsverpflichtung wird jedoch stark beeinträchtigt durch zahlreiche Ausnahmebestimmungen, z.B. im Handel mit Entwicklungsländern (Teil IV GATT-Vertrag), bei der Begründung regionaler Präferenzräume (Artikel XXIV GATT-Vertrag) oder im Zusammenhang mit Schutzmassnahmen (Artikel XIX GATT-Vertrag). Vgl. hierzu überblicksartig Jackson (1989), S. 139f.

[3]   Hauser/Schanz (1993b), S. 2.

[4]   Vgl. Jackson/Davey (1986), S. 450ff. Gewährt bspw. der Stadtstaat Singapur US-Banken Vergünstigungen bei der Niederlassung und Geschäftätigkeit, besteht für Schweizer Banken (bislang noch) kein rechtlicher Anspruch, ebenfalls von diesen Marktzugangserleichterungen zu profitieren. Im Dienstleistungsbereich setzt jedoch die Uruguay-Runde auch hinsichtlich der Meistbegünstigung neue Massstäbe (vgl. Abschnitt 2.5).

Textbox 1.1:   **Beispiel zur Meistbegünstigung**

Wenn die japanische Regierung die auf US-amerikanischen Werkzeugmaschinen erhobenen Zölle von 10% auf 5% abbaut, gilt diese Zollsenkung unverzüglich und bedingungslos auch für deutsche, österreichische oder schweizerische Werkzeugmaschinen.

Die Absätze 2 und 3 sehen Ausnahmen von der Meistbegünstigungsverpflichtung im Zusammenhang mit historischen Präferenzabkommen vor, die jedoch zwischenzeitlich grösstenteils ausgelaufen sind oder aus anderen Gründen ihre handelspolitische Bedeutung eingebüsst haben.[1]

Das Prinzip der Meistbegünstigung lässt sich mit einer ganzen **Reihe ökonomischer Argumente** begründen:

(a)   Minimierung der Verzerrung relativer Preise
Die Aussenhandelstheorie zeigt, dass global ein höheres Wohlfahrtsniveau erreichbar ist, wenn internationale Handelsströme möglichst ungehindert fliessen können:[2] Jede am internationalen Handel beteiligte Volkswirtschaft kann sich auf die Produktion derjenigen Güter und Dienstleistungen spezialisieren, die ihren **spezifischen Fähigkeiten und komparativen Vorteilen** entsprechen. Infolge der **internationalen Spezialisierung** können die Produktionsfaktoren in ihrer jeweils produk-

---

[1]   Vgl. Senti (1986), S. 111.

[2]   Diese Aussage findet sich in allen einschlägigen Lehrbüchern zur Aussenhandelstheorie, so z.B. in Siebert (1991), S. 163ff. Eine einfache und gut aufbereitete Darstellung bietet Broll (1993), S. 17ff.

tivsten Kombination eingesetzt werden.

Zölle und nicht-tarifäre Handelshemmnisse beeinträchtigen aufgrund der resultierenden **Verzerrungen relativer Preise** und der **Fehlallokation von Produktionsfaktoren** die weltweite Wohlfahrt. Das Meistbegünstigungsprinzip reduziert die Verzerrungswirkungen auf ein Minimum, da Marktzugangskonzessionen allen GATT-Handelspartnern zugänglich gemacht, d.h. diskriminierungsfrei gewährt werden müssen. Importgüter können daher vom effizientesten Auslandsanbieter bezogen werden.[1]

(b)   Verallgemeinerung von Liberalisierungsfortschritten

Die Meistbegünstigung entfaltet eine unter dem Gesichtspunkt der weltweiten Handelsliberalisierung begrüssenswerte **Dynamik**, indem sie *alle* GATT-Vertragsparteien an erleichterten Marktzugangsbedingungen teilhaben lässt.[2]

(c)   Minimierung von Verhandlungskosten

Mit der Meistbegünstigung lassen sich beträchtliche Ressourcen, die auf die Aushandlung einer Vielzahl bilateraler Zollvereinbarungen verwendet werden müssten, einsparen.[3]

Neben der Meistbegünstigung umfasst das GATT-Nichtdiskriminierungsprinzip das **Gebot der Inländerbehandlung**. Die zentrale Bestimmung des GATT-Vertrages hierzu ist

---

[1] Vgl. ausführlicher Senti (1986), S. 361ff.

[2] Jackson (1989), S. 134, spricht von einem "multiplier effect of the MFN [most favored nation] clause".

[3] Vgl. ebd., S. 134f.

Artikel III, Absatz 4:

"Waren, die aus dem Gebiet einer Vertragspartei in das Gebiet einer anderen Vertragspartei eingeführt werden, dürfen hinsichtlich aller Gesetze, Verordnungen und sonstigen Vorschriften über den Verkauf, das Angebot, den Einkauf, die Beförderung, Verteilung oder Verwendung im Inland keine weniger günstige Behandlung erfahren als gleichartige Waren inländischen Ursprungs. (...)."[1]

Mit anderen Worten: Importierte Waren dürfen hinsichtlich der absatz-relevanten Rechts- und Verwaltungsvorschriften nicht schlechter gestellt werden als gleichartige Waren inländischer Herkunft. In Ergänzung zum Meistbegünstigungsprinzip gewährleistet der Grundsatz der **Inländerbehandlung** somit die **Nichtdiskriminierung ausländischer Waren** *nach* **Überschreiten der Zollgrenze**, z.B. bei der Belastung mit Verbrauchssteuern.

Artikel III des GATT-Vertrages besteht aus insgesamt zehn Absätzen. Hervorzuheben sind neben der zentralen Bestimmung des Absatzes 4
- die grundsätzliche Verpflichtung, interne Regulationen nicht zu protektionistischen Zwecken zu missbrauchen (Absatz 1),
- das Gebot der Nichtdiskriminierung importierter Waren im Hinblick auf die Steuer- und Abgabenbelastung (Absatz 2),
- das grundsätzliche Verbot von Mengen- oder Mischungsvorschriften zur Erzwingung eines Mindestanteils aus heimischen Produktionsquellen[2] (Absätze 5 und 7) und

---

[1] Zitiert nach Senti (1986), S. 375.

[2] Derartige Vorschriften werden in der Literatur unter dem Begriff "local content" diskutiert und spielen eine gewichtige Rolle im Abkommen der Uruguay-Runde über handelsrelevante Investitionsmassnahmen (vgl. Abschnitt 2.3.6).

• die Ausklammerung von Regierungskäufen[1] (Absatz 8).

Das Gebot der **Inländerbehandlung** stellt somit eine **notwendige Ergänzung zum Meistbegünstigungsprinzip** dar, damit ausländische Produkte nicht nur untereinander, sondern auch gegenüber inländischen Produkten in den Genuss einer diskriminierungsfreien Behandlung gelangen. Das Inländerbehandlungsprinzip zielt somit vornehmlich auf die Eindämmung nicht-tarifärer Handelshemmnisse ab, auf die Importgüter nach Überquerung der Zollgrenze stossen können.

Textbox 1.2:   Fallbeispiel zur Inländerbehandlung[2]

Die *US Superfund Act* von 1986 schrieb eine spezielle Verbrauchssteuer für importiertes Petroleum vor. Daraufhin lösten Kanada, Mexiko und die EU den GATT-Streitschlichtungsmechanismus aus: Sie argumentierten, die USA verstiessen mit der Erhebung einer Importe diskriminierenden inländischen Verbrauchssteuer gegen den GATT-Grundsatz der Inländerbehandlung. Das zur Klärung der Streitsache eingesetzte Panel folgte den klagenden Vertragsparteien und liess die Rechtfertigung der USA, die Sondersteuer diene zur Finanzierung umweltpolitischer Aufgaben im Interesse des Allgemeinwohls, nicht gelten: Das Panel bezeichnete die Zielsetzung der US-Massnahmen als völlig irrelevant. Entscheidend sei ausschliesslich die GATT-widrige Diskriminierung von importiertem Petroleum. Die USA leistetem dem Spruch des Panels Folge und gestalteten die *Superfund Act* GATT-konform um.

Quelle: Esty (1994), S. 266f.

---

[1]   Vgl. hierzu vertiefend Jackson (1989), S. 190ff.

[2]   Vgl. zum GATT-Streitschlichtungsmechanismus Abschnitt 1.2.8.

1.2.2 Begrenzung handelspolitischer Schutzmassnahmen auf Zölle

Der GATT-Vertrag bestimmt, dass handelshemmende Massnahmen auf "Zölle, Abgaben und sonstige Belastungen" zu beschränken sind.

Es gibt zahlreiche wirtschaftswissenschaftliche Argumente zur Rechtfertigung des grundsätzlichen GATT-rechtlichen Verbots mengenmässiger Handelsrestriktionen und der **Präferenz für Zollschutzmassnahmen**:

(a)   Transparenz
Zölle sind im Vergleich zu Quoten und sonstigen mengenmässigen Handelsbeschränkungen sehr viel transparenter.[1] Dies gilt vor allem für solche Zölle, die im Rahmen des GATT rechtsverbindlich in länderspezifischen Listen niedergelegt sind und nicht willkürlich erhöht werden dürfen.[2]

(b)   Schutzwirkungen
Quoten sind aus der Sicht des protektionistischen Politikers das "zuverlässigere" Instrument, da die gewünschte Schutzwirkung mit Sicherheit eintritt. Anders bei Zöllen: Wenn die ausländischen Exporteure unter den Bedingungen unvollkommenen Wettbewerbs agieren, können sie sich auf Preisnachlässe verständigen, um Marktanteilsverluste im Einfuhrland zu vermeiden oder zumindest zu begrenzen. Somit fällt die vom Importland angestrebte Reduktion der Einfuhren geringer als gewünscht aus.[3] Dementsprechend schwächer ist die resultierende Beeinträchtigung der

---

[1]   Vgl. Jackson (1989), S. 116.

[2]   Vgl. Abschnitt 1.2.3.

[3]   Vgl. Gandolfo (1986), S. 124.

internationalen Arbeitsteilung und Spezialisierung.[1]
Wichtiger ist jedoch der dynamische Aspekt: Während Zölle den Abstand
zwischen Inlands- und Weltmarktpreis festschreiben, somit einen kon-
stanten Schutz gewähren und eine automatische Anpassung der Schutzwirkung an inländische Produktivitätsänderungen ermöglichen, steigt bei
Quoten mit zunehmenden inländischen Effizienznachteilen die implizite
Zollbelastung.

(c)   Wettbewerbswirkungen

Auch unter wettbewerbspolitischen Gesichtspunkten sind Quoten bedenklich: Sie bergen die Gefahr in sich, dass ein inländischer, durch Quoten
geschützter Monopolist den Inlandspreis stärker anheben kann als bei
Zollprotektion, denn "In the presence of a tariff this industry cannot raise
the price above the world price plus tariff, for its sales would drop to zero
(...)."[2]. Einfuhrquoten können nicht nur zur Festigung bestehender, sondern auch - noch gravierender - zur Herausbildung neuer Monopolstruk-
turen beitragen. Im Gegensatz zu Zollregimes beschränken Quotenrege-
lungen den Kreis möglicher Importeure auf die Inhaber von Quotenrechten, so dass - wie im folgenden begründet - der Frage nach dem Zutei-
lungsmodus von Quotenrechten vor allem aus wettbewerbspolitischem
Blickwinkel besondere Aufmerksamkeit zu schenken ist.

---

[1]   Vgl. Abschnitt 1.2.1.

[2]   Gandolfo (1986), S. 124. Ähnlich argumentiert Winters (1990), S. 108: "(...),
because imports do not respond to internal price changes under quotas,
quotas grant the local monopolist more monopoly power than he has under
tariffs.".

(d) Probleme bei der Zuteilung von Quotenrechten

Es bestehen zahlreiche Möglichkeiten, Quoten zu administrieren:

● Das Einfuhrland kann ein einfaches **"first come first served"-Ver-fahren**[1] praktizieren, das jedoch ein hohes Mass an Unsicherheit auf Seiten der Importeure und Exporteure erzeugt. Zudem dürften sich einseitig diejenigen Importeure die mit Quotenrechten verbundenen Renten aneignen können, die über umfangreiche Finanzmittel und Lagerkapazitäten verfügen.

● Es kommt auch eine **Versteigerung der Quotenrechte** in Frage, was jedoch monopolistische Entwicklungen fördern könnte, wenn dem höchsten Bieter das gesamte Quotenkontingent zufällt.[2]

● Quoten können nach einem **preisunabhängigen Verfahren** vergeben werden, im Rahmen dessen der Antragsteller sein Interesse an den Quotenrechten spezifisch zu begründen hat. Es liegt auf der Hand, dass hierbei das Potential für Lobbyingaktivitäten am grössten ist. In diesem Zusammenhang wird auch von "Rent-Seeking" gesprochen: Wirtschaftssubjekte nehmen durch Lobbying-Aktivitäten Einfluss auf die politischen Entscheidungsträger und versuchen z.B. in Form von Wahlkampfspenden den verantwortlichen Politikern ihre Anliegen (z.B. den Schutz vor Importkonkurrenz) "nahezubringen".[3]

---

[1] Winters (1990), S. 108, schreibt anschaulich: "This entails allowing imports from 1 January until the quota is exhausted and then just closing the border.".

[2] Vgl. ebd.

[3] Krueger (1974) hat in einer wegweisenden Arbeit die mit Rent-Seeking-Aktivitäten verbundenen Wohlfahrtsverluste analysiert und gezeigt, dass "(...) the welfare loss associated with quantitative restrictions is unequivocally greater than the loss from the tariff equivalent of those quantitative restrictions." (S. 291).

Vor dem Hintergrund der vorgetragenen Argumente erscheinen die im GATT-Vertrag zum Ausdruck kommenden Vorbehalte gegenüber mengenmässigen Handelsbeschränkungen plausibel. Es ist jedoch zu beachten, dass der **GATT-Vertrag** anders als der EG-Vertrag (Artikel 30) **kein explizites Verbot nicht-tarifärer Massnahmen** enthält. Die einschlägigen GATT-vertraglichen Bestimmungen, d.h. das Gebot der Inländerbehandlung und das Verbot mengenmässiger Beschränkungen[1], werden durch eine Reihe von Ausnahmebestimmungen stark relativiert.[2]

1.2.3   Progressive Liberalisierung des Marktzugangs

Das **GATT** ist kein ausschliesslich statischer Vertrag. Es ist vielmehr zu verstehen als ein **Rahmen für kontinuierliche multilaterale Verhandlungen zum Abbau von Handelshemmnissen** und zur Verbesserung des für internationale Handelsbeziehungen geltenden Regelwerks.

Das **GATT-Prinzip der fortschreitenden Liberalisierung** ist kein eigenständiger Wert, sondern ein Mittel zum Zweck der Verwirklichung der in der Präambel des GATT-Vertrages niedergelegten **Ziele:**

•   Erhöhung des Lebensstandards,

---

[1]   Darüber hinaus trägt der GATT-Vertrag den nicht-tarifären Handelshemmnissen mit den Artikeln VII - X Rechnung, die u.a. transparente einfuhrrelevante Bestimmungen und den Verzicht auf handelshemmende Einfuhrgebühren und -formalitäten vorschreiben (vgl. Jackson (1989), S. 118).

[2]   Mehr dazu in Abschnitt 1.2.7.

- Vollbeschäftigung,[1]

- ein hohes und ständig steigendes Niveau des Realeinkommens,

- die optimale Erschliessung der Ressourcen der Welt sowie

- die Steigerung der Produktion und des Austauschs von Gütern.[2]

Die Absätze 2 und 3 von Artikel XXVIII *bis* GATT-Vertrag präzisieren die Regeln, auf deren Grundlage die Zollverhandlungen geführt werden sollen. So wird u.a. definiert, was unter einer Marktzugangskonzession zu verstehen ist, nämlich sowohl die Bindung und Festlegung bisher unge-bundener, niedriger Zollsätze als auch die Senkung von Spitzenzöllen.

Von zentraler Bedeutung im Zusammenhang mit einer progressiven Verminderung der Einfuhrzölle ist darüber hinaus Artikel II, Absatz 1b), demzufolge die **Verhandlungsergebnisse im Zollbereich in länder-spezifischen Listen, die integraler Bestandteil des GATT-Vertrages sind, rechtsverbindlich festgeschrieben** werden müssen. Damit ver-pflichten sich die Vertragsparteien, ihre Zölle nicht über das in der jeweili-gen Liste verankerte Niveau hinaus anzuheben[3], es sei denn, die Erhö-hung kann mit gleichwertigen Konzessionen in anderen Bereichen kom-pensiert werden.

Es lässt sich zusammenfassend festhalten: Der GATT-Vertrag enthält keinen detaillierten Zollsenkungsplan, sondern setzt lediglich bestimmte Regeln, auf deren Grundlage **multilaterale Verhandlungen** stattfinden sollen. Den Interessen der Akteure auf der Bühne der internationalen Wirtschaftsbeziehungen trägt er nicht nur mit einer **kontinuierlichen**

---

[1] Vgl. zur besonderen Bedeutung des Vollbeschäftigungszieles insbesondere in der Gründungsphase des GATT Smeets (1987), S. 3.

[2] Vgl. zum Wortlaut der Präambel des GATT-Vertrages Senti (1986), S. 371.

[3] Vgl. Jackson (1989), S. 118ff.

Verbesserung der Marktzugangsbedingungen, sondern auch mit dem unter dem Gesichtspunkt der **Rechtssicherheit** höchst bedeutsamen Institut der Zollbindung Rechnung.

1.2.4   Förderung fairen Wettbewerbs

Der GATT-Vertrag enthält eine Reihe von Bestimmungen zur Gewährleistung möglichst fairer Wettbewerbsbedingungen auf den Weltmärkten.

(a)   Dumping[1]

Der GATT-Vertrag berücksichtigt die mit Dumpingeinfuhren verbundenen Gefahren für einen fairen und unverzerrten Wettbewerb. **Artikel VI, Absatz 1** spricht von Dumping, wenn eine Ware zu einem Preis exportiert wird, der unterhalb ihres normalen Inlandswerts liegt.

Der **Normalwert** einer Ware wird unterschritten,

*   wenn der Exportpreis niedriger ist als der vergleichbare Preis einer zum *inländischen* Verbrauch bestimmten gleichartigen Ware,
*   wenn der Exportpreis niedriger ist als der vergleichbare Preis der in ein *Drittland* exportierten gleichartigen Ware[2] oder
*   wenn der Exportpreis die Herstellungskosten im Herkunftsland zuzüglich eines angemessenen Zuschlags für die Verwaltungs- und Verkaufskosten sowie den Gewinn nicht deckt.

---

[1]   Vgl. zu einem Überblick Dale (1980).

[2]   Dieses Kriterium findet dann Anwendung, wenn das Exportprodukt im Herkunftsland nicht in den Verkauf gelangt.

Im Gegensatz zu bestimmten *staatlichen* Subventionen spricht der GATT-Vertrag jedoch **kein Verbot *unternehmerischer* Dumpingpraktiken** aus, sondern beschränkt sich auf folgende Bestimmung:

Artikel VI, Absatz 2:

"Um ein Dumping unwirksam zu machen oder zu verhindern, kann eine Vertragspartei für jede Ware, die Gegenstand eines Dumpings ist, einen Antidumpingzoll bis zur Höhe der Dumpingspanne erheben. Dumpingspanne im Sinne dieses Artikels ist der nach Absatz 1 festgestellte Preisunterschied."[1]

Allerdings ist die Erhebung eines Antidumpingzolls an die **Voraussetzung** geknüpft, dass durch das Dumping ein **inländischer Wirtschaftszweig beträchtlich geschädigt** wird oder geschädigt zu werden droht und ein **kausaler Zusammenhang zwischen Dumping und Schädigung** vorliegt.[2]

Zur **Konkretisierung von Artikel VI GATT-Vertrag** wurde schon während der Kennedy-Runde (1962-67)[3] ein **Anti-Dumping-Kodex** vereinbart, der 1979 zum Abschluss der Tokio-Runde überarbeitet und vor

---

[1] Zitiert nach Senti (1986), S. 378. Es ist in diesem Zusammenhang besonders zu beachten, dass die Anwendung der Antidumpingzölle auf die Exporteure aus jenem Land beschränkt ist, das Gegenstand der Antidumping-Untersuchung war. Es handelt sich somit bei Antidumpingzöllen um ein diskriminierendes Schutzinstrument - ganz im Gegensatz zur allgemeinen GATT-Schutzklausel (vgl. Abschnitt 1.2.7).

[2] Vgl. Artikel VI, Absatz 6 GATT-Vertrag. Jackson (1989), S. 236ff., geht detailliert auf die Problematik des "material injury test" ein, die auch in Abschnitt 2.3.2 dieses Buches anhand des neuen WTO-Regelwerks vertieft wird.

[3] Vgl. zur Chronologie der bisherigen GATT-Welthandelsrunden Abschnitt 1.3.

allem durch Verfahrensvorschriften ergänzt wurde.[1] Allerdings beschränkt sich die Zahl der teilnehmenden GATT-Vertragsparteien auf weniger als 30, was die praktische Bedeutung der Vereinbarung beeinträchtigt.[2]

(b)   Subventionen[3]

Der GATT-Vertrag ermächtigt die Vertragsparteien, unter bestimmten Voraussetzungen Importwaren, für deren Produktion oder Export direkt oder indirekt Subventionen gewährt wurden, mit **Ausgleichszöllen** zu belegen.[4]

Ursprünglich enthielt der GATT-Vertrag keine expliziten Bestimmungen zur Disziplinierung wettbewerbsverzerrender Subventionspraktiken.[5] Erst im Jahre 1955 rangen sich die GATT-Vertragsparteien dazu durch, den Vertragstext um substantiellere Bestimmungen zu ergänzen.

---

[1]   Hierbei geht es um die Verfahren zur Feststellung des Dumping-Tatbestands, einer bedeutenden Schädigung eines inländischen Wirtschaftszweiges sowie des kausalen Zusammenhangs zwischen Dumping und Schädigung. Vgl. auch hierzu Abschnitt 2.3.2.

[2]   Vgl. Jackson (1989), S. 226f.

[3]   Vgl. hierzu grundlegend die einschlägigen Beiträge von Hufbauer/Erb (1984), sowie Bourgeois (1988).

[4]   Diese Voraussetzungen entsprechen *mutatis mutandis* jenen für Antidumping-zölle, d.h.: Der Tatbestand einer Subventionierung allein genügt nicht, um Ausgleichszölle zu verhängen. Es bedarf vielmehr zusätzlich des Nachweises der Schädigung eines heimischen Wirtschaftszweiges und des Kausalzusam-menhangs zwischen dem im Inland entstandenen Schaden und der im Ausland praktizierten Subventionierung (vgl. vertiefend Abschnitt 2.3.3 dieses Buches).

[5]   Die Vertragsparteien waren zunächst nur zur Notifikation von Subventionen, d.h. offiziellen Bekanntmachung beim GATT-Sekretariat in Genf, verpflichtet (vgl. Artikel XVI, Absatz 1).

Ein grundlegendes Merkmal der bisherigen GATT-Subventionsregeln ist
die **ungleiche Behandlung von Industrie- und Agrarprodukten**: Während für erstere *Exportsubventionen* grundsätzlich verboten sind,[1] gilt bei
der Subventionierung letzterer lediglich der recht vage Vorbehalt, dass
die Subventionierung eines Produkts nicht zu mehr als einem "angemessenen Anteil am Welthandel mit diesem Erzeugnis" führt.[2]

Auch für die Subventionsvergabe wurde im Rahmen der Tokio-Runde
des GATT (1973-79) ein separates Abkommen mit begrenzter Mitgliedschaft, der sogenannte **Subventionskodex**, vereinbart.[3] Im Gegensatz
zu Exportsubventionen verbietet der Kodex binnenwirtschaftliche Subventionen (z.b. für Zwecke der Forschung und Entwicklung, der Regionalförderung oder Beschäftigungssicherung) *nicht*.[4]

Zusammenfassend lässt sich festhalten: Der GATT-Vertrag und die
Kodizes über Antidumping und Subventionen bieten grundsätzlich die
Möglichkeit, private bzw. staatliche Eingriffe in den Markt- und Wettbewerbsmechanismus zu korrigieren. Es ist jedoch kritisch anzumerken,
dass es sich bei den zur Verfügung stehenden Instrumenten häufig nicht
um "erstbeste" Ansätze im Sinne der Wohlfahrtsökonomik handelt, die
zudem die **Gefahr protektionistischer Missbräuche** in sich bergen.[5]

---

[1] Vgl. Artikel XVI, Absatz 4 GATT-Vertrag.

[2] Vgl. Artikel XVI, Absatz 3 GATT-Vertrag. Die Uruguay-Runde des GATT hat
erstmals zu einem multilateralen Abkommen über den *Abbau von Agrarexportsubventionen* geführt (vgl. Abschnitt 2.4).

[3] Vgl. Jackson (1989), S. 258ff.

[4] Vgl. ebd., S. 259.

[5] Vgl. hierzu vertiefend die Abschnitte 2.3.2 und 2.3.3.

1.2.5   Transparenz

Vorhersehbarkeit und **Rechtssicherheit** sind unverzichtbare Rahmenbedingungen für eine gedeihliche Entwicklung des internationalen Handels. Vor diesem Hintergrund verpflichtet der GATT-Vertrag seine Mitgliedstaaten, aussenhandelsrelevante Gesetze, Vorschriften, Verordnungen und Gerichtsurteile zu veröffentlichen und ausländischen Regierungen und privaten Wirtschaftssubjekten zugänglich zu machen.

Das Transparenzgebot stellt sicher, dass die im GATT ausgehandelten
Liberalisierungsmassnahmen in der Aussenhandelspraxis nicht dadurch
unterlaufen werden können, dass dem ausländischen Anbieter prohibitiv
hohe **Informationskosten** aufgebürdet werden.

1.2.6   Sonderbedingungen für Entwicklungsländer

Im Jahre **1965** wurde der GATT-Vertrag um einen **Teil IV** (Artikel XXXVI-
XXXVIII) ergänzt, der spezielle Regelungen für Entwicklungsländer
enthält.[1] Der GATT-Vertrag statuiert hierzu u.a.

Artikel XXXVI, Absatz 4:

"Angesichts der fortdauernden Abhängigkeit vieler weniger entwickelter
Vertragsparteien von der Ausfuhr einer begrenzten Zahl von Grundstoffen
müssen im grösstmöglichen Umfang günstigere und annehmbarere Bedingungen für den Zugang dieser Erzeugnisse zu den Weltmärkten geschaffen
(...) werden."[2]

---

[1]   Vgl. Hudec (1987).

[2]   Zitiert nach Senti (1986), S. 414.

Der Grundsatz der **Reziprozität**, d.h. des Abbaus von Handelsbarrieren auf der Basis der Gegenseitigkeit[1], soll bei Marktzugangsverhandlungen zwischen Industrie- und Entwicklungsländern nicht zum Tragen kommen:

Artikel XXXVI, Absatz 8:

"Die entwickelten Vertragsparteien erwarten für die von ihnen in den Handelsverhandlungen eingegangenen Verpflichtungen zum Abbau oder zur Beseitigung von Zöllen und sonstigen Handelsschranken gegenüber dem Handel der weniger entwickelten Vertragsparteien keine Gegenleistung."[2]

Auf der Basis von Teil IV des GATT-Vertrages entstand das **Allgemeine Präferenzsystem** (Generalized System of Preferences [GSP]). Im Rahmen des GSP gewähren die Industrieländer ausschliesslich den Entwicklungsländern bestimmte Handelspräferenzen.[3]

Die GATT-rechtliche Grundlage dieses klaren Verstosses gegen das Meistbegünstigungsprinzip bildete zunächst ein Waiver[4] aus dem Jahre

---

[1] Vgl. zu einer polit-ökonomischen Sichtweise der Reziprozität Hillman/Moser (1995).

[2] Zitiert nach Senti (1986), S. 414f.

[3] Vgl. Hudec (1987). Beispiel: Die USA gewähren Kenia eine Zollvergünstigung, ohne hierfür eine Gegenleistung zu verlangen. Stärker entwickelte Handelspartner können hierbei das Meistbegünstigungsprinzip nicht geltend machen, d.h. keine Ausdehnung der Vergünstigung auf ihre Exporteure beanspruchen.

[4] Ein Waiver ist eine Ausnahmegenehmigung auf der Grundlage von Artikel XXV, Absatz 5 GATT-Vertrag:
"Unter aussergewöhnlichen, in diesem Abkommen nicht anderweitig vorgesehenen Umständen können die VERTRAGSPARTEIEN [vgl. zu einer Definition übernächste Fussnote] eine Vertragspartei von einer der ihr durch das Abkommen auferlegten Verpflichtung befreien, vorausgesetzt, dass ein solcher Beschluss mit Zweidrittelmehrheit der abgegebenen Stimmen gebilligt wird und

1971, der für zehn Jahre ein **Abweichen von der Meistbegünstigungs-**
behandlung *zugunsten* der Entwicklungsländer ermöglichte.[1] An die
Stelle dieser Sondergenehmigung trat im Jahre 1979 (zum Abschluss der
Tokio-Runde) eine Entschliessung der VERTRAGSPARTEIEN[2] mit dem
Titel "Differential and More Favourable Treatment, Reciprocity and Fuller
Participation of Developing Countries". Diese Entscheidung - auch als
"enabling clause" bezeichnet - gestattet weiterhin die Nichtbefolgung
des Meistbegünstigungsprinzips im Rahmen des GSP und gilt als perma-
nente rechtliche Grundlage der bevorzugten Behandlung von Entwicklungsländern im Rahmen des GATT.[3]

Das GATT-Regelwerk trägt somit in beachtlicher Weise der Tatsache
Rechnung, dass die Vertragsparteien im Hinblick auf ihren wirtschaftlichen und sozialen Entwicklungsstand sehr inhomogen sind und einer
differenzierten Behandlung im Rahmen des GATT bedürfen.[4]

---

dass diese Mehrheit mehr als die Hälfte der Vertragsparteien umfasst." (zitiert
nach Senti (1986), S. 407).

[1]   Vgl. Espiell (1974), S. 341.

[2]   Unter VERTRAGSPARTEIEN ist die Vollversammlung der GATT-Mitgliedstaa-
ten zu verstehen. Sie ist das höchste GATT-Organ und tritt jährlich einmal
zusammen (vgl. Jackson (1990), S. 21ff., sowie Abschnitt 1.3 zu einer kriti-
schen Darstellung der institutionellen Charakteristika des GATT-Systems).

[3]   Vgl. Yusuf (1980), S. 488, sowie Jackson (1989), S. 279.

[4]   Neben Teil IV enthält Artikel XVIII GATT-Vertrag eine Reihe von Bestimmungen, die die Verwirklichung der industrie-, handels- und finanzpolitischen Ziele
der Entwicklungsländer begünstigen (vgl. hierzu Abschnitt 1.2.7). Eine differenzierte und ideologisch unbelastete Diskussion der GATT-Prinzipien aus Sicht
der Entwicklungsländer findet sich in Jackson (1989), S. 276ff. Auch die
Ergebnisse der Uruguay-Runde entsprechen in besonderem Masse den
Interessen zumindest der agrarexportierenden Entwicklungsländer: Die Industrieländer müssen ihre weltmarktpreisverzerrenden Exportsubventionen

1.2.7 Ausnahmeregelungen

Der GATT-Vertrag sieht eine Vielzahl von Möglichkeiten vor, von den tragenden GATT-Prinzipien (z.b. Verzicht auf mengenmässige Handelsbeschränkungen) abzuweichen. Sie betreffen u.a.:

a) Massnahmen zum Schutz der Zahlungsbilanz

In Übereinstimmung mit den Statuten des Internationalen Währungsfonds[1] ermöglicht der GATT-Vertrag zum Schutz der Zahlungsbilanz mengenmässige Handelsbeschränkungen:

Artikel XII, Absatz 1:

"Ungeachtet des Artikels XI, Absatz 1 [Verbot quantitativer Einfuhrrestriktionen], kann eine Vertragspartei zum Schutze ihrer Zahlungsbilanz Menge und Wert der zur Einfuhr zugelassenen Waren nach Massgabe der folgenden Bestimmungen dieses Artikels beschränken."[2]

Präzisierungen enthält

Artikel XII, Absatz 2:

"a)   Eine Vertragspartei darf Einfuhrbeschränkungen nach diesem Artikel nur einführen, beibehalten oder verschärfen, soweit dies erforderlich ist,

(i)   um der unmittelbar drohenden Gefahr einer bedeutsamen Abnahme ihrer Währungsreserven vorzubeugen oder eine solche Abnahme aufzuhalten, oder

---

abbauen und mengenmässige Einfuhrbeschränkungen in Zölle umwandeln und reduzieren (vgl. hierzu detailliert Abschnitt 2.4).

[1]   Vgl. Jackson (1989), S. 213.

[2]   Zitiert nach Senti (1986), S. 385.

(ii)   um ihre Währungsreserven, falls diese sehr niedrig sind, in massvoller Weise zu steigern.(...)".[1]

Sobald sich die Zahlungsbilanz- oder Reservesituation entspannt, sind die ergriffenen mengenmässigen Beschränkungen abzubauen und zu beseitigen.[2] Darüber hinaus stehen zahlungsbilanzmotivierte Schutzmassnahmen unter dem grundsätzlichen Vorbehalt, eine unnötige Schädigung der Handels- und Wirtschaftsinteressen anderer Vertragsparteien zu vermeiden.[3] Zudem gilt für die Implementation der Zahlungsbilanzmassnahmen das **Nichtdiskriminierungsgebot**.[4]

Die Verhängung zahlungsbilanzinduzierter Schutzmassnahmen ist an eine Reihe von **Verfahrensvorschriften** geknüpft. So muss das sich auf Artikel XII berufende Land jährlich **Konsultationen** mit den VERTRAGSPARTEIEN führen, in deren Verlauf die Art der Zahlungsbilanzprobleme, mögliche binnenwirtschaftspolitische Gegenmassnahmen und die Auswirkungen der verhängten Handelsrestriktionen zu erörtern sind.[5] Kommen die VERTRAGSPARTEIEN zu der Überzeugung, dass die sich auf Artikel XII berufende Vertragspartei den GATT-Vertrag verletzt, richten sie an diese Vertragspartei die Empfehlung, die abkommenswidrige Praxis einzustellen. Im Falle der Nicht-Befolgung greift die Sanktionsbestimmung von

---

[1]   Zitiert nach Senti (1986), S. 385.

[2]   Vgl. Artikel XII, Absatz 2(b) GATT-Vertrag.

[3]   Vgl. Artikel XII, Absatz 3 (c) GATT-Vertrag.

[4]   Vgl. Artikel XIII GATT-Vertrag, sowie Dam (1970), S. 159.

[5]   Vgl. Artikel XII, Absatz 4 (a) GATT-Vertrag.

Artikel XII, Absatz 4(c):

"(ii) (...) Leistet die Vertragspartei diesen Empfehlungen innerhalb der festgesetzten Frist nicht Folge, so können die VERTRAGSPARTEIEN eine Vertragspartei, deren Handel durch die Beschränkungen geschädigt wird, gegenüber der die Beschränkungen anwendenden Vertragspartei von Verpflichtungen aus diesem Abkommen entbinden, soweit dies nach ihrer Feststellung den Umständen angemessen ist."[1]

Zusammenfassend lässt sich festhalten, dass die GATT-Vertragsparteien bei Zahlungsbilanz- und Reserveschwierigkeiten über eine beträchtliche handelspolitische Flexibilität verfügen. Dies gilt in besonderem Masse für die **Entwicklungsländer**, deren besonderer Situation der 1955 in den GATT-Vertrag eingeführte **Artikel XVIII, Abschnitt B** Rechnung trägt: Er erweitert die Bestimmungen des Artikel XII, indem weniger entwickelten Vertragsparteien das Recht zuerkannt wird, mengenmässige Beschränkungen auch für den Fall einzuführen, dass Zahlungsbilanzschwierigkeiten auf eine gezielte Entwicklungs- oder Industriepolitik zurückzuführen sind.[2]

---

[1] Zitiert nach Senti (1986), S. 387.

[2] Vgl. hierzu die detaillierte Darstellung bei Senti (1986), S. 267f. Zum Abschluss der Tokio-Runde im Jahre 1979 verabschiedeten die VERTRAGPARTEIEN eine "Declaration on Trade Measures for Balance-of-Payments Purposes" zur präzisierenden Auslegung der Artikel XII und XVIII:B GATT-Vertrag (vgl. vertiefend Roessler (1989)). Abschnitt 2.3.11 dieses Buches führt aus, welche Vorkehrungen im Rahmen der Uruguay-Runde getroffen wurden, um den z.T. offenkundigen protektionistischen Missbrauch von Artikel XVIII:B durch zahlreiche Entwicklungsländer (z.B. die Unverhältnismässigkeit, sowie fehlende zeitliche Begrenztheit und multilaterale Überprüfung der Massnahmen) einzudämmen.

b)   Die GATT-Schutzklausel

Die GATT-"escape clause"[1] findet ihren Ausdruck in

Artikel XIX, Absatz 1(a):

"Wird infolge unvorhergesehener Entwicklungen und der Auswirkungen der von einer Vertragspartei auf Grund dieses Abkommens eingegangenen Verpflichtungen, einschliesslich der Zollzugeständnisse, eine Ware in das Gebiet dieser Vertragspartei in derart erhöhten Mengen und unter derartigen Bedingungen eingeführt, dass dadurch den inländischen Erzeugern gleichartiger oder unmittelbar konkurrierender Waren in diesem Gebiet ein ernsthafter Schaden zugefügt wird oder zugefügt zu werden droht, so steht es dieser Vertragspartei frei, ihre hinsichtlich einer solchen Ware übernommene Verpflichtung ganz oder teilweise aufzuheben oder das betreffende Zugeständnis zurückzunehmen oder abzuändern, soweit und solange dies zur Verhütung oder Behebung des Schadens erforderlich ist."[2]

Die **Inanspruchnahme der allgemeinen GATT-Schutzklausel** ist somit an zwei **zentrale Voraussetzungen** geknüpft:

1.   Vorliegen eines unvorhergesehenen und auf eingegangene GATT-Verpflichtungen zurückzuführenden Importzuwachses *und*

2.   Bestehen oder Bevorstehen einer ernsten Schädigung heimischer importkonkurrierender Produzenten infolge des Einfuhranstiegs.[3]

Die Schutzmassnahmen ergreifende Vertragspartei ist jedoch verpflichtet, ihr Vorgehen den VERTRAGSPARTEIEN so früh als möglich mitzuteilen und in **Konsultationen** mit den hauptsächlich betroffenen Vertragsparteien einzutreten.[4] Führen diese Konsultationen zu keiner einvernehmlichen

---

[1]   Vgl. hierzu detailliert Smeets (1987), S. 13ff., sowie Jackson (1989), S. 149ff.

[2]   Zitiert nach Senti (1986), S. 400f.

[3]   Vgl. hierzu ausführlich Jackson (1989), S. 158ff.

[4]   Vgl. Artikel XIX, Absatz 2 GATT-Vertrag.

Lösung, steht es den von Schutzmassnahmen negativ betroffenen Vertragsparteien frei, im Handel mit der die Schutzklausel anwendenden Vertragspartei im wesentlichen gleichwertige Zugeständnisse auszusetzen.[1]

Artikel XIX GATT-Vertrag gibt jedoch keinen unmissverständlichen Aufschluss über die wichtige Frage, ob die Anwendung der Schutzklausel dem Gebot der **Meistbegünstigung** unterliegt. Mit anderen Worten: Können z.B. mengenmässige Einfuhrbeschränkungen gemäss Artikel XIX diskriminierend gehandhabt, d.h. auf diejenigen Länder beschränkt werden, die für den Einfuhranstieg "verantwortlich" sind? Oder gilt nicht vielmehr das Gebot der Nichtdiskriminierung[2] auch bei der Anwendung von Artikel XIX-konformen mengenmässigen Handelsrestriktionen?[3] Ebensowenig vermag Artikel XIX sog. "freiwillige Exportselbstbeschränkungsabkommen" zu erfassen.[4]

c)   Allgemeine Ausnahmen

Der GATT-Vertrag sieht allgemeine Ausnahmen aus Gründen der **öffentlichen Ordnung und Gesundheit** (Artikel XX) sowie der **nationalen**

---

[1]   Vgl. Artikel XIX, Absatz 3 (a) GATT-Vertrag.

[2]   Vgl. hierzu die schon vorgestellten GATT-Artikel I und III.

[3]   Diese heftig umstrittene Frage wird in Abschnitt 2.3.4 vertiefend aufgenommen.

[4]   Bsp.: Die USA üben Druck auf Japan aus, um eine Selbstbeschränkung der japanischen Automobilproduzenten bei ihren Ausfuhren in die USA zu bewirken. Auch diese Problematik wird in Abschnitt 2.3.4 in gebührender Ausführlichkeit mit weiteren Beispielen und einem Blick auf die enormen Kosten, die z.B. den amerikanischen Konsumenten durch die künstliche Verteuerung japanischer Automobile entstehen, behandelt. Eine allgemeine Einführung bzw. einen guten Überblick vermitteln Quick (1983) bzw. Petersmann (1988b).

Sicherheit (Artikel XXI) vor.[1] Hierbei gilt

Artikel XX

"Unter dem Vorbehalt, dass die folgenden Massnahmen nicht so angewendet werden, dass sie zu einer willkürlichen und ungerechtfertigten Diskriminierung zwischen Ländern, in denen gleiche Verhältnisse bestehen,
oder zu einer verschleierten Beschränkung des internationalen Handels
führen, darf keine Bestimmung dieses Abkommens so ausgelegt werden,
dass sie eine Vertragspartei daran hindert, folgende Massnahmen zu
beschliessen oder durchzuführen:

a)   Massnahmen zum Schutz der öffentlichen Sittlichkeit;
b)   Massnahmen zum Schutz des Lebens und der Gesundheit von
      Menschen, Tieren und Pflanzen;
(...)
g)   Massnahmen zur Erhaltung erschöpflicher Naturschätze, (...).[2]

d)   Zollunionen und Freihandelsabkommen

Der GATT-Vertrag hält "freiwillige Vereinbarungen zur Förderung der
wirtschaftlichen Integration" für "wünschenswert", sofern die Handelsinteressen der nichtteilnehmenden Staaten nicht beeinträchtigt werden.[3]
Als **Voraussetzung für die Bildung regionaler Präferenzräume**[4] und
die damit einhergehende **Abweichung vom GATT-Postulat der Meistbegünstigung** bestimmt

---

[1]   Vgl. zu einer detaillierten Diskussion auch der Gefahren protektionistischer
       Missbräuche Jackson (1989), S. 203ff.

[2]   Zitiert nach Senti (1986), S. 402.

[3]   Vgl. Artikel XXIV, Absatz 4 GATT-Vertrag.

[4]   Vgl. zu einer Begriffsbestimmung Krugman/Obstfeld (1994), S. 245ff.

Artikel XXIV, Absatz 5(a):

"(...) im Fall einer Zollunion oder einer mit dem Ziel der Bildung einer Zollunion getroffenen vorläufigen Vereinbarung, dass die bei der Bildung der Union oder beim Abschluss der vorläufigen Vereinbarung eingeführten Zölle und Handelsvorschriften für den Handel mit den an der Union oder Vereinbarung nicht teilnehmenden Vertragsparteien in ihrer Gesamtheit nicht höher oder einschränkender sind als die allgemeine Belastung durch Zölle und Handelsvorschriften, die in den teilnehmenden Gebieten vor der Bildung der Union oder dem Abschluss der vorläufigen Vereinbarung bestand; (...)".[1]

Mit dieser Vorschrift soll der Bildung protektionistisch abgeschotteter Wirtschafts- und Handelsblöcke vorgebeugt werden.[2] Darüber hinaus müssen die geschlossenen Präferenzabkommen "annähernd den gesamten Handel" zwischen den teilnehmenden Staaten erfassen.[3]

Zusammenfassend lässt sich festhalten, dass die **GATT-Vorschriften** im Hinblick auf regionale Vereinbarungen **zu wenig operational** sind (Was bedeuten z.b. "allgemeine Belastung durch Zölle und Handelsvorschriften" und "für annähernd den gesamten Handel"?), um die von regional begrenzten Abreden ausgehenden Gefahren für das multilaterale Welthandelssystem wirksam eindämmen zu können.[4]

---

[1] Zitiert nach Senti (1986), S. 405. Für Freihandelszonen gilt eine ähnliche Auflage.

[2] Vgl. Dam (1963), S. 615, sowie Jackson (1989), S. 141.

[3] Vgl. Artikel XXIV, Absatz 8 GATT-Vertrag.

[4] Vgl. Bhagwati (1991), S.58ff., sowie im Rahmen eines Ausblicks auf die künftige Entwicklung der Welthandelsordnung Abschnitt 3.1.

e)   Sektorielle Ausnahmen

e1)   Landwirtschaft

Der Agrarsektor ist traditionell **aus politischen und sozialen Gründen**
überdurchschnittlich stark reglementiert. Vor diesem Hintergrund bestand
unter den GATT-Gründungsmitgliedern Einvernehmen darüber, Sonderregelungen für den internationalen Handel mit landwirtschaftlichen Produkten einzuführen.[1] So bestimmt

Artikel XI, Absatz 2:

"Absatz 1 [das Verbot mengenmässiger Handelsbeschränkungen] erstreckt
sich nicht auf folgende Fälle: (...)

c) Beschränkungen der Einfuhr von Erzeugnissen der Landwirtschaft oder
Fischerei in jeglicher Form, die zur Durchführung von staatlichen Massnahmen erforderlich sind, (...)".[2]

Nicht weniger weitreichend ist Artikel XVI, Absatz 3, der die **Exportsub-**
ventionierung von Agrarprodukten ermöglicht.[3] Der **Weltagrarhandel**
ist somit **faktisch aus der GATT-Disziplin ausgeklammert.** Sowohl
mengenmässige Handelsbeschränkungen als auch **Exportsubventio-**
nen sind im Handel mit landwirtschaftlichen Erzeugnissen **gestattet.**
Hinzu kommt, dass die Einfuhrzölle im Agrarbereich deutlich über den
Industriezöllen liegen und nur in geringem Ausmass gebunden, d.h.
rechtsverbindlich im GATT festgelegt sind.[4]

---

[1]   Vgl. Hathaway (1987), sowie Hoekman (1989).

[2]   Zitiert nach Senti (1986), S. 384.

[3]   Vgl. Abschnitt 1.2.4 dieses Buches.

[4]   Vgl. Hauser/Schanz (1993b), S. 20, sowie Abschnitt 2.4 zu den beträchtlichen
       Erfolgen, die im Rahmen der Uruguay-Runde auf dem Weg zu einer Wieder-

e2)   Textilien und Bekleidung

Die Bestimmungen des GATT-Vertrages sind zwar grundsätzlich auf den Handel mit Textil- und Bekleidungsprodukten anwendbar. In Anbetracht des enormen **strukturellen Anpassungsdrucks** traten jedoch bald - auf Verlangen der USA und anderer **Industrieländer**, die ihre arbeitsintensiven Textil- und Bekeidungssektoren vor existenzgefährdender Importkonkurrenz abzuschirmen suchten - **marktzugangsreglementierende Sonderregelungen** an die Stelle der GATT-Vorschriften.

Die offenkundige Missachtung des GATT kristallisierte sich erstmals im **Weltbaumwollabkommen** aus dem Jahre 1962, das 1973 durch das **Multifaserabkommen (MFA)** ersetzt wurde.[1] Auf der Grundlage des MFA wird der Welttextilhandel weitgehend durch **bilateral vereinbarte Quoten** geregelt. Ebenso wie im Agrarbereich gilt somit auch für den Textilhandel das GATT-Verbot mengenmässiger Beschränkungen *nicht*.[2]

1.2.8   Streitbeilegung[3]

Zur friedlichen Beilegung handelspolitischer Streitigkeiten sieht der GATT-Vertrag ein **multilaterales Streitschlichtungsverfahren** vor.[4] Bleiben **Konsultationen** zwischen den Streitparteien ohne Ergebnis, wird

---

eingliederung des Agrarhandels in die GATT-Disziplin erzielt werden konnten.

[1]   Vgl. Tang (1989).

[2]   Vgl. Abschnitt 2.3.13 zu den Vereinbarungen der Uruguay-Runde, in deren Mittelpunkt die schrittweise Abschaffung des MFA, d.h. die Rückführung des Textilhandels in das GATT-System, steht.

[3]   Vgl. Artikel XXII und XXIII GATT-Vertrag.

[4]   Vgl. allgemein Davey (1987).

ein sogenanntes **Panel** eingesetzt. Hierbei handelt es sich um eine i.d.R. dreiköpfige unabhängige Expertengruppe, deren Aufgabe darin besteht, die fallrelevanten GATT-Bestimmungen auszulegen und anzuwenden. Die **Einsetzung der Panels und die Annahme ihrer Berichte** erfordern einen **Konsens aller Vertragsparteien**, d.h. auch der unmittelbar in den Streitfall involvierten Länder. Die Streitparteien verfügen somit über zahlreiche **Verzögerungs- und Obstruktionsmöglichkeiten.**[1]

Nach Annahme des Panel-Berichts richten die VERTRAGSPARTEIEN an die Adresse der im Bericht "verurteilten" Partei die **Empfehlung**, die beanstandete handelspolitische Praxis GATT-konform umzugestalten. Kommt die betreffende Partei dieser Empfehlung nicht nach, ist sie zur Leistung von **Kompensationen** an die geschädigte Partei verpflichtet. Scheitern die zum Zwecke der Aushandlung von Kompensationen aufzunehmenden bilateralen Verhandlungen, können die VERTRAGSPARTEIEN die geschädigte Partei zu einseitigen **Gegenmassnahmen** ermächtigen. Hierbei handelt es sich um die Aussetzung von Zugeständnissen, die gegenüber der schädigenden Partei im Rahmen des GATT eingegangen wurden. Derartige **Retorsionen** (Vergeltungsmassnahmen) sind **das einzige formale Druckinstrument zur Durchsetzung von GATT-Beschlüssen.**

Abbildung 1.4 fasst die einzelnen Verfahrensschritte des GATT-Streitschlichtungsmechanismus zusammen.

---

[1]   In Abschnitt 2.7 wird das neue, im Rahmen der Uruguay-Runde beträchtlich gestraffte und griffiger gestaltete GATT-Streitschlichtungsverfahren ausführlich diskutiert.

Abbildung 1.4:   **Ablauf des GATT-Streitschlichtungsverfahrens**

1. Bilaterale Konsultationen; Im Falle des Scheiterns:
2. Einsetzung eines Experten-Panels
3. Annahme des Panel-Berichts durch die VERTRAGS-PARTEIEN
4. Empfehlungen seitens der VERTRAGSPARTEIEN
5. Im Falle der Nicht-Umsetzung: Bilaterale Verhandlungen über Kompensationen; Im Falle des Scheiterns:
6. Ermächtigung zu Gegenmassnahmen durch die VERTRAGS-PARTEIEN

1.2.9   Zusammenfassung[1]

● Der GATT-Vertrag ist ein multilaterales völkerrechtliches Abkommen zur Festlegung verbindlicher Rahmenbedingungen für die Handelsbeziehungen zwischen den Vertragsparteien.

● Der GATT-Vertrag beruht auf folgenden Kernbestimmungen:

- Meistbegünstigung,

- Inländerbehandlung,

- Verbot mengenmässiger Beschränkungen,

- kontinuierlicher Abbau und rechtsverbindliche Festlegung der Einfuhrzölle,

- Disziplinierung nicht-tarifärer Handelshemmnisse (z.B. Subventionen, Zollwert, Einfuhrgebühren),

- Schutzklausel und

- multilaterale Streitschlichtung.

---

[1] Vgl. auch Abbildung 1.5.

● Der GATT-Vertrag wird ergänzt durch eine Reihe von erläuternden Zusatzabkommen (Kodizes), an denen jedoch nicht alle GATT-Vertragsparteien teilnehmen. Die wichtigsten Kodizes betreffen die Bereiche

- Subventionen,

- Antidumping,

- technische Handelshemmnisse und

- Regierungskäufe.

● Den Entwicklungsländern wird ein Sonderstatus eingeräumt: Ihren besonderen entwicklungs-, handels- und währungspolitischen Bedürfnissen wird Rechnung getragen durch

- besondere Bestimmungen zur Zahlungsbilanzschutzklausel,

- das Allgemeine Präferenzsystem und

- die Nicht-Anwendung des Reziprozitätsprinzips in den Marktzugangsverhandlungen.

● Anhand der zahlreichen Ausnahmeregelungen wurde gezeigt, dass das GATT keinesfalls als universelles Freihandelsabkommen missverstanden werden darf. Im Gegenteil: Der GATT-Vertrag erkennt gewisse Formen eines *regelgebundenen* handelspolitischen Schutzes explizit an und beschränkt sich darauf, das Prinzip der progressiven Liberalisierung zu verankern.

Abbildung 1.5:   Das GATT-System vor 1994 im Überblick

GATT-Vertrag

Allgemeingültige Grundsätze:

- Meistbegünstigung
- Inländerbehandlung
- Verbot mengenmässiger Beschränkungen
- Progressive Liberalisierung
- Disziplinierung nicht-tarifärer Handelshemmnisse
- Multilaterale Streitschlichtung

Allgemeine Ausnahmen:

- Allgemeine Schutzklausel
- Zahlungsbilanzklausel
- Nicht-ökonomische Gründe (z.B. Gesundheit)
- Regionale Integrationsräume
- Landwirtschaft und Textilien
- Entwicklungsländer ("enabling clause")

Länderspezifische Rechte und Pflichten:

- Länderlisten mit (gebundenen) Zollsätzen
- Länderspezifische Sondergenehmigungen zu
  Abweichungen vom GATT-Vertrag ("waivers")

Erläuternde Kodizes mit begrenzter Mitgliedschaft:

- Antidumping
- Subventionen
- Technische Handelshemmnisse
- Öffentliches Beschaffungswesen
- Einfuhrlizenzen
- Zollwertbestimmung

1.3   Erfolge und Defizite

1.3.1   Erfolge

Ein prägendes Merkmal des GATT-Regimes ist die **Periodizität multilateraler Verhandlungsrunden mit dem Ziel einer gegenseitigen Verbesserung der Marktzugangsbedingungen.** Die bislang durchgeführten
GATT-Welthandelsrunden haben - wie in Abbildung 1.6 aufgeführt -
beeindruckende Ergebnisse beim Abbau von Einfuhrzöllen gezeigt.

Abbildung 1.6:   Zollsenkungsrunden im Rahmen des GATT[1]

	Runde	Zeitraum	durchschnitt- liche Zollsen- kung (in %)	Zahl der teilneh- menden Staaten
1	Genf	1947	19	23
2	Annecy	1949	2	13
3	Torquay	1950-51	3	38
4	Genf	1955-56	2	26
5	Dillon	1961-62	7	26
6	Kennedy	1964-67	35	62
7	Tokio	1973-79	34	102
8	Uruguay	1986-93	40	117

---

[1]   Zusammengestellt nach Greenaway (1983), S. 94, Jackson (1989), S. 53,
sowie GATT (1992a), S. 23.

Die imposante Bilanz der GATT-Zollsenkungsrunden wird jedoch dadurch getrübt, dass die **Entwicklungs- und Schwellenländer** unter Berufung auf ihren Entwicklungsstand und die Schutzbedürftigkeit ihrer im Entstehen begriffenen heimischen Industrien **keine nennenswerten Abbauschritte** vorgenommen haben. Darüber hinaus beschränkten sich die Zollreduktionen auf industrielle Güter.[1]

Nichtsdestoweniger lässt sich festhalten: Die von den **Industrieländern** auf nicht-agrarische Importgüter erhobenen **Zölle** konnten soweit vermindert werden, dass sie **kaum noch** eine **kommerzielle Bedeutung** besitzen.[2] So betrugen die durchschnittlichen Industriegütereinfuhrzölle Anfang der achtziger Jahre, d.h. nach Abschluss der Tokio-Runde, nur noch 4,9 % in den USA, 5,4 % in Japan und 6,0 % in der Europäischen Gemeinschaft.[3] Mit der Umsetzung der im Rahmen der Uruguay-Runde ausgehandelten zusätzlichen Zollsenkungen um durchschnittlich 40 % werden Einfuhrzölle weiter an kommerzieller Relevanz verlieren.[4]

In den ersten zwanzig Jahren seines Bestehens diente das **GATT** vornehmlich als **multilaterales Forum für Zollverhandlungen**. Mit dem erfolgreichen Abbau der Zölle ging ein bislang **beispielloses Aufkeimen nicht-tarifärer Marktzugangsbarrieren** einher, da es im Rahmen des GATT nicht gelang, durch die Entwicklung disziplinierender Vorschriften

---

[1]   Die Uruguay-Runde ist als ein wichtiger Schritt zur Beseitigung dieser Unzulänglichkeiten anzusehen (vgl. Abschnitt 2.3.1).

[2]   Vgl. Jackson (1989), S. 53.

[3]   Vgl. Bhagwati (1988), S. 3.

[4]   Vgl. Abschnitt 2.3.1.

mit dem Einfallsreichtum der Protektionisten Schritt zu halten.[1] So ge-
langten nicht-tarifäre Aspekte des Protektionismus erst in den 1960er
Jahren im Rahmen der Kennedy-Runde auf die Verhandlungsagenda,
wobei die Ergebnisse weit hinter den Erwartungen zurückblieben. Es
konnte lediglich ein Kodex, d.h. ein Abkommen mit begrenzter, nicht alle
GATT-Vertragsparteien umfassender Mitgliedschaft, zur näheren Interpretation der Antidumpingbestimmungen des GATT-Vertrages vereinbart
werden.[2] Erst im Rahmen der nachfolgenden **Tokio-Runde** (1973-79)
gelang es, die wichtigsten Facetten des nicht-tarifären Protektionismus
systematisch aufzugreifen. Die Verhandlungen führten zu einer Reihe
wichtiger **Teilabkommen (Kodizes)** u.a. in den Bereichen:

* technische Handelshemmnisse,
* öffentliches Beschaffungswesen,
* Subventionen und
* Antidumpingmassnahmen,

Damit stellte das GATT-System grundsätzlich seine Fähigkeit unter Be-
weis, flexibel auf neue Formen des Protektionismus zu reagieren.[3]

---

[1] Zölle wurden und werden in zahlreichen Fällen durch nicht-tarifäre Massnahmen ersetzt. Hierzu zählen u.a. "freiwillige" Exportbeschränkungsabkommen,
Antidumping- und Ausgleichszölle sowie Importquoten. Einen hervorragenden
Überblick über Spielarten, Ausmass und handelspolitische Implikationen nicht-
tarifärer Handelshemmnisse vermittelt Bhagwati (1988), S. 43ff.

[2] Vgl. Jackson (1989), S. 54.

[3] Vgl. ausführlich zu den Ergebnissen der Tokio-Runde Glick (1984) und speziell
zu den Defiziten und Unzulänglichkeiten Abschnitt 1.3.2.

1.3.2   Defizite

Nach 1973 geriet das GATT-System infolge des **gewandelten weltwirtschaftlichen Umfelds** zunehmend in Begrängnis. Als **exogene Faktoren** sind u.a. zu nennen:

- stark schwankende Wechselkurse nach dem Zusammenbruch des Bretton Woods-Regimes fester Wechselkurse[1],
- drastische Rohölpreiserhöhungen[2],
- zunehmende Zahlungsbilanz- und Verschuldungsprobleme[3] sowie
- das sich abschwächende Wachstum und die damit einhergehende Verschärfung der Arbeitslosigkeit und des Strukturanpassungsdrucks.

Vor diesem Hintergrund gewannen weltweit die Anhänger einer **Politik der protektionistischen Abschottung** Auftrieb, so dass es immer schwieriger wurde, auf multilateraler Ebene substantielle Liberalisierungsschritte zu vereinbaren. Darüber hinaus häuften sich die Fälle, in denen grundsätzlich GATT-konforme Schutzdispositive missbraucht und Lücken im GATT-Vertrag gezielt ausgenutzt wurden, um bedrängte heimische Wirtschaftszweige vor ausländischer Konkurrenz abzuschirmen. Von herausragender Bedeutung sind hierbei sogenannte **Grauzonenmassnahmen** wie z.B. "freiwillige" Exportbeschränkungs- und Marktordnungsabkommen. Diese in der Praxis höchst relevanten Ausprägungen des

---

[1]   Vgl. Jarchow/Rühmann (1993), S. 191ff.

[2]   Vgl. zu den weltwirtschaftlichen Konsequenzen des ersten Ölpreisschocks von 1973/74 Park (1976), sowie Södersten (1980).

[3]   Vgl. zu einer einfachen und knappen Darstellung Siebert (1988), S. 501ff.

Protektionismus[1] konnten im Rahmen des bestehenden GATT-Regelwerks nicht diszipliniert werden.[2]

Aber auch Massnahmen gegen angeblich zu Dumpingpreisen angebotene oder durch Subventionen im Ursprungsland begünstigte Einfuhrprodukte haben seit Ende der 1970er Jahre erheblich an Bedeutung gewonnen.[3]

Die der Uruguay-Runde vorangehende Tokio-Runde des GATT konnte den in sie gesetzten Erwartungen nicht gerecht werden: So gelang es weder, den Protektionismus der GATT-Grauzone einzudämmen, noch die **systematischen Lücken im GATT-System** - insbesondere die fehlende Einbeziehung der für die internationalen Handelsbeziehungen immer wichtiger werdenden Dienstleistungen und geistigen Eigentumsrechte - zu schliessen.[4]

Die **Tokio-Runde hinterliess ein** fragmentarisiertes und **zersplittertes System**, da wichtige Neuregelungen in Form von Kodizes[5], die nur ein Teil der GATT-Vertragsparteien als verbindlich akzeptierte, getroffen

---

[1] Schätzungsweise 10 % des Welthandelsvolumens sind von Grauzonenmassnahmen betroffen (vgl. Kostecki (1987), S. 425).

[2] Vgl. jedoch Abschnitt 2.3.4 zu den von der Uruguay-Runde ausgehenden einschneidenden Reformen.

[3] Vgl. zu einer ungeschminkten Darstellung des protektionistischen Hintergrunds solcher Massnahmen Bhagwati (1988), S. 48 ff., der ihren Hauptzweck als "harassment of successful foreign suppliers" (S. 48) bezeichnet. In den Abschnitten 2.3.2 und 2.3.3 wird dargelegt, wie die neue WTO-Ordnung diesen Formen des Protektionismus zu begegnen beabsichtigt.

[4] Vgl. hierzu in aller Ausführlichkeit die Abschnitte 2.5 und 2.6.

[5] Vgl. Abschnitt 3.1.

wurden.[1] Bei der Würdigung der Ergebnisse der Tokio-Runde sollte jedoch stets das **schwierige weltwirtschaftliche Umfeld nach 1973** als massgebliche exogene Grösse berücksichtigt werden.

1.3.3 Zusammenfassung

Das **GATT-Welthandelssystem** hat einen erheblichen Beitrag zu der **weltwirtschaftlichen Prosperität der Nachkriegszeit** geleistet.[2] Zum einen konnten die Einfuhrzölle auf industrielle Produkte massiv abgebaut werden. Zum anderen ermöglichte das GATT-Regelwerk eine auf den zentralen Prinzipien der Nichtdiskriminierung, Berechenbarkeit und Transparenz beruhende und aus historischer Sicht vergleichsweise konfliktfreie Entwicklung des Welthandels.[3] Diese Erfolgsbilanz[4] kann jedoch nicht über die zahlreichen, sich im Laufe der 1970er und 1980er Jahre offenbarenden ungelösten Probleme und **Unzulänglichkeiten des GATT-Welthandelssystems** hinwegtäuschen, wie z.B.:

- die Ohnmacht des GATT gegenüber Grauzonenmassnahmen,

- der weltweite Subventionswettlauf,

- einseitige Massnahmen grosser Handelsmächte ("Brecheisendiplomatie"),

---

[1] Jackson (1989), S. 52, spricht sogar von einer "Balkanization" des GATT-Systems.

[2] Vgl. Bhagwati (1988), S. 3ff.

[3] Vgl. hierzu auch Hauser/Schanz (1993b), Abschnitt I.1.

[4] Besonders aufschlussreich ist in diesem Zusammenhang die dynamische Entwicklung der Zahl der Vertragsparteien: Die Zahl der ursprünglich 23 Gründungsmitglieder hat sich mittlerweile mehr als verfünffacht. Zudem ist der Beitritt der Volksrepublik Chinas, Taiwans und der Nachfolgestaaten der Sowjetunion - ein Potential von ca. 1,5 Mrd. Konsumenten - absehbar.

- die Schwerfälligkeit und Ineffizienz des multilateralen Streitschlichtungsverfahrens sowie
- die Nichteinbeziehung des Dienstleistungshandels und geistigen Eigentumsschutzes.

Damit ist bereits der Hintergrund skizziert, vor dem die Ergebnisse der Uruguay-Runde, d.h. die neue Welthandelsordnung, zu bewerten sind.

Kapitel 2

Die neue
Welthandelsordnung

2.1   Vorgeschichte und Ziele der Uruguay-Runde

Im September 1986 wurde in Punta del Este (Uruguay) die **achte Welt-handelsrunde** im Rahmen des GATT eingeläutet. Bereits Anfang der 1980er Jahre wurde - unter der Führung der USA - von zahlreichen Vertragsparteien die Forderung nach einer neuen Verhandlungsrunde erhoben. Diese Forderung spiegelte die weitverbreitete **Unzufriedenheit mit den Ergebnissen der 1979 abgeschlossenen Tokio-Runde** wider: Sie hatte zahlreiche Herausforderungen nicht meistern können, so z.B. das **Aufkommen neuartiger nicht-tarifärer und diskriminierender Formen des Protektionismus.**[1]

Die Lancierung einer neuen Welthandelsrunde verzögerte sich jedoch, da insbesondere die Entwicklungsländer unter der Führung Indiens und Brasiliens grosse Zurückhaltung an den Tag legten.[2] Schliesslich gelang es einer Gruppe gemässigter Vertragsparteien unter der Federführung Kolumbiens und der Schweiz, eine für alle Beteiligten annehmbare Kompromissformel herauszuarbeiten. Damit war der Weg für eine neue

---

[1]   Vgl. Abschnitt 1.3.2.

[2]   Ein besonderer Stein des Anstosses war aus Sicht der Entwicklungsländer die von den Industriestaaten geforderte Einbeziehung von Dienstleistungen, geistigen Eigentumsrechten und Direktinvestitionen in die multilateralen Ver-handlungen. Die weniger entwickelten Staaten argumentierten, dass die von den Industrieländern angeregten Liberalisierungsschritte mit ihrer nationalen Souveränität und ihren Anstrengungen hinsichtlich des Aufbaus eigener Indu-strie- und Dienstleistungsunternehmen unvereinbar seien (vgl. hierzu detailliert die Abschnitte 2.3.6, 2.5 und 2.6).

Runde multilateraler Handelsverhandlungen geebnet.[1]

Im September 1986 schliesslich gaben die Handelsminister der GATT-Vertragsparteien im Rahmen der gemeinsamen **Erklärung von Punta del Este** den offiziellen **Auftakt zur sogenannten Uruguay-Runde.** Diese Ministererklärung definierte das Verhandlungsmandat der GATT-Unterhändler. Als **globale Verhandlungsziele** lassen sich unterscheiden:[2]

- die Verbesserung des Markzutritts,
- die Stärkung bzw. Ergänzung der "Spielregeln" für den Welthandel und
- die Verbesserung der Funktionsfähigkeit des GATT-Systems.[3]

Zur Illustration seien die folgenden **Einzelziele** aufgeführt:

- die weitere Erleichterung des Marktzugangs durch den gegenseitigen Abbau insbesondere von Spitzenzöllen[4],
- die Stärkung der bestehenden Welthandelsregeln zur Eindämmung wettbewerbsverfälschender Verhaltensweisen (z.B. staatliche Subventionsvergabe, Dumping) und diskriminierender Praktiken (z.B. bei der Vergabe öffentlicher Aufträge und der Anwendung technischer Vorschriften),
- die Eingliederung des Agrar- und Textilhandels in das GATT-System,

---

[1] Vgl. Hauser/Schanz (1993b), S. 4.

[2] Vgl. zum Wortlaut der Erklärung GATT (1987) oder Whalley (1989), S. 91ff.

[3] Vgl. Hauser/Schanz (1993a), S.1.

[4] Im Rahmen der GATT-Verhandlungen gelten solche Zölle als Spitzenzölle, die 15 % übersteigen.

- die GATT-rechtliche Disziplinierung bislang nicht erfasster Formen des nicht-tarifären Protektionismus,

- die Aufnahme der Bereiche Dienstleistungen, geistiges Eigentum und Investitionen in das GATT-Regelwerk und

- die verstärkte Einbindung der Entwicklungs- und Schwellenländer in das Welthandelssystem.[1]

Diese ehrgeizigen Zielsetzungen spiegelten die Entschlossenheit der GATT-Vertragsparteien wider, die von der Tokio-Runde übernommenen Defizite und Hypotheken systematisch abzutragen.[2]

---

[1]   Vgl. Bhagwati (1991), S. 83ff., sowie Hauser/Schanz (1993b), S. 5.

[2]   Vgl. Abschnitt 1.3.2.

2.2   Die neue Welthandelsordnung im Überblick

Am 15. Dezember 1993 konnte nach über siebenjährigem Ringen die Uruguay-Runde des GATT zu einem erfolgreichen Abschluss gebracht werden. Auf den Tag genau vier Monate später unterzeichneten die Handelsminister in Marrakesch das monumentale Vertragswerk. Die 117 teilnehmenden Staaten[1] verständigten sich auf eine ca. 550seitige **Schlussakte**[2], die gemeinsam mit dem **GATT-Vertrag** aus dem Jahre 1947 die Grundlage der neuen Welthandelsordnung bildet. Obwohl nicht in der Schlussakte enthalten, sind darüber hinaus auch die in den **länderspezifischen Listen** auf insgesamt weit mehr als 10.000 Seiten niedergelegten Zollbindungen und -senkungen sowie die Erstverpflichtungen[3] hinsichtlich der Liberalisierung des Dienstleistungshandels **integrale Bestandteile der neuen Welthandelsordnung.**

---

[1]   Hierbei handelt es sich um die (Ende 1993) 114 GATT-Vertragsparteien (ohne das von den Verhandlungen ausgeschlossene frühere Jugoslawien) sowie die an den Verhandlungen teilnehmenden, (noch) nicht dem GATT angehörenden Staaten Algerien, China, Honduras und Paraguay (vgl. GATT (1993b), S. 16).

[2]   In der GATT-Sprache: "Final Act Embodying the Results of the Uruguay Round of Multilateral Trade Negotiations" [zitiert als GATT (1993a)]. Die Schlussakte besteht aus 30 Abkommen und einer Reihe von Ministerentscheidungen. Allein auf das Subventionsabkommen entfallen mehr als 40 Seiten.

[3]   Hierbei handelt es sich um die länderspezifischen Marktzugangserleichterungen im Dienstleistungsbereich, die die einzelnen Vertragspartner im Rahmen der Verhandlungen der Uruguay-Runde konzediert haben, z.B. die Gewährung der Inländerbehandlung zugunsten ausländischer Dienstleistungsanbieter (vgl. hierzu umfassend Abschnitt 2.5).

Im folgenden sollen die **wichtigsten Bausteine der neuen Welthandelsordnung** kurz skizziert und gewichtet werden, um dem Leser die Lektüre
der vertiefenden Ausführungen in den Folgeabschnitten zu erleichtern.[1]
Hierbei sind als **zentrale Elemente** zu unterscheiden:[2]

● das Abkommen über die Errichtung einer Welthandelsorganisation
  (WTO)

● die Abkommen zur weiteren Liberalisierung und Regelbindung des
  internationalen Güterhandels

● das Abkommen über den internationalen Dienstleistungshandel

● das Abkommen über handelsrelevante Aspekte geistiger Eigentumsrechte.

---

[1] In den jeweiligen Abschnitten findet sich eine Fülle vertiefender Literaturan-
   gaben.

[2] Vgl. hierzu Hauser/Schanz (1993b), S. 11ff. Einen Überblick über die aus der
   Uruguay-Runde hervorgehende neue Welthandelsordnung vermittelt Abbildung
   2.0.

Abbildung 2.0: Die neue Welthandelsordnung[1]

**Welthandels-
organisation WTO**

- "chapeau" für das Gesamtpaket
  der Uruguay-Runde
- integrierter Streitschlichtungsmechanismus
- Mechanismus zur Überprüfung der nationalen
  Handelspolitiken

Güterabkommen:	Dienstleistungsab-kommen:	Abkommen über geistiges Eigentum:
- GATT 1947 & Resultate der UR	- allg. Abkommen	- Abkommen über handelsrelevante Aspekte geistiger Eigentumsrechte
- Abkommen der Tokio-Runde & Resultate der UR		
- Abkommen über nicht-tarifäre Handelshemmnisse		
Resultate der Uruguay-Runde:	**Resultate der Uruguay-Runde:**	**Resultate der Uruguay-Runde:**
1. Zollsenkungen (33-100%)	1. Nichtdiskriminierung (Meistbegünstigung & Inländerprinzip)	1. Nichtdiskriminierung (Meistbegünstigung & Inländerprinzip)
2. "single package"-Ansatz (einheitliche Mitgliedschaft)	2. kurzfristig: Festschreibung des Status Quo	2. konkrete Schutzbestimmungen
3. Einbeziehung der Sektoren Landwirtschaft und Textilien	3. Grundsatz der progressiven Liberalisierung	3. wirksame Durchsetzungsmechanismen
4. Stärkung der Welthandelsregeln		

---

[1] In den Vertragstexten findet sich die Bezeichnung "GATT 1994".

2.2.1   Die Welthandelsorganisation (WTO)

An die Stelle des bislang nur provisorisch angewendeten GATT-Vertrages[1] soll eine **internationale Organisation mit eigener Rechtsper-
sönlichkeit**, die **WTO**, treten. Unter dem Dach der WTO werden sämtli-
che **Abkommen der Uruguay-Runde** sowie der **GATT-Vertrag** zusammengefasst.[2] Die neue Organisationsstruktur gewährleistet die Verwirklichung des **"single package"**-Ansatzes: *Alle* GATT-Vertragsparteien
müssen *alle* Abkommen der Uruguay-Runde übernehmen. Der Beitritt
aller GATT-Vertragsparteien zur WTO ermöglicht somit die **Überwindung
der** seit Abschluss der Tokio-Runde bestehenden **Zersplitterung des
Welthandelssystems.**[3] Eine auf bestimmte Abkommen beschränkte Mitgliedschaft ist mit dem "single package"-Ansatz der Uruguay-Runde nicht
mehr vereinbar. Allerdings gibt es nach wie vor vier **plurilaterale Abkommen**, deren Mitgliedschaft nicht universell ist:

*   das Übereinkommen über das öffentliche Beschaffungswesen,[4]

*   das Übereinkommen über den Handel mit Zivilluftfahrzeugen,

*   das Übereinkommen über Milcherzeugnisse und

*   das Übereinkommen über Rindfleisch.

---

[1]   Vgl. Abschnitt 1.1.

[2]   Die Handelsdiplomaten bezeichnen die WTO als "chapeau" der Abkommen der
Uruguay-Runde (vgl. EVD (1994)).

[3]   Zur Erinnerung: Im Rahmen der Tokio-Runde wurde eine Reihe sogenannter
Kodizes vereinbart, an denen jeweils nur ein Teil der GATT-Vertragsparteien
teilnahm (vgl. Abschnitt 1.3).

[4]   Vgl. Abschnitt 2.3.14 dieses Buches.

Die Teilnahme an diesen Abkommen ist nicht an die Mitgliedschaft in der WTO geknüpft.

Darüber hinaus werden unter der Ägide der WTO ein gestrafftes und einheitliches multilaterales Streitschlichtungsverfahren sowie ein Mechanismus zur multilateralen Überprüfung der Handelspolitiken der Mitgliedstaaten geschaffen.

2.2.2   Die Liberalisierung des Weltgüterhandels

Die wichtigsten Ergebnisse stellen sich wie folgt dar:

a)   Erleichterung des Marktzugangs:[1]

- eine durchschnittliche Senkung der Industriegüterzölle um 40 %,

- eine Halbierung von Spitzenzöllen, die mehr als 15 % betragen,

- die vollständige Beseitigung der Zölle u.a. in den Sektoren Pharmazeutika, medizinische Apparate und Baumaschinen[2] und

- erstmals seit Bestehen des GATT umfassende Zollsenkungen und -bindungen[3] der Entwicklungs- und Schwellenländer.

---

[1]   Wie bereits erwähnt, finden sich die konkreten Resultate der Marktzugangsverhandlungen nicht in der Schlussakte der Uruguay-Runde, sondern in den länderspezifischen Verpflichtungslisten.

[2]   Diese überdurchschnittlichen Ergebnisse konnten erzielt werden, da die entsprechenden Industriezweige in den wichtigsten Produzenten- und Importländern ein ausgeprägtes Interesse am Freihandel haben (vgl. vertiefend Abschnitt 2.3.1).

[3]   Zur Erinnerung: Man spricht von "gebundenen" Zöllen, wenn Zollsätze im Rahmen des GATT rechtsverbindlich festgelegt sind, d.h. nicht willkürlich über den fixierten Höchstsatz hinaus erhöht werden können (vgl. Abschnitt 1.2).

b)   Stärkung des GATT-Regelwerks

Besonders hervorzuheben ist die Tatsache, dass künftig alle GATT-Vertragsparteien, d.h. auch die Entwicklungs- und Schwellenländer, an den neugefassten Kodizes der Tokio-Runde teilnehmen werden (**"single package"**-Ansatz). Im einzelnen konnte im Rahmen der Uruguay-Runde u.a. folgendes ausgehandelt werden:

*   die Verpflichtung zur Abschaffung der Grauzonenmassnahmen (z.B. "freiwillige" Exportbeschränkungen),[1]

*   Verbesserungen in den Bereichen Antidumping und Subventionen,

*   die Ausdehnung der GATT-Gebote der Nichtdiskriminierung und Transparenz auf subzentrale Gebietskörperschaften (Kantone und Länder, Gemeinden),[2]

*   das Verbot handelsverzerrender Direktinvestitionsauflagen (z.B. "local content"-Bestimmungen[3]),

*   die *erstmalige* Formulierung von Disziplinen für die Anwendung von Warenversandkontrollen und Ursprungsregeln sowie

*   die Unterstellung des Textil- und Agrarhandels unter die GATT-Bestimmungen.

---

[1]   Wie bereits in Kapitel 1 ausgeführt, handelt es sich hierbei um Vereinbarungen, die auf Druck des Importlandes zustande kommen (z.B. die "freiwilligen" Beschränkungen der japanischen Automobilexporte in die USA und EU). Dieser Druck ist nicht selten mit der Drohung verbunden, anderenfalls Antidumpingzölle zu verhängen (vgl. Abschnitt 2.3.2).

[2]   Vgl. die Abschnitte 2.3.5 und 2.3.14.

[3]   Vgl. Abschnitt 2.3.6.

2.2.3   Das Dienstleistungsabkommen

Erstmals seit Bestehen des GATT wurde im Rahmen der Uruguay-Runde multilateral über Dienstleistungen verhandelt. Die folgenden Ergebnisse sind besonders hervorzuheben:

- die weite Definition des Dienstleistungsbegriffs (u.a. grenzüberschreitende Dienstleistungen, Niederlassungen und Direktinvestitionen zum Zwecke der Dienstleistungserbringung),
- die grundsätzliche Verankerung der Gebote der Inländerbehandlung, Meistbegünstigung und Transparenz,
- die Länderlisten, in denen die Liberalisierungsverpflichtungen als (genehmigte) Abweichungen vom Prinzip der freien Dienstleistungserbringung formuliert sind sowie
- der kontinuierliche Abbau ("progressive Liberalisierung") der in den Listen geltend gemachten Marktzugangsvorbehalte.

Das **GATT-System** hat somit eine entscheidende **Wandlung** von einem reinen Güterabkommen **zu einem umfassenden Regelwerk für den Welthandel** vollzogen.

2.2.4   Das Abkommen über geistige Eigentumsrechte

Auch der geistige Eigentumsschutz stand im Rahmen der Uruguay-Runde erstmals auf der Agenda multilateraler Handelsgespräche. Hintergrund seiner Einbeziehung in die Verhandlungen sind Handelsverzerrungen, die auf einen unzureichenden Schutz immaterieller Güter zurückzuführen sind.[1] Die wichtigsten Ergebnisse lassen sich wie folgt zusammenfassen:

- die Verankerung der Grundsätze der Meistbegünstigung und Inländerbehandlung,

- die Vereinbarung von Mindestschutzbestimmungen für alle wichtigen immateriellen Güter (u.a. Patente, Marken, Computerprogramme, Halbleitertopographien und Geschäftsgeheimnisse) sowie

- die Gewährleistung der innerstaatlichen Durchsetzung geistiger Eigentumsrechte durch geeignete gerichtliche und administrative Verfahren.

Bereits dieser erste Blick auf die wichtigsten Verhandlungsergebnisse rechtfertigt es, die **Uruguay-Runde** als **Quantensprung auf dem Weg zu einer Welthandelsordnung für das 21. Jahrhundert** zu bezeichnen. Die von der Tokio-Runde übernommenen Hypotheken konnten grösstenteils abgetragen werden. Es ist gelungen, die gravierendsten Lücken im GATT-System zu schliessen. Damit wurden die Voraussetzungen zu einer wirksameren Eindämmung staatlicher wettbewerbs- und handelsverfälschender Eingriffe und protektionistisch motivierter Missbräuche von GATT-Ausnahmebestimmungen geschaffen.

---

[1] Vgl. Abschnitt 2.6.

2.3   Güterabkommen

Aufbauend auf dem GATT-Vertrag und den Abkommen der Tokio-Runde wurden im Rahmen der Uruguay-Runde die bestehenden Abkommen verbessert und zusätzliche (v.a. Warenversandkontrollen und Ursprungsregeln) vereinbart, um eine weitere Liberalisierung des Weltgüterhandels herbeizuführen. Die neuen Güterabkommen sind ein tragender Pfeiler der neuen Welthandelsordnung:

Abbildung 2.1:   Die neue Welthandelsordnung

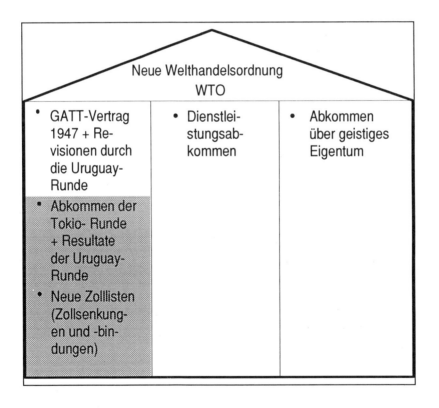

Im folgenden sollen die Merkmale der neuen Ordnung skizziert und mögliche Konsequenzen für die weitere Entwicklung der internationalen Handelsbeziehungen diskutiert werden.

Um dem Leser die **Gewichtung** der sich hinsichtlich ihrer handelspolitischen Bedeutung beträchtlich voneinander unterscheidenden Abkommen zu erleichtern, fasst Abbildung 2.2 die **wichtigsten Übereinkommen** zusammen.

Abbildung 2.2: Die wichtigsten Elemente der neuen Güterhandelsordnung[1]

- Ergebnisse der Zollverhandlungen
- Antidumpingabkommen
- Subventionsabkommen
- Abkommen über technische Handelshemmnisse
- Abkommen über Schutzmassnahmen
- Abkommen über Investitionsmassnahmen
- Abkommen über das öffentliche Beschaffungswesen
- Abkommen über Textilien und Bekleidung

---

[1] Unter "Güterhandelsordnung" werden im folgenden sowohl die Vereinbarungen zur Erleichterung des Marktzutritts (z.B. durch einen weiteren Abbau der Einfuhrzölle) als auch die erzielten Verbesserungen im Regelbereich (z.B. die Stärkung der Subventionsdisziplin) subsumiert.

2.3.1 Zollabbau

2.3.1.1 Hintergrund der Verhandlungen

Die schrittweise Liberalisierung des Marktzugangs durch **Zollabbau-schritte** gilt als **klassische Domäne** multilateraler Handelsgespräche im Rahmen **des GATT.**

Im Bereich der Industriegüterzölle kann das GATT eine beeindruckende Bilanz vorweisen.[1] Das durchschnittliche Zollniveau konnte von mehr als 40 % zum Zeitpunkt der Gründung des GATT (1947) auf weniger als 5 % nach Abschluss der Tokio-Runde herabgedrückt werden.[2]

Trotz der durchschnittlich sehr bescheidenen Zollsätze sahen sich die Unterhändler der **Uruguay-Runde** mit einer Reihe von **Herausforderungen** konfrontiert. U.a. sind hervorzuheben:

- **Spitzenzölle in einzelnen industriellen Sektoren** (z.B. Textilien und Bekleidung),

- der **geringe Anteil gebundener**, d.h. rechtsverbindlich festgelegter **Zölle im Agrarbereich** sowie

- (grösstenteils ungebundene, d.h. willkürlich von den Zollbehörden des Einfuhrlandes veränderbare) **Spitzenzölle in den Entwicklungs- und Schwellenländern.**[3]

---

[1] Vgl. Abschnitt 1.3.1.

[2] Vgl. Stecher (1980), S. 4. Mit anderen Worten: Wurde ein industrielles Produkt 1947 an der Zollgrenze im Durchschnitt noch mit einem Zollsatz von nahezu der Hälfte des Produktwertes belastet, so betrug diese Belastung Anfang der 1980er Jahre nur noch ein knappes Zwanzigstel des Produktwertes.

[3] Vgl. Hauser/Schanz (1993b), S. 19f., sowie Abbildung 2.3.

Abbildung 2.3: Gewichtete Durchschnittszölle nach Sektoren und Regionen (1988)

Region / Land	Hoch-techno-logie	sophi-stizierte Extrakt-produkte[1]	einfache Extrakt-produkte[2]	Niedrig-lohnpro-dukte	Nah-rungsmit-tel
USA	2.7	1.4	4.0	15.8	10.9
Japan	3.6	1.8	0.2	15.3	15.1
EU	6.3	1.4	2.3	12.1	9.8
Kanada	5.2	2.0	1.4	18.6	2.9
Australien	10.6	5.8	2.0	22.6	6.3
Neuseeland	13.4	7.2	1.2	21.9	7.7
Schweden	5.5	0.5	0.3	10.5	2.2
Kolumbien	26.3	19.1	21.7	53.5	24.6
Marokko	27.5	45.0	25.0	45.0	29.2
Hong Kong	0.0	0.0	0.0	0.0	0.0
Ungarn	10.9	2.2	4.1	9.2	11.8
Indonesien	13.3	7.3	6.9	23.5	13.7
ASEAN	18.4	23.6	20.8	19.7	20.1

Quelle: Grant et al. (1993), S. 20 (mit weiteren Nachweisen).

---

[1] Z.B. Papierprodukte.

[2] Z.B. Ölsaaten und tierische Fette.

Vor diesem Hintergrund fanden die folgenden **Verhandlungsziele** für das Marktzugangsdossier in die **Ministererklärung von Punta del Este** Eingang:[1]

- die weitere Verminderung bzw. gänzliche Abschaffung von Zöllen,
- der Abbau von Tarifspitzen und -eskalationen[2], d.h. Zollharmonisierung und
- eine verstärkte Zollbindung (insbesondere seitens der Entwicklungs- und Schwellenländer).

Die Umsetzung dieses Verhandlungsmandats erwies sich zunächst als problematisch, da über ein einheitliches Verhandlungsverfahren keine Einigung erzielt werden konnte. So sträubten sich insbesondere die USA gegen Verhandlungen auf der Grundlage einer Zollsenkungsformel, die den Zollsenkungsgesprächen der Tokio-Runde zugrunde lag, sondern plädierten stattdessen für die "request/offer-Methode", d.h. den bilateralen Austausch von Angebots- und Forderungslisten.[3] Die **Verhandlungen** nahmen daher eine **duale Entwicklung**: Auf der einen Seite vollzogen sich **bilaterale Gespräche**, auf der anderen Seite wurden **sektorielle Verhandlungen** mit dem Ziel geführt, in bestimmten Bereichen einen überdurchschnittlichen oder sogar vollständigen Abbau der Zölle zu erreichen.[4]

---

[1] Vgl. z.B. Whalley (1989).

[2] Zolleskalation bedeutet, dass der Zollsatz mit zunehmendem Verarbeitungsgrad des Einfuhrprodukts zunimmt (vgl. Schott (1990), S. 16).

[3] Vgl. Hauser/Schanz (1993b), S. 20.

[4] An den sektorspezifischen Verhandlungen wirkten jeweils die wichtigsten Produzenten- und Importländer mit (s.u.). Besonders hervorzuheben ist die Teilnahme einiger "neuer Industrieländer" Asiens (s.u.).

2.3.1.2   Verhandlungsergebnisse[1]

Welche **konkreten Resultate** haben die Verhandlungen hervorgebracht, d.h. wie lässt sich die neue Welthandelsordnung im Bereich der Einfuhrzollregimes charakterisieren? Überblicksartig kann das **neue Marktzugangsregime** wie folgt dargestellt werden:

Abbildung 2.4: Das WTO-Marktzugangsregime

- vollständige Beseitigung der Einfuhrzölle in den Sektoren Pharmaprodukte, medizinische Geräte, Landwirtschafts- und Baumaschinen für die wichtigsten Export- und Importländer
- Harmonisierung der Zölle auf chemischen Produkte für die wichtigsten Export- und Importländer
- Halbierung von Spitzenzöllen
- durchschnittliche Zollsenkung von 40 % für die verbleibenden Industrieprodukte
- erstmals seit Bestehen des GATT substantielle Zollsenkungen und -bindungen seitens der Entwicklungs- und Schwellenländer

ad1)

Im Bereich der **Pharmaprodukte** werden die **Einfuhrzölle vollständig beseitigt**. Dies gilt auch für Substanzen, die ausschliesslich für den pharmazeutischen Gebrauch bestimmt sind wie z.B. Vitamine, Hormone, Alkaloide und Antibiotika. Da es sich um ein **Sektorabkommen** handelt, werden nicht alle WTO-Mitglieder ihre Einfuhrzölle im Pharmabereich beseitigen, sondern lediglich die wichtigsten Produzenten- und Verbrau-

---

[1]   Die Marktzugangserleichterungen im Agrar- und Textilbereich werden in den Abschnitten 2.4 bzw. 2.3.13 gesondert aufgegriffen.

cherländer. Ein möglichst umfassender Teilnehmerkreis ist unverzichtbar, um die Auswirkungen des "Trittbrettfahrens" in Grenzen zu halten.[1] Auch auf **Bau- und Landmaschinen** sowie **medizinische Instrumente** werden künftig in den massgeblichen Handelsländern keine Einfuhrzölle mehr erhoben.[2]

ad2)

Im Rahmen der sektoriellen Verhandlungen über **chemische Produkte** konnte eine **Harmonisierung** der Zollsätze auf einem Niveau von 5,5 % - 6,5 % vereinbart werden, wobei allerdings Übergangsfristen von bis zu 15 Jahren vorgesehen sind.

ad3)

Für eine grosse Anzahl von Produkten wurde eine **Halbierung** der Zölle ausgehandelt. Hierbei handelt es sich um mit **Spitzenzöllen** (mehr als 15 %) belastete Produkte (z.B. Textil- und Bekleidungserzeugnisse).

ad4)

Die bislang nicht erfassten Einfuhrzölle sind um *durchschnittlich* 40 % abzubauen.

---

[1] Dieses Problem entsteht dadurch, dass gemäss Meistbegünstigungsprinzip die ausgehandelten Konzessionen (hier der vollständige Abbau der Einfuhrzölle) auch denjenigen GATT-Vertragsparteien gewährt werden müssen, die nicht an der entsprechenden Sektorinitiative teilgenommen haben und somit in den Genuss eines erleichterten Marktzugangs kommen, ohne ihrerseits gleichwertige Marktzugangsverbesserungen eingeräumt zu haben (vgl. Hauser/Schanz (1993b), S. 21).

[2] Vgl. Abbildung 2.5 zu einer Auflistung der Teilnehmerstaaten an den verschiedenen Sektorinitiativen.

Abbildung 2.5: Teilnehmerstaaten der Sektorinitiativen

Sektorinitiative	Teilnehmerstaaten
Pharma (Elimination)	Australien, Neuseeland, EFTA, EU, Kanada, USA, Korea, Japan, Singapur, Tschechien, Slowakei
med. Instrumente, Land- und Baumaschinen (Elimination)	EFTA, EU, Kanada, USA, Korea, Hong Kong, Japan, Singapur, Australien
Chemie (Harmonisierung)	Australien, EFTA, EU, Kanada, USA, Korea, Japan, Singapur

Quelle: (Schweizerisches) Bundesamt für Aussenwirtschaft.

ad5)

Im Rahmen der Uruguay-Runde haben die **Entwicklungs- und Schwellenländer** erstmals aktiv an den Marktzugangsverhandlungen partizipiert. Insbesondere die lateinamerikanischen und asiatischen Staaten werden ihre Zollbarrieren z.t. beträchtlich abbauen. Von ähnlicher Bedeutung ist die Bereitschaft der Entwicklungs- und Schwellenländer, den Grossteil ihrer Einfuhrzölle rechtsverbindlich im Rahmen des GATT festzulegen. Damit verpflichten sich diese WTO-Mitglieder, ihre Zölle künftig nicht über die festgelegte Höchstgrenze hinaus zu erhöhen. Abbildung 2.6 fasst die wichtigsten Marktzugangskonzessionen massgeblicher Entwicklungs- und Schwellenländer zusammen.

Abbildung 2.6: Marktzugangsverbesserungen in den Entwicklungs- und Schwellenländern

Länder	durchschn. Zollsenkung	durchschn. Anteil der gebundenen Zollpositionen
Argentinien, Brasilien, Chile, Mexiko	30-40%	fast 100%
ASEAN	30-40%	ca. 65%
Korea	40%	fast 100%
Indien	50%	ca. 60%

Quelle: (Schweizerisches) Bundesamt für Aussenwirtschaft

2.3.1.3 Schlussfolgerungen

Das neue Marktzugangsregime wird zu einem weiteren beträchtlichen Abbau tarifärer Handelsbarrieren führen. Nach Ablauf der Übergangsfristen, d.h. nach der vollständigen Implementation der Verhandlungsergebnisse, sollte das **durchschnittliche Industriegüterzollniveau** auf **weniger als 3 %** fallen.

Von entscheidender Bedeutung ist jedoch, dass die Entwicklungs- und Schwellenländer nicht mehr einseitig von den Zollkonzessionen der Industrieländer profitieren können, sondern auch ihrerseits Marktzugangserleichterungen gewähren und ihre Zollpolitik an den Grundsätzen des

GATT ausrichten müssen.[1]

Abbildung 2.7 verdeutlicht die nicht zu unterschätzende **Bedeutung der aussereuropäischen Märkte**[2] für die deutsche, österreichische und schweizerische Exportwirtschaft.

---

[1] Es sei an dieser Stelle nochmals unterstrichen, dass die Zollbindungen ähnlich bedeutend sind wie die Zollsenkungen, da sie den (willkürlich zu gebrauchenden) Ermessensspielraum der Einfuhrländer beschneiden und dem Exporteur auf diese Weise ein Mindestmass an Rechtssicherheit gewähren.

[2] Für diese Märkte, zu denen deutsche, österreichische und schweizerische Exporteure keinen zollfreien Zugang haben, sind die GATT-Marktzugangskonzessionen von grosser Bedeutung.

Abbildung 2.7: Die regionale Exportverflechtung Deutschlands,
Österreichs und der Schweiz (1992): Gesamtexporte in Mrd. US-$ und in %

	Deutschland		Schweiz		Oesterreich	
	Mrd. $	in %	Mrd. $	in %	Mrd. $	in %
Welt	**430.38**	**100**	**65.53**	**100**	**44.43**	**100**
OECD-Länder	**345.89**	**80.4**	**52.36**	**79.9**	**35.78**	**80.5**
Kanada	2.695	0.6	503	0.8	252	0.6
USA	27.434	6.4	5.593	8.5	1.173	2.6
Japan	9.424	2.2	2.453	3.7	683	1.5
Australien	2.478	0.6	508	0.8	165	0.4
EU	234.03	54.4	38.607	58.9	29.359	66.1
EFTA	65.299	15.2	4.134	6.3	3.841	8.6
Nicht-OECD-Länder	**83.876**	**19.5**	**13.169**	**20.1**	**8.647**	**19.4**
Europa	28.21	6.6	1.622	2.5	5.215	11.7
Afrika	1.643	0.4	1.241	1.9	586	1.3
Mittlerer Osten	13.03	3.0	2.032	3.1	987	2.2
Ferner Osten	23.51	5.5	5.636	8.6	1.458	3.3

Quelle: Eigene Berechnungen gemäss OECD (1994).

2.3.2   Antidumping

2.3.2.1   Hintergrund der Verhandlungen

Dumping liegt vor, wenn ein eingeführtes Produkt auf dem Markt des Importlandes entweder zu einem niedrigeren Preis als auf dem Heimmarkt des Exporteurs oder zu einem die Produktionskosten nicht deckenden Preis angeboten wird.[1]

Die ökonomische Analyse von Dumping im oben definierten Sinne ist äusserst problematisch: Es scheint zwar einerseits plausibel, **aggressives Verdrängungsdumping**[2] als ökonomisch schädlich zu betrachten und den betroffenen Importländern im Rahmen des GATT ein Vorgehen gegen die entsprechenden Einfuhren zu ermöglichen. Andererseits dürfte es äusserst schwierig sein, wettbewerbspolitisch verwerfliches Verdrängungsdumping von einer **Strategie der internationalen Preisdifferenzierung** abzugrenzen,[3] die eine übliche unternehmerische Praxis darstellt, unterschiedlichen Preiselastizitäten der Nachfrage Rechnung trägt

---

[1]   Vgl. Anderson (1993a), S. 99f., der einen umfassenden Überblick über die Antidumping-Praxis in den USA gibt, sowie Waer (1993), S. 47.

[2]   Diese Form des Dumping - in der anglo-amerikanischen Literatur auch als "predatory [räuberisches] dumping" bezeichnet - liegt vor, wenn ausländische Produzenten ihre Erzeugnisse auf dem heimischen Markt bewusst zu derart niedrigen Preisen anbieten, um die inländischen Konkurrenten auszuschalten und anschliessend den Markt monopolistisch auszubeuten. Bereits Viner (1923) griff diese Problematik auf.

[3]   Vgl. Krugman/Obstfeld (1994), S. 134ff., Nicolaides/v.Wijngaarden (1993), S. 33, sowie Baldwin (1992), S. 192f.

und keine "räuberischen" Zielsetzungen verfolgt.[1]

Der GATT-Vertrag verbietet Dumping nicht, gewährt jedoch den Vertragsparteien die Möglichkeit, **unter bestimmten Voraussetzungen** gegen
Einfuhren zu Dumpingpreisen mit **Antidumpingzöllen** vorzugehen.
Hierbei genügt der blosse Tatbestand des Dumping nicht. Es bedarf
zusätzlich des Nachweises einer Schädigung eines heimischen Industriezweiges. Diese Schädigung muss auf zu Dumpingpreisen angebotene
Einfuhrgüter zurückzuführen sein.[2]

In den 1980er Jahren haben sich Antidumpingmassnahmen zu der **am
häufigsten auftretenden Protektionsform** entwickelt. Gemäss einer
Schätzung wurde seitens der GATT-Vertragsparteien zwischen Juli 1980
und Juni 1992 in 1.040 Fällen eine Antidumping-Untersuchung gegen
Importeure angestrengt.[3] Drei von vier einfuhrbeschränkenden Massnahmen wurden zwischen 1979 und 1988 in Form von Antidumpingzöllen
getroffen, während der Anteil der GATT-Schutzklausel gemäss Artikel
XIX lediglich 0,5 % betrug.[4] Bemerkenswert ist zudem, dass während
dieses Zeitraumes 98,8 % der Antidumpinguntersuchungen in den USA,
Kanada, der EU und Australien initiiert wurden. In jüngster Zeit greifen
jedoch vermehrt auch Entwicklungs- und Schwellenländer (z.B. Brasilien,
Mexiko und Südkorea) zu Antidumpingmassnahmen. Auch Japan -
bislang ausschliesslich "Opfer" von Antidumpingzöllen - bedient sich seit

---

[1] Vgl. Petersmann (1990a), S. 183f.

[2] Vgl. Artikel VI, sowie Abschnitt 1.2.4.

[3] Vgl. Tharakan (1993), S. 575.

[4] Vgl. Messerlin (1990), S. 110f., sowie zu den Ursachen des äusserst schwachen Rückgriffs auf die GATT-Schutzklausel Abschnitt 2.3.4.

Anfang 1993 dieses Schutzdispositivs.[1]

Textbox 2.1:   Fallbeispiel für eine Antidumpingmassnahme

Im Jahre 1988 strengten vier EU-Produzenten ein Antidumping-Verfahren gegen fünf koreanische Exporteure von Video-Kassettenrecordern an. Die EU-Kommission gelangte im Laufe des Untersuchungsverfahrens zu der Schlussfolgerung, dass Dumping seitens der koreanischen Exporteure vorliege, die europäische importkonkurrierende Industrie eine Schädigung erfahren habe und diese Schädigung auf die Dumping-Einfuhren zurückzuführen sei. Infolgedessen wurden koranische Kassettenrecorder-Importe mit einer Antidumpingabgabe in Höhe der ermittelten Dumping-Margen von 13,0 bis 23,7 % belegt.

Quelle: Nicolaides/v. Wijngaarden (1993), S. 34, 43.

Wie die Erfahrung zeigt, werden Antidumpingmassnahmen in der überwiegenden Zahl der Fälle dazu missbraucht, wettbewerbsschwache inländische Industriezweige vor überlegenen ausländischen Konkurrenten abzuschirmen, indem deren Erzeugnisse durch Antidumpingzölle, aber auch langwierige und kostspielige Antidumpingverfahren, verteuert werden.[2] Darüber hinaus kommen Antidumpingverfahren als Droh- und Druckinstrument zum Einsatz, um erfolgreichen Exporteuren "freiwillige" Ausfuhrbeschränkungen aufzuwingen.

Zur Konkretisierung von Artikel VI GATT-Vertrag wurde bereits im Rah-

---

[1]   Vgl. Anderson (1993a), Andere (1993), sowie Komuro (1993).

[2]   Auf diese Weise werden bestehende GATT-Verpflichtungen (z.B. das Prinzip der Zollbindung) faktisch umgangen (vgl. Messerlin (1990), S. 108f., der u.a. darauf hinweist, dass die erhobenen Antidumpingzölle die GATT-rechtlich gebundenen Zölle durchschnittlich um das *Vierfache* übersteigen).

men der **Kennedy-Runde** (1964-67) ein **Antidumpingkodex** vereinbart, der zum Abschluss der **Tokio-Runde** (1973-79) neu gefasst wurde.[1] Weitere Klärungen und Interpretationen finden sich im Antidumpingab-kommen der Uruguay-Runde.

2.3.2.2 Die WTO-Antidumpingordnung

Ausgehend von Artikel VI GATT-Vertrag und aufbauend auf den Kodizes der Kennedy- und Tokio-Runde konnte im Rahmen der Uruguay-Runde ein neues Abkommen über die Handhabung von Antidumpingmassnah-men geschlossen werden. Dieses Abkommen muss von den WTO-Mitgliedern als Richtschnur für die Ausgestaltung der nationalen Antidum-pingbestimmungen beachtet werden. Es nimmt angesichts der beträcht-lichen Bedeutung des als Antidumping verbrämten Protektionismus[2] einen herausragenden Platz in der neuen Welthandelsordnung ein.

Auch die neue Antidumping-Ordnung, deren wichtigste Elemente Ab-bildung 2.8 veranschaulicht, macht die Verhängung von Ausgleichszöllen von folgenden, kumulativ zu erfüllenden Bedingungen abhängig:

● Vorliegen eines Dumping-Tatbestandes,

● Schädigung eines heimischen Industriezweiges *und*

● Kausalzusammenhang zwischen Dumping und Schädigung.

---

[1] Vgl. Abschnitt 1.2.4.

[2] Vgl. Abschnitt 2.3.2.1.

Abbildung 2.8: Die Hauptelemente des Antidumpingabkommens

• Bestimmung des Dumpingtatbestandes	Art. 2
• Bestimmung des entstandenen Schadens	Art. 3
• Definition des heimischen Industriezweiges	Art. 4
• Initiierung des Dumpingverfahrens und an-schliessende Untersuchung	Art. 5
• Anforderungen an das vorzulegende Beweis-material	Art. 6
• vorläufige Massnahmen	Art. 7
• Preisverpflichtungen des Exporteurs	Art. 8
• Dauer und Überprüfung von Antidumping-massnahmen	Art. 11
• Konsultation und Streitbeilegung	Art. 17

Im folgenden sollen nun die tragenden Elemente der neuen Antidumping-ordnung kurz vorgestellt werden.

Artikel 2: Bestimmung eines Dumpingtatbestands

Um Antidumpingzölle verhängen zu können, muss zunächst der Tatbe-stand des Dumping erfüllt sein. Davon ist auszugehen, wenn der Export-preis eines Gutes geringer ist als der "normale Wert", d.h. der auf dem Heimmarkt des Exporteurs erhobene Preis.[1]

---

[1] Vgl. Artikel 2.1 des neuen Antidumpingabkommens der Uruguay-Runde (GATT (1993a), MTN/FA II-A1A-8 (Agreement on Implementation of Article VI of GATT 1994)).

Existiert kein Heimmarkt, kann als Normalwert der Preis, den der Exporteur für dasselbe Gut auf anderen Exportmärkten verlangt, als Ver-
gleichsgrundlage herangezogen werden. Eine weitere Möglichkeit besteht
darin, den "konstruierten" Preis im Ursprungsland als Normalwert zugrunde zu legen, wobei nicht nur die Produktionskosten, sondern auch die
Gemeinkosten und ein Gewinnaufschlag einbezogen werden sollen.[1]
Verlustverkäufe auf dem heimischen Markt können unter bestimmten
Voraussetzungen bei der Berechnung des Normalwertes ausgeklammert
werden.

Bei der Dumpingfeststellung sind Durchschnittsexportpreise mit Durch-
schnittsnormalwerten und Einzelexportpreise mit Einzelnormalwerten zu
vergleichen.[2]

Artikel 3: Feststellung des entstandenen Schadens

Hierzu wird zunächst der Umfang der zu Dumpingpreisen angebotenen
Importgüter bestimmt. In einem nächsten Schritt werden die Wirkungen
dieser Einfuhren auf inländische Preise und Produzenten untersucht.

Unter bestimmten Voraussetzungen können die Untersuchungsbehörden
des Einfuhrlandes bei der Ermittlung des Schadens die Importe aus

---

[1] Vgl. exemplarisch zur EU-Praxis bei der "Konstruktion" des Normalwertes
Waer (1993).

[2] Dieses sogenannte "averaging"-Prinzip ist in der Praxis von grosser Bedeutung. Petersmann (1990), S. 189, verdeutlicht anschaulich die Konsequenzen
einer Nicht-Beachtung dieses Prinzips (wie zurzeit noch in den gesetzlichen
Bestimmungen der EU und der USA): "(...), even in a situation of 'parallel
pricing' where an exporter sold his goods at home and abroad at the same
prices (e.g. on days 1, 2, 3, 4, 5 at prices of 20, 19, 18, 17 and 16), standard
dumping methodology would find 'dumping' because individual export prices on
days 4 and 5 (i.e. 17 and 16) were lower than average home market prices
(i.e. 18).".

mehreren Ländern kumulieren.[1]

Die Untersuchung soll alle für die Lage eines Industriezweiges relevanten Faktoren berücksichtigen, so z.B. auch die Absatz- und Gewinnentwicklung sowie die Kapazitätsauslastung.

Um Antidumpingmassnahmen einleiten zu können, muss neben der **Feststellung des Dumpingtatbestands und der Schädigung** zum dritten schliesslich der Nachweis erbracht werden, dass ein **Kausalzusammenhang zwischen Dumping und Schädigung** besteht.

Es werden Kriterien formuliert, auf denen die Vermutung einer drohenden Schädigung, die ebenfalls zu Antidumpingmassnahmen führen kann, beruht.[2]

Artikel 4: Definition des Begriffs "heimischer Industriezweig"

Grundsätzlich soll unter einem heimischen Industriezweig die Gesamtheit der inländischen Produzenten eines dem Einfuhrgut vergleichbaren Erzeugnisses verstanden werden. Unter bestimmten Umständen kann jedoch von dieser Vorgabe abgewichen werden. Diese Begriffsbestimmung ist bedeutsam, da die Feststellung des Dumping, der Schädigung und des kausalen Zusammenhangs auf der Grundlage des betroffenen "heimischen Industriezweiges" erfolgt.

---

[1]   Hierzu muss u.a. für die Importe aus *jedem* untersuchten Herkunftsland gelten:

$$\frac{(Normalwert-Exportpreis)}{Exportpreis} \geq 1.02$$

Die Dumpingspanne muss somit grösser als 2 % sein (vgl. auch Horlick (1993), S. 14, Tharakan (1993), S. 584f., sowie die Ausführungen zu Artikel 5 weiter unten).

[2]   Die blosse Behauptung, Vermutung oder entfernte Möglichkeit einer Schädigung sind keine ausreichenden Kriterien.

Artikel 5: Einleitung und Durchführung eines Untersuchungsver-

           fahrens

Ein Antidumpingverfahren wird auf Antrag eines vermeintlich geschädigten heimischen Industriezweiges von der zuständigen staatlichen Unter-
suchungsbehörde in Gang gesetzt.

Dem Antrag sind u.a. beizufügen: Zum ersten Angaben über Normalwert
und Exportpreis, die eine Dumpingvermutung begründen, zum zweiten
Aussagen zur tatsächlichen oder drohenden Schädigung und zum dritten
Nachweise, dass die Schädigung auf das Dumping zurückzuführen ist.

Die Eröffnung eines Verfahrens ist an die Bedingung geknüpft, dass die
beantragenden Produzenten mindestens 25 % der gesamten Inlands-
produktion des betreffenden Gutes auf sich vereinigen.

Das Untersuchungsverfahren ist einzustellen, wenn sich herausstellt,
dass die auf der Grundlage des Exportpreises berechnete Dumpingspanne kleiner als 2 % ist oder die Dumpingmenge weniger als 3 % der
gesamten Einfuhrmenge des betrachteten Produktes ausmacht.

Artikel 6: Beweismaterial

Beklagten Exporteuren muss eine Mindestfrist eingeräumt werden, um
auf die erhobenen Dumpingvorwürfe reagieren zu können. Darüber
hinaus ist es *allen* "interessierten Parteien", d.h. z.B. auch Konsumentenorganisationen, zu ermöglichen, verfahrens- und entscheidungsrelevantes
Material vorzulegen.[1]

Artikel 7: Vorläufige Massnahmen

Provisorische Antidumpingmassnahmen können dann verhängt werden,
wenn zum ersten das Ermittlungsverfahren bereits eröffnet ist, zum
zweiten die betroffenen Parteien Gelegenheit zur Stellungnahme hatten,

---

[1] Auf diese Weise entsteht ein Gegengewicht zu den Importschutz verlangenden
Produzenten.

zum dritten Dumping festgestellt werden konnte und zum vierten die Behörden die Auffassung vertreten, dass vorläufige Massnahmen erforderlich sind, um eine Schädigung während des Ermittlungsverfahrens zu vermeiden.

Artikel 8: Preisverpflichtungen

Die Exporteure können sich verpflichten, ihre Exportpreise zu erhöhen oder Exporte zu Dumpingpreisen zu unterlassen. In diesem Fall kann das Untersuchungsverfahren ausgesetzt oder ganz eingestellt werden.

Artikel 9: Auferlegung und Erhebung

Der verhängte Antidumpingzoll darf die gemäss Artikel 2 bestimmte Dumpingspanne, d.h. die Differenz aus Normalwert und Exportpreis, nicht übersteigen. Es ist jedoch wünschenswert, dass der Antidumpingzoll kleiner als die ermittelte Dumpingmarge ist, sofern dieses Vorgehen die Beseitigung des dumpingbedingten Schadens ermöglicht.[1]

Artikel 11: Dauer und Überprüfung von Antidumpingmassnahmen

Nach Ablauf eines "vernünftigen Zeitraums" nimmt die zuständige Behörde entweder aus eigener Initiative oder auf Antrag einer "interessierten Partei" eine Überprüfung der Massnahmen vor.

Antidumpingzölle laufen nach spätestens fünf Jahren automatisch aus, sofern die Dumping- und Schadensfeststellung nicht erneuert werden kann.[2]

Die verbleibenden Artikel des Antidumpingabkommens umfassen u.a.

---

[1] Diese sog. "lesser duty rule" wird von der EU, nicht jedoch von den USA praktiziert (vgl. Tharakan (1993), S. 577).

[2] Die Literatur spricht in diesem Zusammenhang von einer "sunset"-Klausel (vgl. Horlick (1993), S. 10f.).

Vorschriften zur öffentlichen Bekanntmachung und Erläuterung der Ergebnisse von Ermittlungsverfahren (Artikel 12) sowie die Verpflichtung, unabhängige Revisionsinstanzen zur Überprüfung endgültiger Entscheidungen einzurichten (Artikel 13).

2.3.2.3   Schlussfolgerungen

In Anbetracht der herausragenden Rolle, die Antidumpingmassnahmen im Arsenal des Protektionismus zukommt[1], ist das neue Antidumpingabkommen von grosser Bedeutung für die weitere Entwicklung des Welthandels.

Die Frage, ob die neue Antidumpingordnung zu einer Eindämmung offensichtlich protektionistisch motivierter Missbräuche beizutragen vermag, kann gegenwärtig noch nicht mit Sicherheit beantwortet werden: Auf der einen Seite weist das neue Abkommen eine Reihe von Bestimmungen auf, die den Missbrauch von **Antidumpingmassnahmen** als **Instrumente eines selektiven und unilateralen Protektionismus** erschweren werden. So z.B. die **Einführung von "de minimis"-Tatbeständen**, die zur Einstellung von Untersuchungsverfahren bei Vorliegen vernachlässigbar geringer Dumpingmengen oder -spannen führen. Auch die **Verankerung einer "sunset"-Klausel** zur Begrenzung der Anwendungsdauer von Antidumpingmassnahmen auf maximal fünf Jahre liegt im Interesse von Exporteuren, die sich mit z.T. prohibitiv hohen, d.h. zum Marktaus-

---

[1]   Es wurde bereits in Abschnitt 2.3.2.1 darauf hingewiesen, dass mehr als 75 % aller importhemmenden Massnahmen mit der Abwehr "unfairer" Dumpingeinfuhren gerechtfertigt werden (vgl. Messerlin (1990), S. 110f.).

schluss führenden, Antidumpingzöllen konfrontiert sehen.[1] Ein besonderer Stellenwert kommt zudem der Verankerung des Antidumpingabkommens im Schlusspaket der Uruguay-Runde zu. Im Gegensatz zum Antidumping-Kodex der Tokio-Runde[2] werden somit *alle* GATT-Vertragsparteien, die der WTO beitreten, das neue Abkommen als Grundlage ihrer jeweiligen nationalen Antidumpinggesetzgebung beachten müssen. Die **geographische Ausweitung der Antidumpingdisziplin** ist von beträchtlicher Bedeutung, da zunehmend auch Entwicklungs- und Schwellenländer Antidumpinggesetzgebungen entwickeln.[3]

Auf der anderen Seite zeigt die neue Antidumpingordnung **Schwächen**, die es ungewiss erscheinen lassen, ob das reformierte GATT-Regelwerk Exporteure vor unbegründeten Antidumpingmassnahmen zu schützen vermag:[4] So ist es nicht gelungen, eine **"public interest"-Klausel** in den Abkommenstext einzuführen. Sie hätte zu einer Beteiligung der inländischen "Leidtragenden" von Antidumpingmassnahmen, d.h. insbesondere von Konsumenten und Produzenten, denen höhere Preise für importierte Fertig- bzw. Vorprodukte aufgebürdet werden, am Entscheidungsprozess führen[5] oder zumindest eine umfassende und zu veröffentlichende ge-

---

[1] Zollaufschläge von 30 % und mehr sind z.B. in der EU keine Seltenheit (vgl. Nicolaides/v. Wijngaarden (1993), S. 47f.).

[2] Dieses Abkommen wurde von lediglich einem knappen Drittel der GATT-Vertragsparteien als verbindlich anerkannt (vgl. Abschnitt 1.2.4).

[3] Z.B. Argentinien, Brasilien, Korea, Mexiko, Marokko, Panama und Tunesien (vgl. Petersmann (1990a), S. 194).

[4] Vgl. Horlick (1993) zu einer umfassenden Kritik an der neuen Antidumpingordnung.

[5] Vgl. Messerlin (1990), S. 120f., sowie grundlegend Schuknecht (1992), der am Beispiel der EU untersucht, warum und in welchem Ausmass die Interessen

samtwirtschaftliche Kosten-Nutzen-Analyse von Antidumpingmassnahmen vorschreiben können.[1] Auch eine obligatorische **"lesser duty rule"** konnte *nicht* verankert werden. Gemäss dieser Regel müssen die Behörden einen Antidumpingzoll verhängen, der kleiner als die ermittelte Dumpingmarge ist, sofern dieses Vorgehen die Beseitigung des dumpingbedingten Schadens im Einfuhrland ermöglicht. Konkret bedeutet die Nicht-Verankerung der "lesser duty rule", dass z.b. die USA ihre Praxis aufrechterhalten können, Antidumpingzölle stets in Höhe der ermittelten Dumpingspanne aufzuerlegen, selbst wenn ein geringerer Zollaufschlag ausreichend wäre, um die dumpingbedingte Schädigung eines heimischen Industriezweiges zu korrigieren.[2]

Die geführte Diskussion sollte zudem stets vor dem Hintergrund einer grundsätzlichen Bemerkung gesehen werden: **Am Sinn der GATT-Antidumpingordnung bestehen schwerwiegende ökonomische Zweifel.** Aus wohlfahrtsökonomischer Sicht sollten Antidumpingzölle, die nicht nur das Produktions-, sondern auch das Konsummuster verzerren und zu einer wohlfahrtsmindernden Fehlallokation von Ressourcen führen[3], durch **diskriminierungsfreie Wettbewerbsregeln** ersetzt werden. Diese könnten das Phänomen der internationalen Preisdifferenzierung "an der Wurzel" disziplinieren und die infolge preisverzerrender Antidumpingzölle

---

der schutzsuchenden Produzenten dominieren.

[1] Vgl. Schuknecht (1992), S. 197. Den gesamtwirtschaftlichen Unsinn von Antidumpingmassnahmen dokumentiert u.a. Anderson (1993a): In den acht untersuchten, von Antidumpinzöllen profitierenden US-Industriezweigen entstanden den Konsumenten zur Realisierung eines zusätzlichen Unternehmensprofits von *einem* Dollar Mehrkosten von 2.40 bis 25.10 Dollar!

[2] Vgl. Tharakan (1993), S. 577.

[3] Vgl. Winters (1990).

entstehenden Wohlfahrtsverluste vermeiden.[1]

Eine Ablösung der GATT-Antidumpingbestimmungen durch geeignete wettbewerbsrechtliche Bestimmungen erscheint zum gegenwärtigen Zeitpunkt unrealistisch. Zu stark ist nach wie vor der politische Einfluss der Lobbies importkonkurrierender Produzenten, die die Antidumpinggesetzgebung als eine je nach Bedarf in Anspruch zu nehmende Schutzklausel betrachten.

Aber selbst für die wohl realistischste Alternative - die strikte Beschränkung der Antidumpingregeln auf das Vorgehen gegen internationale Preisdifferenzierung mit der Zielsetzung der Markteroberung und -ausbeutung - sind kaum hieb- und stichfeste ökonomische Argumente zu finden: Es ist angesichts der grossen Erfolge bei der Liberalisierung des Welthandels sehr unwahrscheinlich, dass ein "Dumper" selbst durch aggressivste Preispolitik die in- *und* ausländischen Wettbewerber ausschalten und auf dem so eroberten Markt künftig Monopolpreise durchsetzen kann.[2]

Der empirische Befund spiegelt die Vermutung der **praktischen Irrelevanz "räuberischen" Dumping** wider: Fast 90 % der von der EU-Kommission eingeleiteten Antidumpingverfahren betreffen Fälle, in denen ausländische Anbieter (in ihrer Gesamtheit) weniger als 25 % des EU-Marktes "beherrschen".[3] Die Berufung der Antidumpingbehörden auf die

---

[1] Vgl. Petersmann (1990a), S. 194, Nicolaides (1990), S. 426, sowie Messerlin (1990), S. 118ff.

[2] Vgl. Petersmann (1990a), S. 183, sowie Nicolaides/v.Wijngaarden (1993), S. 32.

[3] Vgl. Messerlin (1990), S. 126, der für die USA von ähnlichen Zahlen ausgeht.

Notwendigkeit, aggressives Dumping abwehren zu müssen, erscheint daher wenig glaubwürdig. Warum also sollten die mit Antidumpingmassnahmen verbundenen Wohlfahrtseinbussen insbesondere der Konsumenten länger in Kauf genommen werden? Es ist im **Zeitalter der zunehmenden Integration der Weltwirtschaft** grundsätzlich an der Notwendigkeit von Grenzmassnahmen zur Abwehr aggressiven Dumping zu zweifeln, zumal deren Untauglichkeit aus Sicht der Wohlfahrtsökonomik erwiesen ist.[1]

Abbildung 2.9 enthält eine zusammenfassende Wertung der WTO-Antidumpingordnung.

Abbildung 2.9: Einschätzung der WTO-Antidumpingordnung

Stärken	Schwächen
• universelle Mitgliedschaft • *de minimis*-Tatbestände • "sunset"-Klausel • "averaging"-Prinzip	• fehlende "public interest"-Klausel • fehlende "lesser duty rule" • unzureichende Unterscheidung zwischen wettbewerbsgefährdendem und unbedenklichem Dumping

---

[1] Vgl. Abschnitt 3.3 zu wohlfahrtsökonomisch überlegenen Alternativen zum Antidumping.

2.3.3   Subventionen

2.3.3.1   Hintergrund der Verhandlungen

Subventionen gelten als die wichtigste **Ursache für Wettbewerbsverzerrungen im internationalen Handel.**[1] Der grundsätzliche Unterschied zu den oben diskutierten Dumping- und Antidumpingmassnahmen besteht darin, dass im Zusammenhang mit Subventionen Wettbewerbsverfälschungen nicht von privaten Unternehmensstrategien, sondern von staatlichen Eingriffen in den Preis- und Marktmechanismus ausgehen.[2]

Staatliche **Subventionen** erlangen dann GATT-rechtliche Relevanz, wenn sie die legitimen **Handelsinteressen anderer Staaten beeinträchtigen** und den internationalen Handel verzerren. Dieser Tatbestand liegt u.a. dann vor, wenn subventionsbedingte, d.h. künstlich geschaffene Wettbewerbsvorteile Einfuhren in den heimischen Markt erschweren oder Ausfuhren zulasten nichtsubventionierter Konkurrenzprodukte erleichtern.[3]

Die multilaterale Disziplinierung der staatlichen Subventionsvergabe im Rahmen des GATT ist von beträchtlicher Bedeutung: Ohne international anerkannte Subventionsregeln und -kriterien besteht die Gefahr, dass die

---

[1]   Einen Überblick geben u.a. Hufbauer/Erb (1984), Bourgeois (1988), sowie Hufbauer (1990).

[2]   Vgl. Jackson/Davey (1986), S. 725.

[3]   Vgl. Hufbauer (1990), S. 98, sowie Abschnitt 2.3.3.2 zu einer vertiefenden Darstellung des relevanten GATT-Rechtsbestands. Gaisford/McLachlan (1990), S. 65ff., analysieren die Implikationen von Subventionen für internationale Handelsströme.

im Rahmen bisheriger GATT-Runden erzielten Fortschritte beim Abbau tarifärer und nicht-tarifärer Handelsbarrieren faktisch zunichte gemacht werden.[1] Der **GATT-Vertrag verbietet** gemäss seinem 1955 geänderten Artikel XVI im wesentlichen nur **Exportsubventionen für verarbeitete Produkte** und räumt daher den GATT-Vertragsparteien einen weiten Spielraum bei der staatlichen Subventionsvergabe ein. Artikel VI GATT-Vertrag berechtigt jedoch die Vertragsparteien unter recht vage formulierten Voraussetzungen zur einseitigen Verhängung von Ausgleichszöllen auf solche Einfuhrgüter, die im Herkunftsland in den Genuss von Exportsubventionen gelangen. Erst **1979** konnte zum Abschluss der Tokio-Runde ein sogenannter **Subventionskodex** vereinbart werden, der detailliertere Regelungen traf, jedoch nur für ein Drittel der GATT-Vertragsparteien verbindliche Wirkung erlangte und zahlreiche Probleme der Subventionsdisziplin nicht zu lösen vermochte oder durch kaum justiziable **Formelkompromisse** überdeckte.[2]

Trotz der allgemein vorherrschenden Unzufriedenheit mit der bestehenden Rechtslage standen die Subventionsverhandlungen im Rahmen der Uruguay-Runde des GATT zunächst unter ungünstigen Vorzeichen: Während die Entwicklungs- und Schwellenländer sich vehement gegen eine Verschärfung der Subventionsdisziplin stemmten, stand für die USA eben dieses Ziel unabdingbar im Mittelpunkt ihrer Verhandlungsposition.[3]

---

[1] Vgl. Hufbauer (1990), S. 93, sowie McGovern (1991), S. 157ff.

[2] Vgl. zu einer knappen wettbewerbspolitischen und polit-ökonomischen Diskussion der Schwächen des Kodex Raaflaub (1994), S. 106ff. Barcelo (1991), S. 327ff., legt die eindeutig protektionistische Ausrichtung des Kodex bloss.

[3] Die USA betrachten sich als "Hauptopfer" ausländischer Subventionen und zeichnen verantwortlich für über 80 % aller in den 1980er Jahren weltweit (!) verhängten Ausgleichszölle (vgl. Anderson (1993b), S. 71).

2.3.3.2   Die WTO-Subventionsordnung

Ausgehend vom Subventionskodex aus dem Jahre 1979 und dessen offensichtlichen Unzulänglichkeiten wurde im Rahmen der Uruguay-Runde eine neue Subventionsordnung[1] ausgehandelt, deren wichtigste Bestandteile in Abbildung 2.10 zusammengefasst sind.

Abbildung 2.10: Die Hauptelemente der WTO-Subventionsordnung

• Definition von Subventionen	Art. 1
• Spezifitätskriterium	Art. 2
• verbotene Subventionen und Gegen-massnahmen	Artt. 3 und 4
• angreifbare Subventionen und Gegen-massnahmen	Artt. 5,6 und 7
• erlaubte Subventionen	Art. 8
• Ausgleichsmassnahmen	Artt. 10-23
• Notifikation bestehender Subventionen	Art. 25
• Entwicklungsländer	Art. 27
• Streitschlichtung	Art. 30

Es ist jedoch zu beachten, dass das vorliegende Abkommen **nur für Industrieprodukte** gilt. Die Subventionsvergabe in der Landwirtschaft

---

[1]   Vgl. GATT (1993a), MTN/FA II-13 (Agreement on Subsidies and Countervailing Measures).

wird separat im Agrarabkommen geregelt.[1]

Artikel 1: Definition einer Subvention

Von einer Subvention wird ausgegangen, wenn ein finanzieller Beitrag einer Regierung oder einer sonstigen öffentlichen Körperschaft oder jegliche Form von Einkommens- oder Preisstützung vorliegt. Dieser Beitrag kann in Form eines direkten Transfers, eines Verzichts der Regierung auf geschuldete Leistungen und der Bereitstellung von Gütern und Dienstleistungen mit Ausnahme allgemeiner Infrastrukturleistungen und öffentlicher Güter erfolgen.

Artikel 2: Spezifität einer Subvention

Bevor eine Subvention durch einseitige Ausgleichszölle oder multilateral im Rahmen der WTO bekämpft werden kann, muss ihr spezifischer Charakter erwiesen sein. Spezifität liegt dann vor, wenn eine Subvention explizit auf bestimmte Unternehmen und Branchen begrenzt ist.

Unabhängig von ihrer Rechtsnatur gelten Subventionen auch dann als spezifisch, d.h. GATT-rechtlich angreifbar, wenn sie *de facto* nur einer begrenzten Zahl von Interessenten zugänglich sind.

Auch Subventionen, die von einer der zentralen Ebene untergeordneten Gebietskörperschaft (z.B. von den deutschen und österreichischen Bundesländern oder den schweizerischen Kantonen) gewährt werden, sind spezifischer Natur.[2]

---

[1] Vgl. Abschnitt 2.4 dieses Buches.

[2] Anderson (1993b), S. 75f., diskutiert die Konsequenzen dieser neuen Bestimmungen anschaulich aus Sicht der in die USA exportierenden kanadischen Produzenten, die künftig mit amerikanischen Ausgleichszöllen rechnen müssen, sofern sie von Subventionen profitieren, die auf bestimmte kanadische Bundesstaaten begrenzt sind.

Das neue Subventionsabkommen enthält eine Kategorisierung der Subventionen auf der Grundlage des "Ampel-Ansatzes", den Abbildung 2.11 veranschaulicht.

Abbildung 2.11:   **Der Ampel-Ansatz**

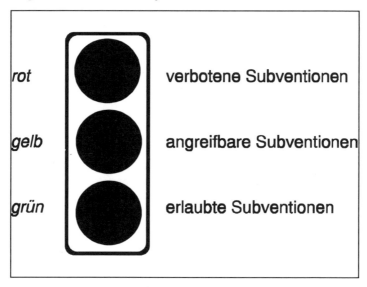

rot   verbotene Subventionen

gelb   angreifbare Subventionen

grün   erlaubte Subventionen

Artikel 3 und 4:   **Verbotene Subventionen ("rote" Kategorie)**

Unter die Verbotsbestimmung des Abkommens fallen **Subventionen, die (a) an ein Exportgeschäft oder (b) an den bevorzugten Gebrauch inländischer zulasten ausländischer Produkte geknüpft sind**.

Die WTO bietet einem von ausländischen Subventionen im obigen Sinne betroffenen Mitglied folgendes **multilaterales Abwehrdispositiv ("Track II")**: Zunächst kann das sich in seinen Handelsinteressen beeinträchtigt fühlende Mitglied in Konsultationen mit dem subventionierenden Staat eintreten.

Sofern diese Gespräche auch nach 30 Tagen noch kein für beide Seiten annehmbares Ergebnis hervorgebracht haben, kann das betroffene

Mitglied die Streitsache dem zentralen **WTO-Streitschlichtungsorgan**[1] vorlegen, das auf Antrag unverzüglich ein **Panel**[2] zur Klärung des Streitfalls einsetzen muss.

Das Panel hat seinen **Bericht** spätestens 90 Tage nach seiner Einsetzung abzuschliessen und den WTO-Mitgliedern zur Kenntnis zu bringen. Höchstens 30 Tage nach Vorlage des Panel-Berichts entscheidet das zentrale WTO-Streitschlichtungsorgan über dessen Annahme. Die betroffenen Mitglieder haben hierbei kein Veto-Recht, können jedoch eine Revisionsinstanz anrufen.

Die Entscheidung der **Revisionsinstanz** muss innerhalb von 30 Tagen vorliegen und von allen Streitparteien bedingungslos akzeptiert werden, es sei denn, das zentrale WTO-Streitschlichtungsorgan spricht sich einstimmig gegen das Votum der Revisionsinstanz aus.

Gelangt das Streitschlichtungsorgan auf der Grundlage des Panel-Berichts zu der Überzeugung, dass verbotene Subventionen im Sinne des Abkommens vorliegen, ergeht an das subventionierende Mitglied die **Empfehlung**, die Subventionspraxis abkommenskonform umzugestalten. Weigert sich das Mitglied, der Empfehlung nachzukommen, kann das Streitschlichtungsorgan die klagende Partei ermächtigen, geeignete **Gegenmassnahmen** zu treffen.

Artikel 5, 6 und 7:   Angreifbare Subventionen ("gelbe" Kategorie)
Jedes WTO-Mitglied ist verpflichtet, seine Subventionspraxis so auszugestalten, dass die Interessen anderer Mitglieder nicht beeinträchtigt werden. Eine derartige Beeinträchtigung liegt vor, wenn die heimische Industrie eines Mitglieds Schaden erleidet, Vorteile, die sich aus dem GATT

---

[1]   Die Kompetenzen dieses "Dispute Settlement Body" werden ausführlich in Abschnitt 2.7 dieses Buches diskutiert.

[2]   Ein Panel ist eine nicht weisungsgebundene Expertengruppe, von der die GATT-rechtliche Klärung einer Streitsache erwartet wird.

ergeben, geschmälert oder zunichte gemacht werden oder schliesslich die Interessen eines dritten Mitglieds verletzt werden. Von diesen Sachverhalten wird grundsätzlich dann ausgegangen, **wenn der Anteil der Subvention am Produktwert 5 % übersteigt.** Hierbei obliegt es dem subventionierenden Mitglied, die auf dem 5 %-Kriterium beruhende Vermutung einer ernsthaften Schädigung zu zerstreuen, d.h. nachzuweisen, dass seine Subventionspraxis nicht zu Einfuhrbehinderungen und -verlagerungen, einer Beeinträchtigung von Exportchancen anderer Mitglieder, einer erheblichen Preisunterlaufung in einem Konkurrenzmarkt oder einer Erhöhung des Weltmarktanteils geführt hat.

Die einer betroffenen Partei zur Verfügung stehenden **Gegenmassnahmen** entsprechen im grossen und ganzen den Regelungen für Subventionen der "roten" Kategorie.[1]

Textbox 2.2:   Fallbeispiel für "gelbe" Subventionen

> Die israelische Regierung subventioniert die inländischen Transformatoren-Produzenten mit bis zu 15 % der Produktionskosten. Auf diese Weise werden die Marktzutrittschancen ausländischer Anbieter erheblich beeinträchtigt. Künftig gelten derartige Subventionen als GATT-widrig, sofern die israelische Regierung ihre Handels- und Wettbewerbsneutralität nicht glaubhaft machen kann.

Quelle: Schanz (1994), S. 38.

Artikel 8 und 9:   Erlaubte Subventionen ("grüne" Kategorie)

Grundsätzlich im Rahmen der WTO nicht angreifbar sind **nicht-spezifische, d.h. allgemein zugängliche Subventionen.** Darüber hinaus sind

---

[1] Die Fristen für die einzelnen Verfahrensschritte sind jedoch etwas grosszügiger bemessen.

folgende Subventionen aus GATT-rechtlicher Sicht prinzipiell unbedenklich:

*   **Forschungssubventionen**, sofern sie nicht 75 % der Kosten der industriellen Forschung und 50 % der Entwicklungskosten übersteigen,[1]
*   **Regionalsubventionen**, sofern sie nicht-spezifisch sind und die begünstigte Region anhand von Pro-Kopf-Einkommen und Arbeitslosenquote objektiv als benachteiligt und unterstützungsbedürftig ausgewiesen werden kann und
*   Subventionen zur Unterstützung der Anpassung industrieller Produktionsstätten an neue **Umweltschutzbestimmungen**.

Jedoch können auch Subventionen der "grünen" Kategorie zu Gegenmassnahmen führen, wenn der Nachweis einer ernsten und dauerhaften Schädigung erbracht wird.[2]

Artikel 10-23: Ausgleichsmassnahmen ("Track I")
Ein heimischer Industriezweig, der die Verhängung von Ausgleichszöllen verlangt, muss detaillierte **Nachweise über das Ausmass** der Subventionen, ihre **schädigende Wirkung** und die **bestehende Kausalität zwischen Subventionierung und Schädigung** erbringen.
Ähnlich wie bei Antidumpingverfahren besteht auch bei der Untersuchung von Subventionsvorwürfen eine *de minimis*-**Schwelle**: Sofern der er-

---

[1] Die Entwicklungssubventionen sind jedoch nur im Zusammenhang mit "pre-competitive development activities" zulässig, die definiert sind als "translation of industrial research findings into a plan, blueprint or design for new, modified or improved products, processes or services whether intended for sale or use, including the creation of a first prototype which would not be capable of commercial use." (Fussnote 26 zu Artikel 8).

[2] Das Verfahren ähnelt dem der "roten" und "gelben" Kategorie (vgl. Artikel 9).

mittelte Subventionsbetrag weniger als 1 % des Produktwertes beträgt, ist das Untersuchungsverfahren einzustellen.[1]

Den betroffenen Exporteuren soll eine Mindestfrist von 30 Tagen eingeräumt werden, um auf die Subventionsvorwürfe reagieren zu können.

Im Rahmen des Untersuchungsverfahrens müssen auch **importierende Produzenten und Konsumentenorganisationen** Gelegenheit erhalten, verfahrensrelevante Gesichtspunkte geltend zu machen.

Bei der Berechnung des Subventionsbetrages sind bestimmte Minimalforderungen einzuhalten sowie die Grundsätze der Transparenz und Willkürfreiheit zu beachten.

Der Schadensfeststellung muss eine positive Evidenz bezüglich des Umfangs der subventionierten Importe und der resultierenden Preiswirkungen zugrunde liegen. Zudem müssen alle anderen ökonomischen Faktoren, die die Schädigung verursacht haben könnten, mitberücksichtigt werden. Schliesslich ist eine drohende Schädigung, aufgrund derer Ausgleichsmassnahmen gefordert werden, mit Fakten zu belegen. Die Vermutung allein ist ungenügend.

Falls sich der Importeur zu einer Erhöhung seiner Preise bereiterklärt, kann das Untersuchungsverfahren ausgesetzt oder beendet werden.

Die **Geltungsdauer von Ausgleichszöllen** ist **auf fünf Jahre begrenzt**, es sei denn, eine Überprüfung zeigt, dass die Voraussetzungen für Ausgleichszölle fortbestehen.

Allen von einem Untersuchungsverfahren betroffenen Parteien muss die Möglichkeit eingeräumt werden, Ausgleichsmassnahmen einem unabhängigen nationalen Verwaltungs- oder Schiedsgericht zur Überprüfung vorzulegen.

---

[1] In den USA gilt zurzeit noch ein *de minimis*-Wert von 0,5 % (vgl. Anderson (1993b), S. 88).

Abbildung 2.12 vermittelt einen Überblick über die im Abkommen vorgesehenen Abwehrdispositive gegen wettbewerbsverzerrende Subventionspraktiken:

Abbildung 2.12: **Track I und II im Vergleich**

Track I	Track II
• innerstaatliches Verfahren • Ziel: Vermeidung von Wett- bewerbsverzerrungen im Inland • Instrument: Verhängung von Ausgleichszöllen • Voraussetzungen: -Subventionstatbestand -Schädigung -Kausalität	• multilaterales Verfahren • Ziel: Verbesserung der Absatzchancen der inlän- dischen Exporteure im subventionierenden Land oder auf Drittmärkten • Instrument: WTO-Streit- schlichtungsverfahren; äusserstenfalls Gegen- massnahmen

Artikel 27: **Entwicklungsländer**

Das in Artikel 3 ausgesprochene Verbot von Exportsubventionen gilt nicht
für die ärmsten Entwicklungsländer.[1]

Die übrigen Entwicklungsländer sind verpflichtet, ihre Exportsubventionen
innerhalb von acht Jahren auslaufen zu lassen.

Für Entwicklungsländer, die für bestimmte Produkte einen Weltmarktanteil
von mindestens 3,25 % erreicht haben, d.h. im Sinne des Abkommens

---

[1] Vgl. auch Annex VII des Abkommens. Als ärmste Entwicklungsländer gelten
die von den Vereinten Nationen entsprechend ausgewiesenen, z.B. Bang-
ladesch und Malawi.

als global kompetitiv gelten, verkürzt sich diese Frist auf zwei Jahre.

2.3.3.3   Schlussfolgerungen

Die WTO-Subventionsordnung kann unter zwei Gesichtspunkten diskutiert werden:

1. Inwieweit ermöglichen die Subventionsregeln eine Eindämmung der
    handels- und wettbewerbsverfälschenden staatlichen Subventions-
    vergabe?

2. Inwieweit lassen sich durch die Subventionsregeln protektionistisch
    motivierte Missbräuche des den Mitgliedern eingeräumten Rechts
    auf einseitige Abwehrmassnahmen in Form von Ausgleichszöllen
    ("Track I") verhindern?

Frage 1 kann dahingehend beantwortet werden, dass die neue Ordnung
eine Reihe von Bestimmungen enthält, die eine **Zurückdrängung der
weltweit grassierenden, wettbewerbsverzerrenden "Subventionitis"**
erwarten lassen.[1]

So sollte die **Einführung des Spezifitätskriteriums** zu einer "Einschrän-
kung der besonders krass verzerrenden Beihilfen an einzelne Unternehmen oder Branchen"[2] führen. Dies gilt in besonderem Masse auch für
solche Subventionen, die *de iure* zwar allgemein zugänglich sind, *de
facto* jedoch spezifisch vergeben werden.[3]

---

[1]   Vgl. zu einer komparativen Darstellung unter Einbeziehung des Kodex der
       Tokio-Runde Hauser/Schanz (1993b), S. 36ff.

[2]   Raaflaub (1994), S. 115.

[3]   Vgl. Anderson (1993b), S. 93f.

Zudem lässt die **Verankerung des 5 %-Vermutungskriteriums** im Zusammenhang mit anfechtbaren Subventionen der "gelben" Kategorie eine Verstärkung der Subventionsdisziplin erwarten: Künftig hat das subventionierende Land den Nachweis zu erbringen, dass die 5 % des Produktionswertes übersteigenden Subventionen zu keiner Verzerrung von Handel und Wettbewerb führen. Gelingt dies nicht, gilt die Subventionierung als GATT-widrig.[1]

Darüber hinaus versprechen der **"traffic lights approach"**[2], d.h. die Untergliederung der Subventionen in eine "rote", "gelbe" und "grüne" Kategorie, sowie die in jeder Kategorie deutlich **verbesserten und gestrafften Streitbeilegungsverfahren** eine erleichterte Durchsetzbarkeit der WTO-Subventionsregeln. Die direkt in den Streitfall involvierten Parteien können nicht mehr ihr Veto gegen die Annahme von Panel-Berichten und die Abgabe von Empfehlungen der zuständigen WTO-Organe einlegen und damit auch nicht länger das multilaterale ("Track II"-) Verfahren faktisch blockieren.[3]

Von besonderer mittel- und langfristiger Tragweite ist zudem, dass die **Entwicklungs- und Schwellenländer**, deren Anteil am Welthandel kontinuierlich wächst, spätestens nach acht Jahren auf Exportsubventionen verzichten müssen.[4]

Nun zu Frage 2: **Kann das neue Regelwerk protektionistische Missbräuche bei der Verhängung von Ausgleichszöllen vereiteln?**

---

[1] Vgl. ebd., S. 80f.

[2] Jackson/Davey (1986), S. 729.

[3] Vgl. Horlick et al. (1986), S. 50, sowie Anderson (1993b), S. 92f.

[4] Vgl. zu dieser sogenannten "graduation clause" Balassa (1989), S. 78.

Positiv ist hierbei zu werten, dass die neue Ordnung importierenden
Produzenten und Konsumenten, die kein Interesse an der Verhängung
von Ausgleichszöllen haben, das Recht auf Gehör im Rahmen des
Untersuchungsverfahrens gewährt.

Auch die **Einführung der 1 %-*de minimis*-Schwelle** wird *ceteris paribus*
zu einem Rückgang der Untersuchungsverfahren führen, so z.B. in den
USA, wo bislang noch eine Schwelle von 0,5 % gilt.[1]

Von der vereinbarten **"sunset"-Klausel**[2] kann eine zeitliche Begrenzung
von Ausgleichszöllen erwartet werden.[3]

Einschränkend muss jedoch bemängelt werden, dass die *de minimis*-
Schwelle z.T. deutlich unter den Erwartungen vieler GATT-Vertragspartei-
en geblieben ist.[4]

Zudem ist es aus ökonomischer Sicht nicht zu rechtfertigen, dass die der
klagenden heimischen Industrie ihrerseits zugute kommenden Subventionen bei der Schadensermittlung nicht berücksichtigt werden. So ist es
denkbar, dass die dem klagenden Industriezweig zufliessenden Subventionen den durch ausländische Subventionen entstehenden Schaden

---

[1] Vgl. Anderson (1993b), S. 94.

[2] Zur Erinnerung: Ausgleichszölle laufen - vorbehaltlich der Ergebnisse einer
     erneuten Untersuchung - nach maximal fünf Jahren automatisch aus.

[3] Z.B. in den USA, die als weltweit mit Abstand häufigste Benützer von Aus-
     gleichszöllen in der nationalen Gesetzgebung bislang noch keine "sunset"-
     Klausel verankert haben (vgl. Richardson (1993b), S. 94).

[4] Kanada bspw. hatte sich für einen Schwellenwert von 5 % ausgesprochen (vgl.
     Anderson (1993b), S. 88).

mehr als aufwiegen.[1]

Zusammenfassend lässt sich festhalten: Es ist trotz der aufgezeigten Mängel davon auszugehen, dass die neue Subventionsordnung zu einer **stärkeren internationalen Disziplin bei der Subventionsvergabe** führen wird.

---

[1] Vgl. Anderson/Rugman (1989).

2.3.4   Schutzmassnahmen

2.3.4.1   Hintergrund der Verhandlungen

Der **GATT-Vertrag** räumt den Vertragsparteien in **Artikel XIX** die Möglichkeit ein, ihren Binnenmarkt vor einem unvorhergesehenen und rasch wachsenden Anstieg der Einfuhren bestimmter Güter abzuschirmen. Die GATT-Schutzklausel stellt somit ein **Abwehrdispositiv gegen grundsätzlich "faire" Einfuhren** dar, während Antidumping- und Ausgleichsmassnahmen zur Bekämpfung "unfairer" unternehmerischer bzw. staatlicher Praktiken dienen.[1] Voraussetzung hierfür ist das **Vorliegen einer ernsthaften Schädigung**, die auf im Rahmen des GATT eingeräumte Marktzugangserleichterungen zurückführbar sein muss.[2] Mit der Gewährung dieser Schutzklausel sollen die Vertragsparteien in die Lage versetzt werden, die sozialen und wirtschaftlichen Härten, die mit dem Abbau von Handelshemmnissen und dem resultierenden Strukturanpassungsdruck einhergehen, abzumildern. Die Schutzklausel kann daher als "Sicherheitsnetz" angesehen werden, das es jedem WTO-Mitglied ermöglicht, Liberalisierungsverpflichtungen einzugehen, ohne seine Handlungsfähigkeit einzubüssen.[3]

Die im Rahmen der Tokio-Runde (1973-79) geführten Verhandlungen blieben ohne Ergebnis. Ein Kodex zur näheren Interpretation der Anwendung von Artikel XIX kam nicht zustande. Die Verhandlungen scheiterten

---

[1]   Vgl. Robertson (1992), S. 2.

[2]   Vgl. zu einer knappen und prägnanten Darstellung und Diskussion von Artikel XIX Hoekman (1993a), S. 31ff., sowie Jackson (1989), S. 155.

[3]   Vgl. Hamilton/Whalley (1990), S. 80, sowie Hoekman (1993a), S. 31.

im wesentlichen an der **Frage der Selektivität**: Können Schutzmassnahmen selektiv, d.h. diskriminierend nur gegen bestimmte Länder, verhängt werden oder müssen sie *alle* massgeblichen Importeure gleichermassen treffen?[1] Auch über die GATT-rechtliche Beurteilung von "Grauzonenmassnahmen" (z.b. "freiwillige" Exportselbstbeschränkungsabkommen)[2] konnte kein Einvernehmen erzielt werden.[3]

Textbox 2.3: **Fallbeispiel für eine "Grauzonenmassnahme"**

Im Jahre 1981 rang die Reagan-Administration den Japanern das Versprechen ab, die Automobilexporte in die USA auf maximal 1,68 Mio. Einheiten pro Jahr zu begrenzen. Diese erzwungene Selbstbeschränkung bürdete den amerikanischen Autokäufern Mehrkosten von 4,3 Mrd. US-$ pro Jahr auf und verteuerte den Neuwagenpreis um durchschnittlich 400 US-$.

Quelle: Lochmann (1986), S. 109, 112.

Es mag überrraschen, dass die GATT-Schutzklausel im Vergleich zu alternativen Protektionsinstrumenten von den Vertragsparteien kaum in Anspruch genommen wird (vgl. Abbildung 2.13):

---

[1] Vgl. Kleen (1989), S. 82, sowie Robertson (1992), S. 57.

[2] Hierbei handelt es sich um diskriminierende, bilateral "ausgehandelte" oder vielmehr durch unverhohlene Drohungen z.B. mit Antidumping- oder Ausgleichsmassnahmen erzwungene Handelsbeschränkungen (vgl. Textbox 2.3.).

[3] Vgl. Robertson (1992), S. 7f.

Abbildung 2.13: Einfuhrbeschränkende Massnahmen zwischen 1979 und 1988

	GATT-Schutz-klausel	Anti-dum-ping	Aus-gleichs-mass-nahmen	Übri-ge	Total
USA	2	427	371	78	878
EU	6	406	13	33	458
Australien	22	478	1		501
Kanada	1	447	22		470
Entwicklungs-länder		75			75
Total	31	1.833	407	111	2.382
Anteil an der Gesamtzahl der Fälle	0,5%	76,9%	18%	4,6%	100%

Quelle: Messerlin (1990), S. 110f.

Es kommen 287 bekannte "Grauzonenmassnahmen" hinzu.[1]

Bei näherem Hinsehen jedoch erscheint die nur **geringe "Beliebtheit" von Artikel XIX-Massnahmen** plausibel: Mit der Anwendung der GATT-Schutzklausel geht die Verpflichtung einher, den betroffenen Exportnatio-

---

[1] Stand: Mai 1988 (Quelle: GATT, zitiert nach Robertson (1992), S. 6).

nen "gleichwertige" **Kompensationen** gewähren zu müssen.[1] Darüber hinaus gilt der **Grundsatz der nichtdiskriminierenden Anwendung** von Schutzmassnahmen, der aus Sicht des die Schutzklausel in Anspruch nehmenden Landes die Gefahr heraufbeschwört, eine Lawine handelspolitischer Kompensationsforderungen oder gar Vergeltungsmassnahmen der betroffenen Handelspartner auszulösen.[2]

Antidumping-, Ausgleichs- und Grauzonenmassnahmen weisen diese "Nachteile" nicht auf und kommen entsprechend häufiger zum Einsatz.[3] Diese Entwicklung ist besorgniserregend: Mit der **zunehmend missbräuchlichen Anwendung grundsätzlich GATT-konformer Instrumente** (Antidumping- und Ausgleichsmassnahmen), aber auch klar ausserhalb des GATT-Rechtsrahmens stehender Mittel (z.B. Exportselbstbeschränkungsabkommen), erleidet die **Glaubwürdigkeit des GATT-Systems** als multilaterale Rahmenordnung für einen möglichst ungehinderten und diskriminierungsfreien Welthandel schweren Schaden. Vor diesem Hintergrund kommt den im folgenden darzustellenden Schutzklausel-Bestimmungen der neuen Welthandelsordnung eine besondere Bedeutung zu.[4]

---

[1] Kommt keine Einigung über Kompensationen zustande, sind die betroffenen Exportländer berechtigt, mit Gegenmassnahmen auf die Anwendung der GATT-Schutzklausel zu reagieren (vgl. Artikel XIX:3 (a) GATT-Vertrag, sowie Robertson (1992), S. 3).

[2] Vgl. Kleen (1989), S. 82.

[3] Vgl. Bhagwati (1988), S. 44ff., sowie Hamilton/Whalley (1990), S. 82f.

[4] "Nothing less than the future credibility of GATT is at stake." (Kleen (1989), S. 82).

2.3.4.2   Die WTO-Schutzklauselordnung

Erstmals in der Geschichte des GATT konnte im Rahmen der Uruguay-Runde ein Abkommen zur Interpretation und Präzisierung der GATT-Schutzklauselbestimmungen[1] vereinbart werden, dessen Hauptelemente in Abbildung 2.14 zusammengefasst sind.

Abbildung 2.14: Die wichtigsten Bestandteile des Schutzklausel-Abkommens

• Voraussetzungen der Anwendung der Schutzklausel	Art. 2
• Anforderungen an das Untersuchungsverfahren	Art. 3
• Grundsatz der nicht-diskriminierenden Anwendung	Art. 5
• Bestimmungen über den Gebrauch mengenmässiger Schutzmassnahmen	Art. 8
• Vorschriften zur Festlegung länderspezifischer Einfuhrquoten	Art. 9
• Begrenzung der Anwendungsdauer von Schutzmassnahmen	Artt. 10-12
• Recht auf Kompensation und ggf. Gegenmassnahmen	Artt. 16-18
• Sonderbestimmungen für Entwicklungsländer	Artt. 18,19
• Verbot und Verpflichtung zur Abschaffung von "Grauzonenmassnahmen"	Artt. 22-24
• Streitbeilegung	Art. 38

---

[1]   Vgl. GATT (1993a), MTN/FA II-14 (Agreement on Safeguards).

Artikel 2-15:   Bedingungen für die Anwendung der Schutzklausel

Um Schutzmassnahmen verhängen zu können, müssen die folgenden **Voraussetzungen** vorliegen:

- ein erheblicher Anstieg der Einfuhren bestimmter Waren,

- eine tatsächliche oder drohende ernsthafte Schädigung der inländischen Produzenten gleichartiger oder unmittelbar im Wettbewerb mit den Importgütern stehender Waren sowie

- der Nachweis eines kausalen Zusammenhangs zwischen Importanstieg und Schädigung.[1]

Ob diese Voraussetzungen vorliegen, ist im Rahmen eines **administrativen Untersuchungsverfahrens** zu klären. Hierbei sollen alle interessierten Parteien ihre Ansichten sowie verfahrensrelevantes Material vorbringen können (z.B. die Frage betreffend, ob die geforderten Schutzmassnahmen tatsächlich im öffentlichen Interesse liegen).

Sofern vorläufige Schutzmassnahmen ergriffen werden, ist deren Anwendung auf maximal 200 Tage zu begrenzen.

Der Grundsatz der nicht-selektiven, d.h. alle massgeblichen Exportländer gleichermassen betreffenden Anwendung der Schutzklausel wird bekräftigt.[2]

Im Rahmen des Untersuchungsverfahrens sind alle für die gegenwärtige Lage des klagenden heimischen Industriezweiges relevanten Faktoren heranzuziehen.

Sofern quantitative Schutzmassnahmen (z.B. in Form von Quoten) eingeführt werden, sollen diese die Menge der Einfuhren nicht unter das durchschnittliche jährliche Niveau der letzten drei repräsentativen und mit Handelsstatistiken dokumentierten Jahre herabdrücken, es sei denn, ein

---

[1]   Die Grundlage dieser Bestimmung ist Artikel XIX:1 (a) GATT-Vertrag.

[2]   Weiter unten werden die Voraussetzungen eines Abweichens vom Gebot der Nicht-Selektivität definiert.

abweichendes Verhalten ist objektiv begründbar.

Obwohl Schutzmassnahmen grundsätzlich unabhängig von der Herkunft der Importware zu handhaben sind, besteht die Möglichkeit, den Lieferländern Einfuhrquoten zuzuteilen, wobei allerdings folgendes zu beachten ist: Den massgeblichen Exportländern ist eine Quote zu gewähren, die ihrem mengen- und wertmässigen Anteil an den Gesamtimporten des betreffenden Produktes in der Vergangenheit Rechnung trägt.

Von diesem Grundsatz kann jedoch abgewichen werden, wenn es dem die Schutzklausel geltend machenden Mitglied in multilateralen Konsultationen gelingt zu zeigen, dass ein **überproportionaler Einfuhranstieg aus einer begrenzten Zahl von Ländern** vorliegt.

Grundsätzlich soll die Anwendungsdauer von Schutzmassnahmen vier Jahre nicht übersteigen. Unter bestimmten Voraussetzungen[1] jedoch kann der Anwendungszeitraum auf bis zu acht Jahre ausgedehnt werden.

Die erneute Anwendung der Schutzklausel auf das gleiche Einfuhrgut ist nur dann möglich, wenn zunächst ein Zeitraum verstrichen ist, der der Anwendungsdauer der vorangehenden Schutzmassnahme entspricht.

Artikel 16-18:   Kompensationen und Gegenmassnahmen

Ein WTO-Mitglied, das die Schutzklausel in Anspruch nimmt, ist verpflichtet, den betroffenen exportierenden Vertragsparteien geeignete Kompensationen zu gewähren, um das ursprünglich bestehende Konzessionsniveau wiederherzustellen.

Führen die zu diesem Zwecke geführten Verhandlungen zu keiner einvernehmlichen Lösung, sind die von Schutzmassnahmen betroffenen Länder berechtigt, ihrerseits gleichwertige, im Rahmen des GATT eingegangene Konzessionen auszusetzen. Dieses Recht darf jedoch **erst nach Ablauf von drei Jahren** ausgeübt werden, sofern eine GATT-konforme Schutzmassnahme vorliegt.

---

[1] Vgl. Artikel 11.

Artikel 19 und 20:   Entwicklungsländer

Gegen Einfuhren aus einem Entwicklungsland dürfen keine Schutzmassnahmen verhängt werden, sofern deren Anteil an den Gesamtimporten
des betreffenden Gutes drei Prozent nicht übersteigt.

Zudem sind die Entwicklungsländer berechtigt, ihrerseits getroffene
Schutzmassnahmen über einen maximalen Zeitraum von zehn Jahren
aufrechtzuerhalten.

Artikel 22-24:   "Grauzonenmassnahmen"

Alle nicht GATT-konformen Schutzmassnahmen (z.B. "freiwillige" Exportselbstbeschränkungsabkommen) müssen innerhalb von vier Jahren
auslaufen.

2.3.4.3   Schlussfolgerungen

Die neue Schutzklauselordnung wird sich an ihrer Fähigkeit messen
lassen müssen, den missbräuchlichen bzw. GATT-widrigen Rückgriff auf
Antidumping-, Ausgleichs- und "Grauzonenmassnahmen" wirksam einzudämmen.

Die Voraussetzungen zur Erfüllung dieser für die künftige Glaubwürdigkeit und Stabilität des Welthandelssystems eminent wichtigen Aufgabe
sind von der Uruguay-Runde geschaffen worden:[1] So konnte die lang
umstrittene **Frage der Selektivität** einvernehmlich **gelöst** werden, indem
grundsätzlich das Postulat der nicht-diskriminierenden Anwendung bekräftigt worden ist, gleichzeitig aber auch die - an strenge und vor allem
unter multilateraler Aufsicht zu erfüllende Voraussetzungen geknüpfte -
Möglichkeit zur selektiven, d.h. auf bestimmte Exportländer begrenzten,

---

[1]   Vgl. zu einer erschöpfenden Analyse aus juristischer Sicht Sykes (1991).

Zuteilung von Quoten vorgesehen ist. Die Bewertung dieser Kompromissformel ist nicht unproblematisch, da sie je nach Blickwinkel unterschiedlich ausfällt: **Aus handelspolitischer Sicht** drängt sich eine positive
Bewertung auf, da der bislang geltende Grundsatz der Nichtselektivität
massgeblich zu der Neigung vieler GATT-Staaten beigetragen hat,
Schutzmassnahmen durch andere Instrumente zu ersetzen.[1] Auf diese
Weise entziehen sich die Einfuhrländer der Verpflichtung, allen GATT-
Partnern die Last der Einfuhrbeschränkung gleichermassen aufbürden
und Kompensationen an die betroffenen Handelspartner leisten zu müssen. Die **Einführung selektiver Elemente** könnte daher zu einer Verminderung des Anreizes zur Ergreifung missbräuchlicher und GATT-widri-
ger Massnahmen führen und somit zu einer **Stabilisierung des multilateralen Handelssystems** beitragen, zumal das Recht der betroffenen
Exportländer, bei einem Scheitern der Kompensationsverhandlungen
Gegenmassnahmen einzuleiten, frühestens drei Jahre nach Einführung
der Schutzmassnahme in Anspruch genommen werden kann.[2]

Aus ökonomischer Perspektive fällt das Urteil über die **Verwässerung
des Nicht-Selektivitätsgebots** weniger günstig aus: Mit der Einführung
diskriminierender Elemente bei der Handhabung von Schutzmassnahmen
werden die im Handel zwischen den Nationen entstehenden **Verzerrungen** verstärkt. Dies führt zu einer **Erhöhung der wirtschaftlichen Kosten der Protektion**.[3] Auch unter einem anderen Gesichtspunkt erscheint selektiver Protektionismus bedenklich: Geht man davon aus, dass

---

[1]   Vgl. Jones (1989), S. 134, sowie Ipsen (1991), S. 59. Eine umfassende Analy-
se der nationalen Gesetzgebungen zur Umsetzung des GATT-Artikels XIX am
Beispiel der EU, der USA, Kanadas, Japans und Australiens findet sich in
Perez-Lopez (1991).

[2]   Vgl. Jäger (1992), S. 108f., sowie Robertson (1992), S. 91ff.

[3]   Vgl. Robertson (1992), S. 62.

die Politiker nicht den gesamtgesellschaftlichen, sondern ihren individuellen Nutzen maximieren, entsteht ein **Anreiz zu Lobbying-Aktivitäten**. Die Lobbyisten verfolgen hierbei das Ziel, ökonomisch nicht zu rechtfertigende Renteneinkommen zu schaffen, indem sie gezielten Schutz vor Einfuhren der effizientesten Anbieter suchen.[1]

Neben der Einführung selektiver Elemente besteht das bemerkenswerteste Kennzeichen der neuen Ordnung im GATT-rechtlichen **Verbot der "Grauzonenmassnahmen"**.[2] Diese Form des Protektionismus und insbesondere ihre wichtigste Ausprägung, die "freiwilligen" Exportselbstbeschränkungsabkommen ("Voluntary Export Restraints" (VERs)), nahm insbesondere in den 1980er Jahren einen gewaltigen Aufschwung. Mitte der 1980er Jahre waren schätzungsweise 10 % (!) des Welthandelsvolumens von derartigen Massnahmen betroffen.[3] Die offensichtliche Unvereinbarkeit von "Grauzonenmassnahmen"[4] mit dem Geist des GATT-Vertrages führte zu einer schweren Belastung der Glaubwürdigkeit des GATT-Systems.[5] In besonders krassem Widerspruch stehen diese Massnahmen zu den GATT-Grundsätzen der Nicht-Diskriminierung, des Verzichts auf mengenmässige Handelsbeschränkungen und der Trans-

---

[1] Vgl. grundsätzlich zu derartigen "Rent-Seeking-Aktivitäten" im Zusammenhang mit der Handelspolitik Krueger (1974).

[2] Eine Übersicht über diese Problematik geben u.a. Kostecki (1987), Petersmann (1988a) und Jones (1989).

[3] Vgl. Kostecki (1987), S. 425.

[4] Dieser Name rührt daher, dass der GATT-Vertrag keine expliziten Bestimmungen zur Disziplinierung dieser Facette des Protektionismus enthält.

[5] So äusserte z.B. der MIT-Professor Lester Thurow 1988 anlässlich des Weltwirtschaftsforums von Davos: "The GATT is dead." (zitiert nach Bhagwati (1991), S. 7).

parenz.[1] Schon aus diesem Grund ist die GATT-rechtliche Ächtung von "Grauzonenmassnahmen" als eines der ermutigendsten Merkmale der neuen Welthandelsordnung zu betrachten. Aber auch aus ökonomischem Blickwinkel fällt die Einschätzung uneingeschränkt positiv aus: Mit dem Verbot von "Grauzonenmassnahmen" werden wohlfahrtsmindernde Verzerrungen grosser Teile des Welthandels abgebaut. Wohlfahrtsgewinne werden sich kurzfristig in Form sinkender Konsumentenpreise und langfristig als Spezialisierungsgewinne infolge einer intensivierten internationalen Arbeitsteilung einstellen.[2] Nichtsdestoweniger wäre es illusorisch, ein gänzliches Verschwinden von "Grauzonenmassnahmen" zu erwarten. Die betroffenen Exporteure und ihre Regierungen werden jedoch künftig über eine breitere multilaterale Angriffsfläche verfügen, um sich gegen Druckversuche bedrängter Importländer zur Wehr zu setzen.

Zusammenfassend lässt sich festhalten: Die neue Schutzklausel-Ordnung verspricht die angeschlagene Glaubwürdigkeit des GATT als multilateraler Garant für ungehinderten und regelgebundenen Welthandel zu festigen. Die in der handelspolitischen Praxis weit verbreiteten Massnahmen der "Grauzone" sollen abgeschafft und im GATT geächtet werden. Zudem nimmt die "Attraktivität" transparenter, zeitlich befristeter und multilateral überwachter Schutzinstrumente im Vergleich zu alternativen Antidumping- und Ausgleichsmassnahmen zu.[3]

---

[1] Vgl. Jones (1989), S. 130ff., sowie Robertson (1992), S. 3.

[2] Vgl. zu einer einfachen ökonomischen Analyse von VERs Robertson (1992), S. 106ff., sowie Krugman/Obstfeld (1994), S. 210f. Eine schonungslose Offenlegung der Wohlfahrtsverluste und damit eine wertvolle Argumentationshilfe für jeden Befürworter eines freien Welthandels liefern Hufbauer/Elliott (1994). Vgl. speziell zu VERs S. 97ff.

[3] Der Leser sei an dieser Stelle nochmals auf den engen Zusammenhang von Antidumping- und Ausgleichszöllen, den Instrumenten der "Grauzone" und der

2.3.5 Technische Handelshemmnisse

2.3.5.1 Hintergrund der Verhandlungen

Mit der erfolgreichen Zurückdrängung des tarifären Protektionismus im Rahmen der GATT-Zollsenkungsrunden haben technische Vorschriften im Arsenal des nicht-tarifären Protektionismus eine immer grössere Bedeutung erlangt.[1] Hierzu zählen u.a. **Vorschriften über die Eigenschaften von Waren, Kennzeichnungsbestimmungen und Regelungen der nationalen Prüfung und Zertifizierung.** Häufig ist "(...) die Behinderung des internationalen Handels (...) damit nicht unbedingt gewollt, faktisch jedoch eine kaum vermeidbare Konsequenz."[2].

Die handelshemmenden Wirkungen international unterschiedlicher technischer Auflagen sind vielfältig: So entstehen infolge der **Komplexität, Unübersichtlichkeit und mangelnden Transparenz nationaler Vorschriften** dem exportierenden Unternehmen u.U. beträchtliche **Informationskosten.**[3] Darüber hinaus ist die **produktionstechnische Anpassung an die Vorschriften des Einfuhrlandes** mit Kosten verbunden, die insbesondere für kleinere Exportunternehmen prohibitiv hoch sein kön-

---

GATT-Schutzklausel hingewiesen. Mit gutem Grund spricht Schott (1990), S. 18, von einem "safeguards complex". Die bisher in den Abschnitten 2.3.2, 2.3.3 und 2.3.4 dargestellten Elemente der neuen Welthandelsordnung müssen somit als eine systematische Einheit betrachtet werden.

[1] Vgl. Nunnenkamp (1983), S. 373.

[2] Ebd., S. 374.

[3] Vgl. Hauser/Schanz (1993b), S. 48.

nen.[1] Auch grössere Exporteure leiden unter technischen Handelshemmnissen: Es fallen nicht nur Kosten infolge produktionstechnischer An-
passungen, sondern zusätzlich auch **Verluste aufgrund entgangener
Skalenerträge**[2] an.

Besonders augenfällig sind die handelshemmenden und -verzerrenden
Wirkungen technischer Auflagen dann, wenn sie ausländische Anbieter
untereinander oder im Vergleich zu inländischen Konkurrenten diskriminieren. Auch von lokalen, regionalen und zentralstaatlichen Stellen unterschiedlich gehandhabte technische Vorschriften behindern den Aus-
senhandel massiv.[3]

Ähnlich wie Zölle treiben auch technische Auflagen einen Keil zwischen
Inlands- und Weltmarktpreis: Die Einfuhren gehen zurück, die Konsumentenrente schrumpft und es resultiert ein Netto-Wohlfahrtsverlust infolge
der Fehlallokation von Ressourcen.[4]

Die in diesem Zusammenhang **relevante Bestimmung des GATT-Vertrages** ist **Artikel XX**, der es den Vertragsparteien ermöglicht, Massnahmen zum Schutz der öffentlichen Sittlichkeit sowie des Lebens und der
Gesundheit von Menschen, Tieren und Pflanzen zu ergreifen. Diese
Massnahmen sind jedoch nicht-diskriminierend anzuwenden und dürfen

---

[1] Vgl. Nunnenkamp (1983), S. 377.

[2] Uneinheitliche Normen erzwingen kleinere Losgrössen. Auf diese Weise wird
     es für den Produzenten schwieriger, eine Outputmenge zu realisieren, die die
     Ausschöpfung steigender Skalenerträge, d.h. eine im Vergleich zur Inputmen-
     generhöhung überproportionale Produktionsmengenzunahme, gestattet (vgl.
     ebd.).

[3] Vgl. Hauser/Schanz (1993b), S. 48.

[4] Vgl. Scheidegger (1992), S. 170f., sowie Hanel (1993), S. 83ff.

keine "verschleierte Beschränkung des internationalen Handels"[1] begründen.

Zur Präzisierung und Auslegung der vagen Bestimmungen des GATT-Vertrages und vor dem Hintergrund des verstärkten Aufkommens technischer Handelshemmnisse in den 1970er Jahren wurde im Rahmen der **Tokio-Runde** (1973-79) ein sogenannter **Normenkodex** vereinbart, der u.a. den gegenseitigen Verzicht auf Diskriminierung, eine verbesserte Transparenz der nationalen Auflagen und multilaterale Streitschlichtungsverfahren festschreibt und im Rahmen der Uruguay-Runde weiterentwikkelt wurde.[2]

2.3.5.2   Die WTO-Normenordnung[3]

Artikel 1:   **Geltungsbereich**

Es werden sowohl industrielle als auch landwirtschaftliche Produkte erfasst. Ausgeklammert bleiben jedoch sanitäre und phyto-sanitäre Massnahmen[4] sowie Einkaufsspezifikationen im öffentlichen Beschaffungswesen.

---

[1] Vgl. Artikel XX.

[2] Vgl. Senti (1986), S. 182ff., sowie die ausführliche Darstellung in 2.3.5.2.

[3] Vgl. GATT (1993b), MTN/FA II-A1A-6 (Agreement on Technical Barriers to Trade). Einen Überblick vermittelt Abbildung 2.15.

[4] Hierbei handelt es sich um Massnahmen zum Schutz der Gesundheit von Menschen, Pflanzen und Tieren vor Gefahren, die aus der Einfuhr verseuchter oder anderweitig gesundheitsgefährdender Agrarprodukte (z.B. Getreide aus der Ukraine und Weissrussland nach dem Reaktorunglück von Tschernobyl 1986) resultieren.

Abbildung 2.15: Die Hauptelemente des WTO-Normenregimes

• Vorschriften zur Handhabung technischer Vorschriften auf zentraler und subzentraler Ebene	Artt. 2,3
• Vorschriften betreffend Standards	Art. 4
• Richtlinien für Konformitätsprüfungsverfahren auf zentralstaatlicher, subzentraler und nichtstaatlicher Ebene	Artt. 5-9
• Informationspflichten	Art. 10
• Sonderbestimmungen für Entwicklungsländer	Art. 12
• Konsultation und Streitbeilegung	Art. 14

Artikel 2-4:   Technische Vorschriften und Standards

Zentralstaatliche Normungsstellen sind verpflichtet, bei der Handhabung technischer Vorschriften[1] den **Grundsatz der Nicht-Diskriminierung ausländischer Anbieter** zu befolgen. Die technischen Vorschriften dürfen keine unnötigen Handelshemmnisse begründen und nicht restriktiver ausgestaltet sein als erforderlich, um **"legitime" Ziele wie den Schutz des Lebens, der Gesundheit und der nationalen Sicherheit** zu verwirklichen. Bei der Formulierung technischer Vorschriften sind bestehende internationale Standards zugrundezulegen, sofern die "legitimen" Ziele auf diese Weise erreicht werden können. Zudem sollen abweichende technische Vorschriften anderer Länder anerkannt werden, sofern diese die gleichen Ziele wie die inländischen Bestimmungen verfolgen und mit der Verwirklichung der "legitimen" Ziele vereinbar sind. Im Falle

---

[1] Hierzu zählen sowohl Produktcharakteristika als auch Produktionsmethoden (vgl. Annex 1 des Abkommens).

des Fehlens internationaler technischer Vorschriften oder bei Anwendung abweichender Bestimmungen hat das entsprechende WTO-Mitglied besondere Notifikations- und Rechtfertigungspflichten zu beachten.

Die Mitglieder sind verpflichtet, für die Einhaltung der Bestimmungen von Artikel 2 auch durch **lokale und nicht-staatliche Normungsinstanzen** Sorge zu tragen.

Alle im Zusammenhang mit technischen Vorschriften geltenden Regelungen sind auch für die Formulierung und Anwendung von Standards[1] massgeblich.

Artikel 5-9: Konformitätsprüfungsverfahren

Für den Fall, dass Importgüter einer Kontrolle ihrer Konformität mit den nationalen technischen Vorschriften unterworfen werden, ist seitens des Einfuhrlandes das **Nichtdiskriminierungsgebot** einzuhalten. Zudem dürfen derartige Prüfungsverfahren **keine unnötigen Handelsbarrieren** begründen. Betroffenen Exporteuren müssen im Falle der Verweigerung von Konformitätsbescheinigungen Beschwerdemöglichkeiten offenstehen. Nach Möglichkeit sollen ausländische Konformitätsprüfungsverfahren anerkannt werden, insbesondere, wenn diese Verfahren die gleichen Zielsetzungen verfolgen wie die nationalen Vorschriften und die technische Kompetenz der ausländischen Prüfstellen erwiesen ist.

Die Mitglieder werden zudem ermutigt, Vereinbarungen über die gegenseitige Anerkennung von Konformitätsprüfungsverfahren zu treffen. Hierbei besteht jedoch keine Verpflichtung zur Meistbegünstigung.

Auch für **lokale und nicht-staatliche Prüfstellen** gelten die Bestimmungen der Artikel 5 und 6.

---

[1] Zur begrifflichen Abgrenzung: Standards sind technische Spezifikationen, die im Gegensatz zu technischen Vorschriften vom Produzenten *nicht zwingend* befolgt werden müssen (vgl. zu diesen und anderen abkommensrelevanten Begriffsdefinitionen Annex I des Abkommens).

Artikel 10:   Informationspflichten

Jedes Mitglied hat eine Informationsstelle einzurichten, die Auskunft über die relevanten technischen Vorschriften, Standards und Konformitätsprüfungsverfahren geben kann.

2.3.5.3   Schlussfolgerungen

Die neue Normenordnung verspricht **Verbesserungen** vor allem auf den Gebieten der **Nicht-Diskriminierung** und **Transparenz**: Nicht nur **zentralstaatliche**, sondern auch **lokale und nicht-staatliche Normungs- und Prüfungsstellen** sind diesen beiden zentralen GATT-Prinzipien unterworfen. Zudem gelten die GATT-Vorschriften künftig auch im Zusammenhang mit der Spezifizierung von **Produktionsmethoden**, während bisher lediglich Produktcharakteristika erfasst waren.

Man sollte sich jedoch keinen Illusionen hingeben: Im Rahmen des GATT 1994 können technische Handelshemmnisse nach wie vor nur begrenzt diszipliniert werden, da **weder eine internationale Harmonisierung von Normen noch die gegenseitige Anerkennung der Ergebnisse nationaler Konformitätsprüfungsverfahren zwingend vorgeschrieben** sind. Auf multilateraler Ebene kann somit vorerst keine mit dem Europäischen Wirtschaftsraum (EWR) vergleichbare Lösung erwartet werden.[1]

---

[1] Im EWR, der aus den Staaten der Europäischen Union (EU) und der Europäischen Freihandelszone (EFTA) - mit Ausnahme der Schweiz - besteht, gilt das sogenannte **Cassis-de-Dijon-Prinzip**: "Waren, die in Übereinstimmung mit den Vorschriften eines einzelnen EWR-Staates hergestellt und in Verkehr gebracht wurden, dürfen in allen EWR-Mitgliedstaaten ungehindert zirkulieren." (Hauser/ Schanz (1993b), S. 245). Vgl. auch Anderson (1987) zur Bedeutung dieses Prinzips für den Europäischen Binnenmarkt.

2.3.6 Handelsrelevante Investitionsmassnahmen (TRIMs)

2.3.6.1 Hintergrund der Verhandlungen

Zahlreiche Staaten beeinflussen die **Rahmenbedingungen für ausländi-sche Investitionen** massiv, indem **Auflagen** gemacht und/oder **Anreize** gewährt werden. Diesen Massnahmen liegt die Zielsetzung zugrunde, ausländische Investitionen in den Dienst der jeweiligen nationalen Wirtschaftspolitik zu stellen. So können Auflagen, die einen lokalen Mindestanteil an der Wertschöpfung vorschreiben, gezielt zur Förderung der heimischen Produzenten von Vorprodukten eingesetzt werden.[1] Sofern derartige Eingriffe zu **Verzerrungen und Beschränkungen des internationalen Handels**[2] führen, spricht man von "Trade Related Investment Measures" (TRIMs)[3], deren wichtigste Ausprägungen in Abbildung 2.16 zusammenfasst sind.

---

[1] Vgl. u.a. Fontheim/Gadbaw (1982), S. 137f. Davidson et al. (1985) zeigen jedoch modelltheoretisch, dass die *Gesamtwohlfahrt* des Gastlandes infolge von TRIMs beeinträchtigt wird.

[2] Wie weiter unten vertiefend ausgeführt, können TRIMs den internationalen Handel mit Vor- und Fertigprodukten in ähnlicher Weise wie Einfuhrquoten und Exportsubventionen beeinträchtigen bzw. verfälschen.

[3] Vgl. Greenaway/Sapir (1992), S. 516. Eine hervorragende und gut nachvollziehbare Einführung aus ökonomischer Sicht gibt Greenaway (1991).

Abbildung 2.16: Die wichtigsten TRIMs[1]

TRIMs	Wirkungen auf den ausländischen Investor
Mindestinlandauflagen	Mindestanteil der Wertschöpfung muss im Gastland erzielt werden
	Mindestanteil der verwendeten Vorprodukte muss im Gastland eingekauft werden
Handelsbilanzauflagen	Einhaltung eines bestimmten Verhältnisses zwischen importierten Vor- und exportierten Endprodukten
Zahlungsbilanzauflagen	Wahrung eines projektspezifischen Gleichgewichts zwischen Deviseneinnahmen und -ausgaben
Exportauflagen	Mindestmenge der im Gastland produzierten Güter muss exportiert werden

TRIMs sind **GATT-rechtliches Neuland.** Im Rahmen der Uruguay-Runde standen sie erstmals auf der Agenda multilateraler Handelsgespräche. Da insbesondere die Entwicklungs- und Schwellenländer die Investitionspolitik als einen zentralen Bestandteil ihrer nationalen Souveränität betrachten, gestalteten sich die Verhandlungen von Beginn an äusserst schwierig.[2]

---

[1]   Zusammengestellt nach Scheibach (1992).

[2]   Eine Darstellung der z.T. diametral entgegengesetzten Verhandlungspositionen findet sich u.a. in Ariff (1989) und Christy (1991).

TRIMs lassen sich sowohl unter handelspolitischem als auch unternehmerischem Blickwinkel betrachten:

Aus handelspolitischer Sicht erscheinen TRIMs als eine besonders ausgeklügelte Form des Protektionismus. So wirken bspw. **Mindestinlandauflagen**[1] ähnlich wie Einfuhrquoten, da sie den Zugang des Investors zu ausländischen Vorprodukten einer bestimmten Obergrenze unterwerfen.[2] TRIMs stellen somit **Barrieren für den Handel mit Zwischenprodukten** dar, können aber auch den Handel mit Fertigprodukten verzerren, wenn Exportauflagen dazu führen, dass die optimale Exportmenge überschritten wird: Bei der erzwungenen Exportmenge übersteigen die Grenzkosten den Grenzerlös, so dass der Investor die zusätzlichen Exporte mit anderswo erwirtschafteten Gewinnen "quersubventionieren" muss.[3] **Exportauflagen** wirken somit grundsätzlich ähnlich **wie Exportsubventionen**, wobei erstere **durch firmeninterne Subventionierung** und letztere aus der Staatskasse aufgebracht werden. In der Praxis jedoch liegt in der überwiegenden Zahl der Fälle faktisch eine staatliche Subventionierung vor, da das Gastland in der Regel kompensierende Anreize gewährt.[4]

Aus unternehmerischer Perspektive ist hervorzuheben, dass TRIMs

---

[1] Rund 40 Staaten machen von derartigen Auflagen Gebrauch, darunter Argentinien, Brasilien, China und Nigeria, aber auch Industriestaaten wie Australien und Grossbritannien (vgl. Textbox 2.4, sowie zu einer umfassenden Darstellung des empirischen Bildes von TRIMs Scheibach (1992), S. 113ff.).

[2] Vgl. Bergsten (1974), S. 148, sowie Grossman (1981), S. 583ff.

[3] Vgl. Greenaway (1991), S. 160, sowie zu einer modelltheoretischen Analyse der Allokations- und Wohlfahrtswirkungen Rodrik (1987).

[4] Z.B. in Form hohen Zollschutzes, der die Gewinneinbussen des Investors wettmacht (vgl. Greenway (1992), S. 153).

die **Produktionskosten** des Investors erhöhen und die **Profitabilität der Auslandsinvestition** schmälern, sofern infolge der Auflagen lokale Bezugsquellen für Vorprodukte in Anspruch genommen werden müssen, die in preislicher und/oder qualitativer Hinsicht nicht optimal sind.[1] Darüber hinaus ist der Investor gezwungen, die **Fertigungstiefe** im Gastland auszubauen, falls keine heimischen Lieferanten verfügbar sind.[2]

Textbox 2.4:   Investitionsmassnahmen in der Praxis

Zahlreiche Länder verpflichten ausländische Direktinvestoren des **Automobilsektors**, einen bestimmten **Anteil ihrer Wertschöpfung** im Investitionsland zu erzielen, so z.B.

- Argentinien (48-78%)
- Ägypten (ca. 40%)
- Taiwan (31-50%).

Quelle: ERT (1993).

---

[1] Vgl. Grossman (1981) und Davidson et al. (1985) zu einer modelltheoretischen Darstellung.

[2] Vgl. Hauser/Schanz (1993b), S. 213.

2.3.6.2 Das WTO-Investitionsregime

Im folgenden wird das erste multilateral vereinbarte Abkommen über Investitionsbedingungen[1] dargestellt. Abbildung 2.17 gibt eine zusammenfassende Darstellung des WTO-Investitionsregimes.

Abbildung 2.17: Das TRIMs-Abkommen

• Definition des Geltungsbereichs	Art. 1
• Relevante GATT-Artikel III und XI	Art. 2
• Ausnahmen	Art. 3
• Sonderbestimmungen für Entwicklungsländer	Art. 4
• Notifikations- und Übergangsbestimmungen	Art. 5
• Transparenzvorschriften	Art. 6
• Multilaterale Streitschlichtung	Art. 8
• Liste der abzuschaffenden TRIMs	Anhang

Artikel 1: Geltungsbereich
Das Abkommen erstreckt sich ausschliesslich auf solche Investitionsmassnahmen, von denen Wirkungen auf den **Güterhandel** ausgehen.

Artikel 2: Relevante Artikel des GATT-Vertrages
Die WTO-Mitglieder verpflichten sich, auf TRIMs zu verzichten, die mit dem Postulat der Inländerbehandlung (Artikel III GATT-Vertrag) sowie

---

[1] Vgl. GATT (1993a), MTN/FA II-A1A-7 (Agreement on Trade-Related Investment Measures).

dem Verbot mengenmässiger Beschränkungen (Artikel XI GATT-Vertrag) unvereinbar sind.[1]

Artikel 3: Ausnahmen

Die im GATT-Vertrag enthaltenen Ausnahmeregelungen gelten auch im Zusammenhang mit TRIMs.

Artikel 4: Entwicklungsländer

Die Entwicklungsländer sind berechtigt, zeitweilig von der Verbotsbestimmung in Artikel 2 abzuweichen, wenn die in Artikel XVIII GATT-Vertrag niedergelegten Voraussetzungen vorliegen.[2]

Artikel 5: Notifikations- und Übergangsbestimmungen

Die Mitglieder müssen innerhalb von 90 Tagen nach Inkrafttreten des Abkommens alle gemäss Artikel 2 abzuschaffenden TRIMs dem zuständigen WTO-Organ notifizieren.

Die industrialisierten Länder sind verpflichtet, innerhalb von zwei Jahren nach Inkrafttreten des Abkommens alle gemäss Absatz 1 notifizierten TRIMs zu eliminieren. Den Entwicklungs- und den am wenigsten entwickelten Ländern werden Übergangsfristen von fünf bzw. sieben Jahren eingeräumt.

Während der Übergangsfrist dürfen die Mitglieder bestehende TRIMs nicht verschärfen. Sie sind jedoch berechtigt, die bestehenden TRIMs auf neue Investitionsprojekte anzuwenden, um Wettbewerbsverzerrungen zulasten bereits etablierter Investoren zu vermeiden. Für neu eingeführte TRIMs gelten wie für die bereits praktizierten die o.g. Abschaffungs- und Notifikationsverpflichtungen.

---

[1] Vgl. auch den Anhang des Abkommens.

[2] Vgl. hierzu Abschnitt 1.2 des Buches.

Anhang: Liste der abzuschaffenden TRIMs

Mit dem Gebot der Inländerbehandlung unvereinbar und daher abzuschaffen sind TRIMs, die

*   die mengen- oder wertmässig definierte Mindestverwendung von Inputs heimischen Ursprungs oder

*   die Einhaltung eines bestimmten mengen- oder wertmässig definierten Verhältnisses zwischen Inputs und Exporten vorschreiben.

Unvereinbar mit dem Verbot mengenmässiger Handelsbeschränkungen und daher ebenfalls abzuschaffen sind TRIMs, die

*   den Import von Inputs mit Menge oder Wert der exportierten Güter verknüpfen,

*   den Import von Vorleistungen dadurch erschweren, dass der Zugang zu ausländischen Devisen von Deviseneinnahmen aus Exporten abhängig gemacht wird oder

*   den Export von Produkten beschränken.

Die genannten TRIMs sind jedoch nur dann abzuschaffen, wenn sie im Gastland obligatorisch und gerichtlich erzwingbar sind oder vom Investor akzeptiert werden müssen, um eine Vergünstigung zu erlangen.

2.3.6.3   Schlussfolgerungen

Das vereinbarte **Verbot von Mindestinland- und Handelsbilanzauflagen** sollte zu einer **effizienteren internationalen Ressourcenallokation** beitragen: Ausländische Investoren werden künftig eher in der Lage sein, die betriebswirtschaftlich optimalen Bezugsquellen für Vorprodukte auszuwählen. Verzerrungen des internationalen Handels, die auf den Zwang zurückzuführen sind, Vorprodukte aus dem Gastland zu beziehen oder ein bestimmtes firmen- oder projektspezifisches Verhältnis zwischen

Importen und Exporten einzuhalten, werden beseitigt. Die internationale Arbeitsteilung im Bereich der Vorprodukte wird durch die erstmalige **Anpassung des GATT-Regelwerks an den Prozess der fortschreitenden Internationalisierung der Produktion** erleichtert. Diese positive Bewertung wird jedoch getrübt durch einige eklatante **Defizite des Abkommens**: Die Beschränkung der Verbotsbestimmungen auf Mindestinland- und Handelsbilanzauflagen erscheint aus ökonomischer Sicht unbefriedigend. Insbesondere die **fehlende Einbeziehung von Exportauflagen** schmälert die realistischerweise an das TRIMs-Abkommen zu richtenden Erwartungen.[1] Von grundlegenderer Bedeutung dürfte jedoch sein, dass sich die Verhandlungspartner nicht auf die Ausdehnung des Gebots der Inländerbehandlung auf natürliche und juristische Personen haben einigen können.[2]

Die überragende Bedeutung des TRIMs-Dossiers zeigt sich auch vor dem Hintergrund der kontinuierlichen **Internationalisierung der Produktion**[3], d.h. der **grenzüberschreitenden Durchführung von Wertschöpfungsaktivitäten** unter dem Dach eines Unternehmens: So werden schätzungsweise ca. 25 % des Welthandels in Form des Intra-Firmen-Handels

---

[1] Die Handelsrelevanz von Exportauflagen wurde bereits in Abschnitt 2.3.6.1 dargelegt: Exportauflagen wirken in Verbindung mit Investitionsanreizen (z.B. Zollschutz), die den Investor zu einer internen Quersubventionierung befähigen, ähnlich wie Exportbeihilfen (vgl. Greenaway (1992), S. 153).

[2] Mit anderen Worten: Von einer umfassenden Gewährleistung der Nichtdiskriminierung ausländischer Investoren - wie z.B. von den USA gefordert (vgl. Christy (1991), S. 777) - ist man auf multilateraler Ebene noch weit entfernt. Das GATT-Inländerbehandlungsgebot gilt nach wie vor lediglich für ausländische *Güter*, nicht jedoch für natürliche und juristische Personen (vgl. Abschnitt 1.2.1).

[3] Vgl. Abbildung 2.18.

abgewickelt, d.h. nicht über internationale Märkte, sondern innerhalb einer unternehmerischen Hierarchie.[1]

Abbildung 2.18: Anteil des Buchwerts des Auslandsinvestitionsbestands am Bruttoinlandsprodukt (in %)

Länder / Regionen	1973	1980	1988
USA	7.7	8.2	7.1
Grossbritannien	9.1	15.2	26.1
Japan	2.5	3.4	3.9
Deutschland	3.4	5.3	8.6
Schweiz	16.2	37.9	23.9
Niederlande	25.8	24.7	34.0
Kanada	6.1	8.2	11.6
Frankreich	3.8	3.2	5.9
Italien	2.4	1.8	4.8
Schweden	6.1	5.8	16.4
entwickelte Marktwirtschaften	5.1	6.2	8.0
Entwicklungsländer	0.6	0.7	1.1

Quelle: Dunning (1993), S. 17.

---

[1] Vgl. Ethier (1991), S. 380, sowie Schoppe (1992), S. 49. Die Internationalisierung der Produktion macht auch vor kleinen und mittleren Unternehmen (KMU) nicht halt. So gibt es allein in der Schweiz ca. 3000 "kleine multinationale Unternehmen" (vgl. Campiche/Löhrer (1994), S. 102).

Zusammenfassend lässt sich festhalten: Das TRIMs-Abkommen sollte zu einer Verminderung von Handelsverzerrungen infolge von Investitionsauflagen beitragen und die weitere Globalisierung der Produktion fördern, auch wenn die multilaterale Gewährleistung der Inländerbehandlung für Investoren (noch) nicht realisiert werden konnte.[1]

---

[1] Vgl. hierzu auch Tschofen (1992), S. 393ff.

2.3.7 Ursprungsregeln

2.3.7.1 Hintergrund der Verhandlungen

Ursprungsregeln sind nationale Gesetze und Verordnungen, die zur Bestimmung des Ursprungslandes einer Ware dienen.[1] Sie erlangen **Relevanz, wenn vom Grundsatz der Meistbegünstigung abgewichen**, d.h. ein Importgut je nach Herkunftsland diskriminierend behandelt **wird**. Es lassen sich grundsätzlich unterscheiden:

a) Autonome Regeln

Sie werden von den einzelnen Staaten in eigener Regie formuliert und dienen neben zolltechnischen und statistischen Zwecken vor allem der **Bestimmung des Anwendungsbereichs bestimmter diskriminierender handelspolitischer Massnahmen** (z.B. länderspezifische Einfuhrbeschränkungen, Antidumping- und Ausgleichsmassnahmen)[2] sowie einseitig gewährter Präferenzbehandlungen wie z.B. das Allgemeine Präferenzsystem zugunsten der Entwicklungsländer sowie die Vorzugsbehandlung afrikanischer, karibischer und pazifischer ("AKP"-) Staaten durch die EU.[3]

b) Vertragliche (präferentielle) Regeln

Diese Regeln erlangen insbesondere **im Zusammenhang mit Freihan-**

---

[1] Vgl. einführend u.a. Asakura (1993), Hoekman (1993c), Lloyd (1993) und Palmeter (1993).

[2] Vgl. Vermulst (1992), S. 62, sowie Hoekman (1993c), S. 3.

[3] Vgl. Palmeter (1993), S. 49f. und 57.

delsabkommen[1] eine grosse Bedeutung: Sie dienen der **Identifikation derjenigen Importgüter, die Anspruch auf präferentielle, d.h. zollfreie Behandlung haben.**[2] Den ökonomischen Hintergrund hierzu bildet das "trade deflection"-Phänomen: In Abwesenheit von Ursprungsregeln könnten Anbieter aus Drittländern ihre Waren in das Freihandelszonenland mit dem niedrigsten Aussenzoll einführen und anschliessend zollfrei in die Hochzollländer der Freihandelszone weitertransportieren.

Abgesehen von der zunehmenden Anzahl von Freihandelszonen hat auch die fortschreitende **Internationalisierung der Produktion** massgeblich zum **Bedeutungszuwachs von Ursprungsregeln** in den internationalen Handelsbeziehungen beigetragen: Die zur Herstellung eines Fertigprodukts notwendigen Produktionsschritte erstrecken sich zunehmend auf mehrere Länder, so dass die Bestimmung des Ursprungslandes des Endprodukts immer bedeutsamer wird.[3]

Im Rahmen der Uruguay-Runde fanden Ursprungsregeln erstmals

---

[1] Im Gegensatz zu einer Zollunion verfügt eine Freihandelszone über keinen gemeinsamen Aussenzoll, d.h. jedes Land bleibt zollpolitisch gegenüber Drittländern autonom (vgl. Gilroy (1993), S. 187ff. und die dort angegebene Literatur).

[2] Hierbei handelt es sich um solche Güter, deren Wertschöpfungszuwachs innerhalb der Freihandelszone einen bestimmten Mindestwert erreicht (vgl. Lloyd (1993), S. 700, sowie Abschnitt 2.3.7.2 zu verschiedenen Bestimmungsmethoden des präferenzverleihenden Ursprungs). Grundsätzlich sei an dieser Stelle erneut darauf hingewiesen, dass bei einer strikten Befolgung des GATT-Prinzips der Meistbegünstigung Ursprungsregeln hinfällig würden, da kein Grund mehr bestünde, zwischen Importwaren zu diskriminieren. Diese Feststellung gilt sowohl für autonome als auch vertragliche Regeln (vgl. Hoekman (1993c), S. 3f.).

[3] Vgl. Hauser/Schanz (1993b), sowie Lloyd (1993), S. 699.

Eingang in die multilaterale Handelsdiplomatie. Diese Erweiterung der GATT-Verhandlungsagenda erscheint vor dem Hintergrund protektionistischer Missbräuche von Ursprungsregeln als konsequent: Insbesondere im Zusammenhang mit Antidumpingmassnahmen sowie diskriminierenden mengenmässigen Handelsbeschränkungen bei Textil- und Bekleidungsprodukten werden **Ursprungsregeln als protektionistische Waffe** eingesetzt.[1]

2.3.7.2 Das WTO-Ursprungsregime

Abbildung 2.19 vermittelt einen Überblick über das WTO-Ursprungsabkommen.

Artikel 1: **Definitionen und Geltungsbereich**

Das Abkommen findet **ausschliesslich** auf **nicht-präferentielle (autonome) Regeln** Anwendung.[2]

Artikel 2, 3: **Disziplinen für die Handhabung von Ursprungsregeln**

Bis zum Abschluss des Arbeitsprogramms zur Harmonisierung autonomer Regeln[3] sind u.a. folgende **Mindestbestimmungen** von den WTO-Mitgliedern einzuhalten:

---

[1] Vgl. hierzu Palmeter (1993), S. 60 und die dort angegebene vertiefende Literatur.

[2] In Annex II des Abkommens sind jedoch auch für vertragliche Regeln Mindestbestimmungen verankert (s.u.).

[3] S.u.

Abbildung 2.19: Die Hauptelemente des WTO-Ursprungsregimes

• Definitionen und Geltungsbereich	Art. 1
• Bestimmungen zur Handhabung von Ursprungs- regeln	Artt. 2, 3
• Informationspflichten	Art. 5
• Streitbeilegung	Artt. 7, 8
• Harmonisierung nicht-präferentieller (autonomer) Ur- sprungsregeln	Art. 9
• Erklärung betr. die Handhabung präferentieller Ur- sprungsregeln	Annex II

- klare Definition der ursprungsverleihenden Kriterien,
- handelspolitische Neutralität der Regeln,
- einheitliche, unparteiische und vernünftige Handhabung der Regeln,
- Einhaltung des Transparenzgebots (Artikel X:1 GATT-Vertrag) und
- rechtsstaatliche Überprüfbarkeit administrativer Entscheidungen.

Diese Grundsätze gelten auch für die Zeit nach Abschluss des Harmonisierungsprogramms, wobei explizit das sogenannte **"one rule"-Prinzip** verankert wird: **Bei allen handelspolitischen Massnahmen sind die gleichen Ursprungsregeln anzuwenden.**

Artikel 9: Harmonisierung von Ursprungsregeln

Zu diesem Zweck ist möglichst unmittelbar nach dem Inkrafttreten des Abkommens ein **Arbeitsprogramm** einzuleiten, das innerhalb von drei Jahren abzuschliessen ist. Als Grundlage dient wiederum der "one rule"-Ansatz. Darüber hinaus soll das Kriterium der vollständigen oder der letzten substantiellen Verarbeitung[1] der harmonisierten Ursprungsbestimmung zugrundeliegen. Die präzise Formulierung der ursprungsverleihenden Kriterien soll auf der Grundlage der Methode des Zollsprungs erfolgen. Bei der **Methode des Zollsprungs** gilt ein Erzeugnis als in substantieller Weise be- oder verarbeitet, wenn es infolge der Be- oder Verarbeitung unter eine andere Tarifposition des Harmonisierten Zollsystems (HS) fällt als jedes einzelne zur Herstellung verwendete Material.[2]

Annex II: Vertragliche (präferentielle) Ursprungsregeln

Für die Anwendung und Handhabung dieser Regeln werden Disziplinen verankert, die mit zwei wesentlichen Ausnahmen denen für autonome Ursprungsregeln entsprechen: So ist zum einen die Diskriminierung von Exporteuren aus Drittländern, die nicht zur Präferenzzone gehören, zulässig. Zum anderen unterliegen die vertraglichen Regeln keiner Harmonisierungsverpflichtung.

2.3.7.3 Schlussfolgerungen

Die Eingliederung der Ursprungsregeln in das GATT-Regelwerk entspricht einer der wichtigsten Tendenzen der weltwirtschaftlichen Entwick-

---

[1] Mit anderen Worten: Ein Produkt erhält den Ursprung desjenigen Landes, in dem die letzte substantielle Verarbeitung stattfindet.

[2] Eine alternative Methode der Ursprungsbestimmung ist das Prozentkriterium, das heimische Mindestanteile ("domestic content") oder ausländische Höchstanteile an der Wertschöpfung eines Produktes festlegt. Um den heimischen Ursprung zu erlangen, dürfen diese Anteile nicht unter- bzw. überschritten werden (vgl. zu einer detaillierten Diskussion der diversen Bestimmungsmethoden Vermulst/Waer (1990), S. 59f., Asakura (1993), S. 7f., sowie Hoekman (1993c), S. 4ff.).

lung: der grenzüberschreitenden Ansiedelung von Wertschöpfungsaktivitäten (Internationalisierung der Produktion). Vor diesem Hintergrund ist es unter dem Gesichtspunkt eines möglichst freien und ungehinderten Welthandels zu begrüssen, dass Formulierung und Handhabung von Ursprungsregeln der alleinigen Kompetenz der WTO-Staaten entzogen und nunmehr einer multilateralen Disziplin unterworfen werden. Zwei Elemente der neuen Ordnung verdienen eine besondere Würdigung:

a)   Verankerung des "one rule"-Prinzips

Willkürliche und je nach handelspolitischer Zielsetzung differenzierte Ursprungsregeln sind nicht mehr zulässig.[1] Damit wird die handelspolitische Neutralität von Ursprungsregeln gewährleistet und verhindert, "that they will be skewed in the direction of protectionism, thereby silently subverting the established system of international trade."[2].

b)   Internationale Harmonisierung autonomer Regeln

Die Vereinheitlichung der nicht-präferentiellen Ursprungsregeln ist das Kernstück des Abkommens. Damit werden die Rahmenbedingungen für internationale Investitionsentscheidungen im allgemeinen und für den Handel mit Zwischenprodukten im besonderen auf eine verlässliche Grundlage gestellt.[3]

---

[1]   Besonders krass zeigt sich die allein schon zahlenmässige Komplexität von Ursprungsregeln in den USA, wo über 20 unterschiedliche Regeln praktiziert werden. So gelten für Antidumpingverfahren andere Regeln als zur Implementation mengenmässiger Einfuhrbeschränkungen im Textil- und Stahlbereich (vgl. Palmeter (1990), S. 30f.) Auch im Bereich der präferentiellen Regeln, die im Rahmen des GATT *nicht* harmonisiert werden müssen, besteht eine unüberschaubare Vielfalt (vgl. ders. (1993), S. 49f.).

[2]   Palmeter (1990), S. 31.

[3]   Vgl. Feketekuty (1992).

2.3.8 Warenversandkontrollen

2.3.8.1 Hintergrund der Verhandlungen

Warenversandkontrollen sind Prüfungsverfahren, die vor dem Versand der Ware noch **auf dem Territorium des Exportlandes** stattfinden. Die zuständigen Behörden des Importlandes beauftragen hierbei international tätige und **spezialisierte Privatunternehmen**[1] mit der Durchführung. Vor allem Entwicklungs- und Schwellenländer bestehen auf einer Überprüfung von Qualität, Quantität, fakturierten Preisen, Zollklassifikation und Zahlungskonditionen im Zusammenhang mit Importlieferungen und -verträgen.[2] Auf diese Weise sollen nationale Finanzinteressen gewahrt, Devisenabflüsse aufgrund - gemessen am vergleichbaren Exportpreis - zu hoch fakturierter Preise und Zolleinnahmeverluste infolge zu niedrig festgesetzter Preise bekämpft werden.[3] Die Vorlage eines abschliessenden "clean report of findings"[4] durch eine Kontrollfirma ist Voraussetzung für die Erteilung einer Einfuhrgenehmigung.

Die **erstmalige Aufnahme von Warenversandkontrollen in die GATT-Verhandlungsagenda** erfolgte vor dem **Hintergrund möglicher Han-**

---

[1] International führend ist hierbei die *Société Générale de Surveillance* (SGS) in Genf, auf die ein Anteil von ca. 80 % der weltweit durchgeführten Versandkontrollen entfällt.

[2] Vgl. Kibola (1989), S. 50f.

[3] Vgl. ebd., S. 50, sowie GATT (1993b), S. 9.

[4] Mit dieser "Unbedenklichkeitsbescheinigung" bestätigt die Kontrollfirma u.a., dass die fakturierten Preise weder künstlich aufgebläht noch erniedrigt sind und vergleichbaren Exportpreisen entsprechen (vgl. v. Raab (1991), S. 88).

delserschwernisse infolge kostspieliger oder schikanöser Prüfverfahren.[1] Zahlreiche Exporteure aus Industriestaaten betrachten Warenversandkontrollen als eine weitere **Facette des nicht-tarifären Protektionismus.**[2]

2.3.8.2   Das WTO-Warenversandkontrollregime

Die relevanten Ergebnisse der Uruguay-Runde[3] sind in Abbildung 2.20
zusammengefasst.

Abbildung 2.20: Das WTO-Warenversandregime

• Definition und Geltungsbereich	Art. 1
• Verpflichtungen der staatlichen Auftraggeber	Art. 2
• Verpflichtungen der Exportländer	Art. 3
• unabhängige Überprüfungsverfahren	Art. 4
• Streitbeilegung	Artt. 7, 8

Artikel 1: Geltungsbereich und Definitionen
Kontrollverfahren im Sinne des Abkommens liegen vor, wenn diese im
Auftrag einer staatlichen Stelle des Importlandes erfolgen. Gegen-

---

[1] Vgl. Hauser/Schanz (1993b).

[2] Vgl. Schanz (1994), S. 42ff., zu einer Darstellung der konkreten Betroffenheit
eines schwedisch-schweizerischen Technologiekonzerns.

[3] Vgl. GATT (1993a), MTN/FA II-10 (Agreement on Preshipment Inspection).

stand der Prüfung sind Qualität, Quantität, Preis und Zollklassifikation von Handelsgütern.

Artikel 2: Verpflichtungen der staatlichen Auftraggeber

Die Auftraggeber sind verpflichtet, auf diskriminierende Prüfverfahren zu verzichten. Darüber hinaus sind transparente Verfahren zu ermöglichen[1] und Garantien zum Schutz vertraulicher Geschäftsinformationen zu gewähren. In diesem Zusammenhang ist hervorzuheben, dass die Kontrollfirmen von den Exporteuren keine patentrelevanten Informationen verlangen dürfen. Dies gilt auch für unveröffentlichte technische Daten, Herstellungskosten, Gewinnhöhen und Vertragsmodalitäten zwischen Exporteuren und Zulieferern.

Unnötige Verzögerungen bei der Durchführung der Kontrollen sind zu vermeiden sowie Beschwerdemöglichkeiten zugunsten des betreffenden Exporteurs zu schaffen. Schliesslich werden für den heiklen Punkt der Preisüberprüfung klare Richtlinien gesetzt. Die Kontrollfirmen haben bei der Ermittlung des vergleichbaren Exportpreises u.a. folgendes zu beachten:

- Es sind alle relevanten ökonomischen Faktoren des Import- und Exportlandes zu berücksichtigen.
- Es soll nicht automatisch der niedrigste, vom Exporteur in den verschiedenen Importländern erhobene Preis zugrunde gelegt werden.
- Dem Exporteur ist die Möglichkeit zur Stellungnahme einzuräumen.

Artikel 3: Verpflichtungen der Exportländer

Die Regierungen der Exportländer sind verpflichtet, Versandkontrollen auf ihrem Territorium zu ermöglichen, alle relevanten Bestimmungen nicht-

---

[1] So muss bspw. die Kontrollfirma Auskunft über die zur Ausstellung eines "clean report of findings" zu erfüllenden Voraussetzungen geben.

diskriminierend zu handhaben und für die nötige Transparenz Sorge zu tragen.

Artikel 4: Unabhängige Überprüfungsverfahren

Dieses Verfahren wird getragen von einem dreiköpfigen Gremium, das aus je einem Vertreter des Exporteurs und der Kontrollfirma sowie einem unabhängigen Experten besteht. Die WTO-Mitglieder sind verpflichtet, diese **private Revisionsinstanz** einzuführen und somit - **in Ergänzung zum multilateralen GATT-Verfahren** - eine innerstaatliche Streitbeilegung zu ermöglichen. Die Entscheidung dieses Gremiums, für die bei unüberbrückbaren Meinungsverschiedenheiten der beiden Interessenvertreter die Stimme des unabhängigen Experten ausschlaggebend ist, hat für alle Streitparteien bindenden Charakter.

2.3.8.3   Schlussfolgerungen

Das vorliegende Abkommen entspricht den Interessen sowohl der Industrie- als auch der Entwicklungsländer: Aus **Sicht der Industriestaaten** und ihrer Exporteure ist zu begrüssen, dass die tragenden Prinzipien der GATT-Ordnung, d.h. insbesondere die Gebote der Nichtdiskriminierung und Transparenz, in den Bereich der Warenversandkontrollen Eingang gefunden haben. Darüber hinaus konnten Mindestanforderungen an die Professionalität der Kontrollfirmen verankert werden.[1] Protektionistische Missbräuche sollten somit eingedämmt werden können.

Aber auch die **Entwicklungsländer** können mit dem gefundenen Kompromiss leben: Er schreibt die Legitimität von Warenversandkontrollen zur Wahrung nationaler Finanzinteressen erstmals völkerrechtlich fest.

---

[1] Vgl. Hauser/Schanz (1993b), S. 60f.

2.3.9   Einfuhrlizenzverfahren

2.3.9.1   Hintergrund der Verhandlungen

Einfuhrlizenzen sind spezielle Dokumente, deren Einreichung bei den Zollbehörden Vorbedingung für die Einfuhr von Waren ist. Es lassen sich hierbei grundsätzlich unterscheiden: (1) **automatische Lizenzen**, die vor allem statistischen Zwecken dienen und (2) **nicht-automatische Lizenzen**, deren Zweck in der Handhabung bestimmter Einfuhrregimes (z.B. länderspezifische Einfuhrquoten) liegt.[1]

Sowohl automatische als auch nicht-automatische Einfuhrlizenzverfahren können **Züge eines nicht-tarifären Handelshemmnisses** annehmen. So kann die Erteilung automatischer Lizenzen seitens der Behörden des Einfuhrlandes bewusst verzögert werden. Nicht-automatische Lizenzen entfalten zusätzlich zu der zugrundeliegenden Mengenbeschränkung weitere restriktive Wirkungen, wenn es an Transparenz und Vorhersehbarkeit mangelt.[2] Vor diesem Hintergrund wurde bereits im Rahmen der **Tokio-Runde** ein **Kodex** vereinbart, um eine möglichst faire und wettbewerbsneutrale Handhabung von Einfuhrlizenzverfahren zu gewährleisten.[3]

---

[1]   Vgl. Müller (1986), S. 165.

[2]   Vgl. Hauser/Schanz (1993b), S. 62.

[3]   Wie bei allen Kodizes der Tokio-Runde handelt es sich auch hier um ein plurilaterales Abkommen, dem weniger als 30 GATT-Vertragsparteien beigetreten sind, vor allem Industrie- und einige wenige Schwellenländer (vgl. Jackson (1989), S. 129f., sowie kritisch zur Wirksamkeit dieser Übereinkunft Stern et al. (1988)).

2.3.9.2   Das WTO-Einfuhrlizenzregime

Auf der Grundlage des Tokio-Runden-Kodex wurde im Rahmen der Uruguay-Runde eine **Einfuhrlizenzordnung**[1] geschaffen, deren Grobstruktur Abbildung 2.21 veranschaulicht.

Abbildung 2.21: Das WTO-Einfuhrlizenzregime

• allg. Anforderungen an das Lizenzverfahren	Art. 1
• automatische Einfuhrlizenzverfahren	Art. 2
• nicht-automatische Einfuhrlizenzverfahren	Art. 3
• Notifikationspflichten	Art. 5
• Konsultation und Streitbeilegung	Art. 6

Artikel 1:   Allgemeine Anforderungen an das Lizenzverfahren

Die Vertragsparteien sind verpflichtet, die administrativen Verfahren zur Implementation von Einfuhrlizenzregimes so auszugestalten, dass Handelsverzerrungen vermieden werden.

Es ist eine **neutrale, faire und gerechte Handhabung** zu gewährleisten. Nach Möglichkeit sollen alle im Zusammenhang mit der Funktionsweise eines Lizenzverfahrens relevanten Informationen spätestens 21 Tage vor dem Inkrafttreten des Lizenzregimes veröffentlicht werden.

Bei Verfahren, die einen Schlusstermin setzen, ist dem Lizenzantragsteller eine **Mindestfrist** von 21 Tagen **für die Einreichung** des Gesuchs

---

[1] Vgl. GATT (1993a), MTN/FA II-12 (Agreement on Import Licensing Procedures).

einzuräumen. Zudem darf der Antragsteller nicht gezwungen werden, mehr als drei für die Lizenzerteilung zuständige **Amtsstellen** anzulaufen.

Artikel 2: Automatische Einfuhrlizenzverfahren

Um handelshemmende Effekte zu vermeiden, sind die Mitglieder verpflichtet, einen nicht-diskriminierenden Zugang zu Lizenzen zu gewährleisten und dafür Sorge zu tragen, dass das **Erteilungsverfahren maximal zehn Werktage** in Anspruch nimmt.

Artikel 3: Nicht-automatische Einfuhrlizenzverfahren

Die administrativen Verfahren sind so auszugestalten, dass über die zugrundeliegende mengenmässige Beschränkung hinausgehende Handelsrestriktionen vermieden werden.

Zudem sind die Mitglieder verpflichtet, allen interessierten Parteien auf Verlangen Auskunft u.a. über die Kriterien der Lizenzvergabe und die zugrundeliegende Einfuhrbeschränkung zu geben. Im Falle der Lizenzverweigerung hat der Antragsteller Anspruch auf Mitteilung der Gründe sowie Anrufung einer innerstaatlichen Beschwerdeinstanz. Darüber hinaus müssen die Anträge innerhalb von maximal 60 Tagen bearbeitet werden.

Artikel 4: Notifikationspflichten

Die Mitglieder verpflichten sich, die Einführung neuer oder die Änderung bestehender Lizenzverfahren innerhalb von 60 Tagen dem zuständigen WTO-Ausschuss mitzuteilen, wobei u.a. die betroffenen Einfuhrgüter, die zuständigen Kontaktstellen zur Auskunftserteilung über die Genehmigungskriterien und die für die Antragsbearbeitung verantwortlichen Amtsstellen zu notifizieren sind.

2.3.9.3   Schlussfolgerungen

Von der neuen Ordnung sind Fortschritte bei der Eindämmung handelshemmender Wirkungen von Lizenzverfahren zu erwarten. So profitieren
die antragstellenden Importeure z.b. aufgrund der **verschärften Informa-
tions- und Notifikationspflichten** sowie der **präzisen zeitlichen Vorgaben für die Antragsbearbeitung** von verbesserter Rechtssicherheit
und Transparenz.[1]

Es ist jedoch einschränkend anzumerken, dass in den vergangenen
Jahren zahlreiche Staaten im Rahmen autonomer handelspolitischer
Liberalisierungsprogramme auf den Gebrauch von Einfuhrlizenzen gänz-
lich verzichtet haben.[2]

---

[1] Vgl. Hauser/Schanz (1993b), S. 64f.

[2] Vgl. GATT (1993b), sowie am Beispiel Lateinamerikas Likar (1993).

2.3.10   Zollwertbestimmung

2.3.10.1   Hintergrund der Verhandlungen

Im Rahmen der Zollwertbestimmung legen die Zollbehörden des Einfuhrlandes den Wert des Importgutes fest, auf dessen Grundlage die
Zollberechnung[1], aber auch die Festsetzung von Steuern sowie Verwal-
tungs- und Lizenzgebühren erfolgt.[2] Dem Verfahren zur Zollwertbestimmung kommt damit eine nicht zu unterschätzende Bedeutung für die
Höhe des vom Exporteur zu entrichtenden Zolls zu.[3] **Ungewissheit
infolge intransparenter und unheitlich gehandhabter Zollwertbestimmungsverfahren** kann den grenzüberschreitenden Handel in noch
stärkerem Masse behindern als Einfuhrzölle an sich.[4] Die tatsächliche
Verwirklichung der im Rahmen des GATT durch die Bindung von Zöllen[5]
angestrebten Rechtssicherheit hängt somit massgeblich von **berechen-
baren und willkürfreien Verfahren** zur Zollwertermittlung ab. In Abwesenheit von Mindeststandards bei der Zollwertfestlegung könnten
GATT-rechtlich verankerte Zollkonzessionen durch zu hohe, willkürlich

---

[1]   Zollwertberechnungsverfahren sind nur im Zusammenhang mit Wertzöllen (z.B.
10 % des Transaktionswertes) relevant. Bei spezifischen Zöllen (z.B. 1 US-$
pro Kilogramm) bestehen keine Berechnungsprobleme (vgl. grundlegend zur
Abgrenzung der Zollarten Ethier (1991), S. 218ff.).

[2]   Vgl. Senti (1986), S. 134.

[3]   Vgl. Woss (1993), S. 38f.

[4]   Vgl. Kibola (1989), S. 54.

[5]   Vgl. Abschnitt 1.2.

ermittelte Zollwerte faktisch zunichte gemacht werden.[1]

Vor dem Hintergrund des bei der Zollwertfestsetzung bestehenden Miss-
brauchspotentials sieht der im Rahmen der **Tokio-Runde** (1973-79)
verabschiedete **Zollwertkodex** eine Reihe von alternativen Bewertungs-
methoden vor, falls der Zollwert nicht auf der Grundlage des Transaktionswertes bestimmt werden kann.[2]

2.3.10.2   Die WTO-Zollwertordnung

Auf der Grundlage des Kodex der Tokio-Runde zur Implementation von
Artikel VII GATT-Vertrag wurde im Rahmen der Uruguay-Runde ein
neues multilaterales Zollwertregime ausgehandelt[3], dessen Aufbau
Abbildung 2.22 verdeutlicht. Artikel VII GATT-Vertrag verlangt bei der
Zollwertermittlung die Zugrundelegung des "wirklichen Wertes" der
eingeführten Ware. Darunter ist der "Rechnungspreis zuzüglich aller im
Rechnungspreis etwa nicht enthaltenen rechtlich zulässigen Kosten, die
zu den echten Elementen des "wirklichen Wertes" gehören, sowie zuzü-
glich jedes aussergewöhnlichen Preisnachlasses oder jeder sonstigen
Ermässigung des üblichen Wettbewerbspreises" zu verstehen.[4]

---

[1]   Vgl. Hauser/Schanz (1993b), S. 66. Zollwerte können von den Behörden des
Einfuhrlandes aber auch nach unten manipuliert werden, um z.B. Dumpingvorwürfe leichter "belegen" zu können (vgl. Finger (1992)).

[2]   Vgl. Jackson (1989), S. 127ff.

[3]   Vgl. GATT (1993a), MTN/FA II-9 (Agreement on Implementation of Article VII
of the General Agreement on Tariffs and Trade 1994).

[4]   Artikel VII:2 GATT-Vertrag. Vgl. zu einer Diskussion der Unzulänglichkeiten von
Artikel VII Senti (1986), S. 134f.

Abbildung 2.22: Das WTO-Zollwertregime

• Zollwertberechnung auf Grundlage des Transaktions- wertes	Art. 1
• Zollwertberechnung auf Grundlage des Transaktionswer- tes identischer Exportprodukte	Art. 2
• Zollwertberechnung auf Grundlage des Transaktionswer- tes ähnlicher Exportprodukte	Art. 3
• Zollwertberechnung auf Grundlage der "deduktiven" Me- thode	Art. 5
• Zollwertberechnung auf Grundlage der "computed va- lue"-Methode	Art. 6
• Konsultation und Streitbeilegung	Art. 19
• Sonderbestimmungen für Entwicklungsländer	Art. 20

Das Abkommen enthält **fünf Zollwertbestimmungsverfahren**, die **hier-
archisch angeordnet** sind, d.h. zunächst ist seitens der Zollbehörden die
erste Methode anzuwenden, und nur wenn diese sich als unpraktikabel
erweist, die zweite und so fort.[1] Ein Wahlrecht bezüglich der Reihenfolge
besteht nur hinsichtlich der vierten und fünften Methode.[2]

Artikel 1: Der Transaktionswert
Grundsätzlich sind die Zollbehörden verpflichtet, der Zollberechnung den
Transaktionswert zugrundezulegen, d.h. denjenigen Preis, den der Käufer

---

[1] Ein Überblick findet sich u.a. bei v. Raab (1991), S. 90f.

[2] Vgl. Artikel 5 und 6.

tatsächlich zahlen muss oder bereits gezahlt hat.

Spezielle Bestimmungen gelten für den Fall der geschäftlichen Verbundenheit zwischen Käufer und Verkäufer, z.b. für den Intra-Konzern-Handel.[1] Um Manipulationen des Kaufpreises, z.b. durch die Vereinbarung von Transferpreisen zur Minimierung der Zollbelastung, einzudämmen, soll der Transaktionswert von den Zollbehörden nur dann als Zollbemessungsgrundlage akzeptiert werden, wenn der Importeur den Nachweis erbringt, dass der Warenwert annähernd einem der folgenden Werte entspricht:

*   dem Transaktionswert von identischen oder ähnlichen Verkäufen an unverbundene Käufer desselben Importlandes,

*   dem "deduktiv"[2] ermittelten Wert identischer oder ähnlicher Güter *oder*

*   dem auf der Grundlage der Herstellungskosten bestimmten Wert identischer oder ähnlicher Einfuhrprodukte.

Artikel 2: Der Transaktionswert gleicher Waren

Falls die in Artikel 1 niedergelegte Berechnungsmethode nicht praktikabel ist, müssen die Zollbehörden den Transaktionswert *gleicher* Importwaren, die zu etwa derselben Zeit eingeführt werden, heranziehen.

Artikel 3: Der Transaktionswert ähnlicher Waren

Können die beiden bisher genannten Methoden nicht angewendet werden, muss auf den Transaktionswert *ähnlicher* Einfuhrprodukte zurückgegriffen werden.

---

[1] Zur Erinnerung: Ca. 25 % des Welthandels werden innerhalb von multinationalen Konzernen abgewickelt (vgl. Ethier (1991), S. 380).

[2] Vgl. Artikel 5.

Artikel 5: Die "deduktive" Methode

Scheiden alle Berechnungsverfahren auf der Grundlage des Transaktionswertes aus, kann die "deduktive" Methode zum Einsatz kommen. Hierbei basiert die Zollwertbestimmung auf dem **im Einfuhrland erzielten Verkaufspreis** einer gleichen oder ähnlichen importierten Ware, wobei u.a. Gewinnzuschläge sowie Transport- und Versicherungskosten, die im Einfuhrland entstehen, in Abzug zu bringen sind.

Artikel 6: Die "computed value"-Methode

Alternativ zur "deduktiven" Methode kann die Zollwertbestimmung auch auf der Grundlage der **Herstellungskosten** zuzüglich der Gemeinkosten sowie einer Gewinnmarge im Ausfuhrland erfolgen. Der Verkaufspreis im Inland produzierter Güter darf jedoch keinesfalls zugrundegelegt werden.[1]

2.3.10.3 Schlussfolgerungen

In inhaltlicher Hinsicht geht das neue Abkommen nicht nennenswert über den Kodex der Tokio-Runde hinaus. Von grosser Bedeutung ist jedoch die **Multilateralisierung des GATT-Zollwertregimes**: *Alle* Signatarstaaten der Schlussakte der Uruguay-Runde, d.h. alle WTO-Mitglieder, müssen künftig diese Verpflichtungen einhalten. Die umfassende Mitgliedschaft ist hoch einzuschätzen, bietet sie doch Gewähr dafür, dass die z.T. erstmaligen Zollsenkungen der Entwicklungs- und Schwellenländer nicht durch undurchsichtige und willkürliche Zollwertbestimmungsverfahren ausgehöhlt werden.[2]

---

[1] So ist bspw. das "American Selling Price System", das in den USA praktiziert wurde und die üblichen Grosshandelspreise von US-Produkten als Bewertungsmassstab heranzog, nicht GATT-konform.

[2] Vgl. Woss (1993), S. 38f.

2.3.11 Zahlungsbilanzvorschriften

2.3.11.1. Hintergrund der Verhandlungen

Die GATT-Vertragsparteien sind berechtigt, zum Schutz ihrer Zahlungsbilanz und finanziellen Lage gegenüber dem Ausland mengenmässige einfuhrbeschränkende Massnahmen zu ergreifen.[1]

Die Gründungsväter des GATT haben diese Schutzbestimmung in den Vertragstext eingeführt, um die währungspolitische Handlungsfähigkeit der Vertragsparteien, die bei anhaltenden Zahlungsbilanzdefiziten und schwindenden Währungsreserven gefährdet ist, sicherzustellen.[2]

Zahlreiche Industriestaaten beklagen die **missbräuchliche Anwendung** der GATT-Zahlungsbilanzbestimmungen durch verschiedene Entwicklungsländer, so z.b. die **fehlende Transparenz, zeitliche Begrenztheit und Verhältnismässigkeit der Massnahmen**, die zudem häufig dis-

---

[1] Vgl. Artikel XII:1 GATT-Vertrag. Jackson (1989), S. 213f., spekuliert über die Gründe für diese Abweichung vom GATT-Grundsatz des Verbots mengenmässiger Einfuhrbeschränkungen. Zusätzlich zu Artikel XII:1 wurde im Jahre 1955 der Artikel XVIII GATT-Vertrag um einen Abschnitt B ergänzt, der zahlungsbilanzbedingte Schutzmassnahmen in einen entwicklungspolitischen Zusammenhang stellt (vgl. Senti (1986), S. 268).

[2] Vgl. Courage-van-Lier (1984), S. 124f. Nach dem Zusammenbruch des Bretton-Woods-Systems fixer Wechselkurse im Jahre 1973 mehrten sich jedoch die Zweifel an der Notwendigkeit der "Zahlungsbilanz-Schutzklausel" des GATT-Vertrages, da - zumindest theoretisch - Wechselkursanpassungen zu einem Ausgleich der Zahlungsbilanz führen (vgl. Roessler (1975), sowie Ethier (1991)).

kriminierend gehandhabt werden.[1] Zudem wird bemängelt, dass das GATT die Vertragsparteien *nicht* verpflichtet, eine der Gesundung der Zahlungsbilanz dienende Binnenwirtschaftspolitik zu betreiben. Vor diesem Hintergrund sind die Verhandlungen im Rahmen der Uruguay-Runde zu bewerten.[2]

2.3.11.2 Das WTO-Zahlungsbilanzregime

Auf der Grundlage der GATT-Artikel XII und XVIII:B sowie der 1979 als Ergebnis der Tokio-Runde verabschiedeten "Declaration on Trade Measures taken for Balance-of-Payments Purposes"[3] konnte Ende 1993 ein reformiertes Zahlungsbilanzregime[4] multilateral vereinbart werden, dessen wesentliche Inhalte Abbildung 2.23 zusammenfasst.

Artikel 1: Zeitliche Begrenztheit der Massnahmen
Die WTO-Mitglieder bekräftigen ihre Bereitschaft, so bald als möglich Zeitpläne für die Abschaffung zahlungsbilanzbedingter Schutzmassnahmen vorzulegen. Geschieht dies nicht, sind die Gründe hierfür darzulegen.

---

[1] Vgl. Hauser/Schanz (1993b), S. 70.

[2] Der Leser wird im Folgeabschnitt feststellen, dass das neue Zahlungsbilanzregime zu den unverbindlichsten und am wenigsten überzeugenden Abkommen der Uruguay-Runde zählt.

[3] Vgl. hierzu Roessler (1989), sowie Tan (1989).

[4] Vgl. GATT (1993a), MTN/FA II-1(c) [Understanding on the Balance-of-Payments Provisions of the General Agreement on Tariffs and Trade 1994].

Abbildung 2.23: Die WTO-Zahlungsbilanzordnung

• Handhabung von Schutzmass- nahmen (Artikel 1-4)	Verzicht auf mengenmässige Massnahmen
	zeitliche Begrenztheit der Massnahmen
	Verhältnismässigkeit der Massnahmen
• Konsultationsverfahren (Artikel 5-8)	Überprüfung der Massnahmen durch den Zahlungsbilanzaus- schuss
	Konsultationspflichten bei der Einführung schärferer oder neuer Massnahmen
• Notifikationspflichten (Artikel 9-12)	
• Konsequenzen der Konsultationen (Artikel 13)	

Artikel 2: Präferenz für tarifäre Massnahmen

Die WTO-Mitglieder sind willens, preisbezogenen Massnahmen (z.B. Zollaufschlägen) den Vorzug gegenüber mengenmässigen Massnahmen zu geben.

Artikel 3: Mengenmässige Massnahmen

Auf quantitative Einfuhrrestriktionen soll nur zurückgegriffen werden,

wenn die Zahlungsbilanzsituation derart kritisch ist, dass tarifäre Massnahmen keine ausreichende oder rechtzeitige Erleichterung herbeiführen
würden. Das betreffende WTO-Mitglied muss jedoch sein Vorgehen
rechtfertigen.

Artikel 4: Verhältnismässigkeit der Massnahmen

Die Schutzmassnahmen sind der zugrundeliegenden Zahlungsbilanz-
schwäche angemessen zu handhaben. Produkte, die für das Einfuhrland
von "essentieller" Bedeutung sind (z.b. elementare Konsumgüter oder für
die wirtschaftliche Entwicklung unverzichtbare Investitionsgüter) können
bei der Verhängung von Zollzuschlägen, die grundsätzlich "across the
board", d.h. ausnahmslos auf alle Importgüter, anzuwenden sind, ausgeklammert werden.

Artikel 5: Überprüfung durch den Zahlungsbilanzausschuss

Der zuständige WTO-Ausschuss soll im Rahmen von Konsultationen alle
zahlungsbilanzbedingten Handelsbeschränkungen auf ihre GATT-Kon-
formität überprüfen.

Artikel 6: Konsultationspflicht

Jedes WTO-Mitglied ist verpflichtet, spätestens vier Monate nach Einführung neuer oder Verschärfung bestehender Restriktionen Konsultationen mit dem Zahlungsbilanzausschuss aufzunehmen.

Artikel 7: Periodische Überprüfung

Alle zahlungsbilanzbedingten Beschränkungen unterliegen einer peri-
odischen Überprüfung durch den Ausschuss.

Artikel 9: Notifikationspflichten

Neue Restriktionen und Modifikationen des Zeitplans für die Beseitigung von Einfuhrbeschränkungen sind spätestens 30 Tage nach deren Ankündigung dem Allgemeinen Rat der WTO zu notifizieren.

Artikel 13:   Konsequenzen des Konsultationsverfahrens

Der Ausschuss erstattet dem Allgemeinen Rat der WTO Bericht über die geführten Konsultationen. Im Lichte dieser Empfehlungen sollen Rechte und Pflichten der WTO-Mitglieder bewertet werden.[1]

2.3.11.3   Schlussfolgerungen

Das GATT steht vor einer schwierigen Gratwanderung: Einerseits muss es den berechtigten Anliegen von Staaten, die unter Zahlungsbilanzschwierigkeiten leiden, Rechnung tragen, andererseits aber im Interesse der Glaubwürdigkeit des multilateralen Handelssystems danach trachten, protektionistische Missbräuche der Zahlungsbilanzbestimmungen auf Kosten erfolgreicher und wettbewerbsfähiger Exporteure auf ein Minimum zu beschränken.[2]

Ob die neue Welthandelsordnung diese Herausforderung zu meistern vermag, erscheint fraglich. Die **protektionistischen Missbrauchsmöglichkeiten konnten nicht überzeugend eingedämmt werden.** Hierzu hätte es verbindlicherer Regelungen insbesondere zur zeitlichen Begrenztheit der Schutzmassnahmen und zum Verzicht auf mengenmässige

---

[1]   Die Interpretation dieser vagen Formulierung ist mehrdeutig: So kann - wie bisher - die Auslösung des multilateralen Streitschlichtungsverfahrens gemeint sein, aber auch die Ermächtigung der WTO-Mitglieder zu Gegenmassnahmen, sofern deren Einwände gegen die einfuhrbeschränkenden Massnahmen seitens eines anderen Mitgliedstaates vom WTO-Rat geteilt werden.

[2]   Vgl. Bergsten/Cline (1982), S. 50.

Beschränkungen bedurft. Zudem behält jedes WTO-Mitglied die **uneinge-schränkte binnenwirtschaftliche Souveränität**, so dass wirtschafts-politische Massnahmen, die Zahlungsbilanzprobleme entstehen oder fort-bestehen lassen, im Rahmen des WTO-Systems nicht angegriffen wer-den können. Die Zahlungsbilanzklausel bleibt daher ein Instrument steuerbarer Exkulpation GATT-widrigen Verhaltens.

In Anbetracht der nach wie vor schwachen multilateralen Zahlungsbilanz-disziplinen besteht die **Gefahr**, dass die im Rahmen der Marktzugangs-verhandlungen (Zollsenkungen und -bindungen) angestrebte **stärkere Integration der Entwicklungsländer in das Welthandelssystem** eine **Illusion** bleibt.

2.3.12   Staatshandelsunternehmen

2.3.12.1   Hintergrund der Verhandlungen

Der GATT-Vertrag verpflichtet jede Vertragspartei, die staatliche Handelsunternehmen betreibt oder privaten Unternehmen Ausschliesslichkeitsrechte oder sonstige Privilegien einräumt,[1] die **Befolgung des Nichtdiskriminierungsgebots** durch diese Unternehmen sicherzustellen.[2] Umstritten ist hierbei, ob sich diese Verpflichtung auf die Nichtdiskriminierung gegenüber anderen ausländischen Anbietern (Meistbegünstigung) beschränkt oder die Nichtdiskriminierung im Inland (Inländerbehandlung) einschliesst.[3] Darüber hinaus postuliert der GATT-Vertrag, dass Staatshandelsunternehmen aussenwirtschaftliche Transaktionen "ausschliesslich auf Grund von kommerziellen Erwägungen wie Preis, Qualität, verfügbare Menge, Marktgängigkeit, (...)"[4] abwickeln.[5] Zudem sind die GATT-Vertragsparteien verpflichtet, laufend Auskunft über die Aussenhandelsaktivitäten ihrer Staatshandelsunternehmen zu geben.[6]

---

[1]   Im folgenden wird zusammenfassend von "Staatshandelsunternehmen" gesprochen.

[2]   Vgl. Artikel XVII:1(a) GATT-Vertrag.

[3]   Vgl. Jackson (1989), S. 284.

[4]   Artikel XVII:1(b) GATT-Vertrag (zitiert nach Senti (1986), S. 393).

[5]   Vgl. Bernier (1982), S. 251f., sowie McKenzie (1990), S. 138f., zu einer Diskussion der mit dieser Bestimmung verbundenen praktischen Anwendungsprobleme.

[6]   Vgl. Artikel XVII:4 GATT-Vertrag, sowie Bernier (1982), S. 245ff., zu einer Einschätzung der praktischen Relevanz dieser Bestimmung.

Es ist jedoch zu beachten, dass die genannten GATT-Vorschriften weder für Importe, die für den staatlichen Endverbrauch bestimmt sind,[1] noch für den Dienstleistungshandel gelten.

2.3.12.2 Verhandlungsergebnisse der Uruguay-Runde

Die getroffene **Vereinbarung über die Interpretation von Artikel XVII GATT-Vertrag**[2] führt allenfalls zu marginalen Veränderungen der bestehenden Rechtslage:

So verpflichten sich die WTO-Mitglieder, die Tätigkeitsbereiche von Staatshandelsunternehmen nach Massgabe eines schon 1960 ausgearbeiteten Fragebogens zu notifizieren.[3] Darüber hinaus hat ein Mitglied, das Zweifel an den Notifikationen eines anderen Mitgliedes hegt, das Recht, Gegennotifikationen vorzunehmen.[4]

2.3.12.3 Schlussfolgerungen

Die im Rahmen der Uruguay-Runde vereinbarten Ergänzungen erscheinen auf den ersten Blick mager. Dennoch sollte gewürdigt werden, dass

---

[1] Der Bereich des öffentlichen Beschaffungswesens ist somit ausgeklammert (vgl. Artikel XVII:2 GATT-Vertrag, sowie Abschnitt 2.3.14 zu einer ausführlichen Darstellung des öffentlichen Beschaffungswesens im Rahmen der GATT-Ordnung).

[2] Vgl. GATT (1993a), MTN/FA 1(b) [Understanding on the Interpretation of Article XVII of the General Agreement on Tariffs and Trade 1994].

[3] Vgl. Artikel 3.

[4] Vgl. Artikel 4.

die **Bestimmungen zur Offenlegung staatlicher Aussenhandelsaktivitäten** präzisiert werden konnten. Diesem Fortschritt kommt vor dem Hintergrund des Transformationsprozesses in den ehemaligen zentralverwalteten Volkswirtschaften Mittel- und Osteuropas, aber auch in zahlreichen Entwicklungsländern[1], soweit sie Mitglieder des GATT sind, eine besondere Bedeutung zu, da in vielen dieser Staaten monopolistische Aussenhandelsstrukturen faktisch fortbestehen.[2]

---

[1] Vgl. hierzu den Beitrag von McKenzie (1990), der am Beispiel des GATT-Beitrittsgesuchs der Volksrepublik China das Spannungsfeld zwischen den GATT-Grundsätzen und dem Phänomen des Staatshandels ausleuchtet.

[2] Vgl. Hauser/Schanz (1993b), S. 75.

2.3.13 Textilien und Bekleidung

2.3.13.1 Hintergrund der Verhandlungen

Der internationale **Handel mit Textil- und Bekleidungserzeugnissen**, der sich Ende der 1980er Jahre auf jährlich **ca. 180 Mrd. US-$** belief[1], wird bislang in beträchtlichem Ausmass auf der Grundlage des **Multifaserabkommens (MFA)** aus dem Jahre 1974 abgewickelt.[2] Das MFA beeinhaltet Verfahrensregeln und Bedingungen, unter denen ein Einfuhrland Textil- und Bekleidungsimporte aus anderen Ländern entweder einseitig oder in Form bilateral ausgehandelter **Quotenregelungen und Selbstbeschränkungsverpflichtungen** regulieren kann.[3]

In den 1980er Jahren wurden ca. 14 % des Welttextil- und 40 % des Weltbekleidungshandels unmittelbar vom MFA erfasst, d.h. beschränkt und verzerrt. Unter Berücksichtigung anderer mengenmässiger (Nicht-MFA-) Restriktionen der Industrieländer erhöhen sich diese Anteile auf jeweils ca. 60 %.[4]

---

[1] Vgl. Islam (1990), S. 57.

[2] Dem MFA gehören 52 Staaten an, auf die ca. 80 % des Welthandels mit Textil- und Bekleidungserzeugnissen entfallen (vgl. v. Schöppenthau (1993), S. 310).

[3] Vgl. Erzan/Holmes (1990), S. 191, sowie zu einer detaillierten Schilderung des MFA v. Schöppenthau (1993), S. 311ff.

[4] Vgl. Cline (1990b), S. 156ff., sowie zu weiteren Zahlenangaben Erzan/Holmes (1990) und die dort angegebene Literatur. Der Handel zwischen den Industrieländern hingegen ist überwiegend durch tarifäre Handelsbarrieren gekennzeichnet (vgl. Abschnitt 2.3.1).

Die im Rahmen des MFA geltenden **mengenmässigen Handelsbeschränkungen** beeinträchtigen ausschliesslich die Exporte der zu Nied-
rigstpreisen anbietenden Entwicklungs- und Schwellenländer. Diese
diskriminierende Stossrichtung des MFA ist vor dem Hintergrund der
ursprünglichen Zielsetzung des Abkommens zu sehen: Die Initianten des
MFA, d.h. die westlichen Industrieländer unter Führung der USA, ver-
folgten das Ziel, mit Hilfe von Einfuhrbeschränkungen die durch die
kostengünstiger produzierenden asiatischen Anbieter ausgelösten strukturellen Anpassungsprobleme ihrer arbeitsintensiven Textil- und Beklei-
dungssektoren abzumildern.[1] Eine Ausnahme bildet Japan, das als ein-
ziges Industrieland MFA-Quoten unterworfen ist.

Es lässt sich somit festhalten: Die **zentralen GATT-Grundsätze der
Nichtdiskriminierung und des Verzichts auf mengenmässige Handelsbeschränkungen werden durch das MFA-Regime in eklatanter
Weise verletzt.** Vor diesem Hintergrund bestand ein wichtiges Anliegen
der Uruguay-Runde darin, den Textil- und Bekleidungshandel in das
GATT zu integrieren, d.h. das protektionistische MFA-Regime zu beseitigen[2], zumal zahlreiche Entwicklungsländer ihre Teilnahme an der Uruguay-Runde von einer Liberalisierung des Importregimes der Industrieländer abhängig gemacht hatten.[3]

---

[1] Vgl. v. Schöppenthau (1993), S. 310.

[2] Es ist verständlich, dass insbesondere diejenigen Entwicklungsländer diese
Forderung mit Vehemenz vertraten, deren komparative Vorteile in der Textil-
und Bekleidungsproduktion konzentriert sind (vgl. v. Schöppenthau (1993), S.
315ff.).

[3] Vgl. Cline (1990a), S. 63, der auf den engen Zusammenhang zwischen den
Konzessionen der Entwicklungsländer in den Bereichen Dienstleistungen,
geistiges Eigentum und Investitionen einerseits und den Zugeständnissen der
Industrieländer bei der Öffnung ihrer Textil- und Bekleidungsmärkte anderer-

2.3.13.2 Das WTO-Textilabkommen

Einen Überblick über die wichtigsten Bestandteile des Textilabkommens der Uruguay-Runde[1] vermittelt Abbildung 2.24.

Abbildung 2.24: Das WTO-Textilabkommen

• Vorgaben für die schrittweise Abschaffung aller MFA-Restriktionen	Art. 2
• Vorschriften über die Elimination aller GATT-widrigen Nicht-MFA-Restriktionen	Art. 3
• Massnahmen zur Eindämmung der betrügerischen Umgehung von MFA-Restriktionen	Art. 5
• Einführung einer speziellen Textil-Schutzklausel für die Übergangszeit	Art. 6
• Verknüpfung der Liberalisierung des Textilhandels mit anderen GATT-Dossiers (u.a. Zollabbau und -bindung, Schutz geistigen Eigentums)	Art. 7

Artikel 1: Zweck des Abkommens
Das vorliegende Abkommen dient der **Integration des Handels mit Textilien und Bekleidung in das GATT.**

Artikel 2: Stufenplan zur Abschaffung der MFA-Restriktionen
Zunächst müssen die betreffenden WTO-Mitglieder alle bestehenden MFA-Handelsbeschränkungen innerhalb von 60 Tagen nach Inkrafttreten

---

seits hinweist.

[1] Vgl. GATT (1993a), MTN/FA II-5 (Agreement on Textiles and Clothing).

des Abkommens dem *Textiles Monitoring Body*[1] notifizieren. Die **Integration des MFA-beschränkten Textil- und Bekleidungshandels in das GATT** erfolgt **in vier Etappen**:

1. Mit dem Inkrafttreten des Abkommens[2] ist jedes WTO-Mitglied verpflichtet, mindestens 16 % des Gesamtvolumens seiner Textilimporte des Jahres 1990 den GATT-Regeln zu unterwerfen. Konkret: Für die integrierten Handelsvolumina dürfen keine MFA-Restriktionen (z.B. bilateral vereinbarte Quoten und "freiwillige" Exportbeschränkungen) mehr aufrechterhalten werden.

2. Bis zum Beginn der zweiten Phase, d.h. per 1. Juli 1998, sind mindestens weitere 17 % des 1990er Importvolumens zu integrieren.

3. Bis zum ersten Tag der dritten Phase, d.h. per 1. Juli 2002, müssen zusätzlich mindestens 18 % des 1990er Importvolumens in Übereinstimmung mit den GATT-Regeln gebracht worden sein.[3]

4. Bis zum 1. Juli 2005 ist die Integration des gesamten Textil- und Bekleidungshandels abzuschliessen.

---

[1] Dieses neu zu schaffende ständige Organ ist in erster Linie mit der Überprüfung der Einhaltung des vorliegenden Abkommens betraut (vgl. v. Schöppenthau (1993), S. 323f.).

[2] Im folgenden wird davon ausgegangen, dass das Abkommen am 1. Juli 1995 in Kraft tritt.

[3] Mit anderen Worten: Bis zum 1. Juli 2002 sind 51 % des Welttextilhandels (gemessen am Volumen des Jahres 1990) den GATT-Regeln zu unterstellen.

Abbildung 2.25: Stufenplan zur Integration des Textilhandels in das GATT

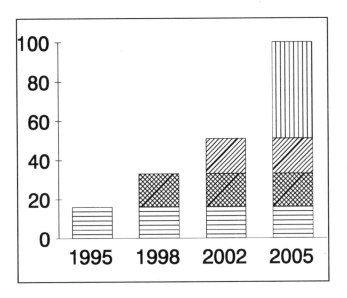

Die in jeder Phase jeweils noch bestehenden **MFA-Restriktionen** sind nach folgendem Plan zu liberalisieren:[1]

1. Während Phase 1 (Juli 1995 - Juli 1998) sollen die im Rahmen des MFA vereinbarten Wachstumsraten um 16 % erhöht werden.

2. Die in Phase 1 erreichten Quoten sind in Phase 2 (1998-2002) um weitere 25 % aufzustocken.

3. In der letzten Phase (2002-2005) erhöhen sich die dann noch bestehenden MFA-Quoten um weitere 27 %.

Artikel 3: Abschaffung von Nicht-MFA-Restriktionen

Alle mit dem GATT nicht zu vereinbarenden Handelsbeschränkungen

---

[1] Mit anderen Worten: Die MFA-Quoten sollen ausgedehnt und damit die Marktzutrittsmöglichkeiten der Textilexporteure verbessert werden.

ausserhalb des MFA[1] sind entweder innerhalb eines Jahres nach Inkrafttreten des Abkommens in Übereinstimmung mit dem GATT zu bringen
oder bis zum Ablauf des Abkommens im Jahre 2005 abzubauen.

Artikel 5: Betrügerische Umgehung von MFA-Restriktionen

Dieser Artikel dient zur Bekämpfung des folgenden Phänomens: Zahlreiche Exporteure versuchen MFA-Quoten durch falsche Zolldeklarationen,
Ausfuhrtransaktionen über Drittländer und Fälschungen offizieller Dokumente zu umgehen.[2] In diesem Falle sind zunächst Konsultationen zwischen dem Importland und dem Ursprungs- bzw. Transitland vorgesehen.
Darüber hinaus verpflichten sich die Mitglieder, bei der Klärung von Be-
trugsvorwürfen eng zusammenzuarbeiten sowie die rechtlichen und
administrativen Voraussetzungen zur Unterbindung betrügerischer Praktiken zu schaffen.

Artikel 6: Die Textil-Schutzklausel

Während der zehnjährigen Übergangszeit, d.h. bis zum Abschluss der
vollständigen Integration des Textil- und Bekleidungshandels in das
GATT, können die Importländer eine spezielle, von den Grundsätzen des
GATT-Artikels XIX[3] abweichende Schutzklausel geltend machen, al-

---

[1] Hierbei handelt es sich vornehmlich um protektionistische Massnahmen der
Entwicklungs- und Schwellenländer, die von schikanösen Einfuhrformalitäten
bis hin zu generellen Einfuhrverboten reichen (vgl. Hauser/Schanz (1993b), S.
79). Für die nach neuen Absatzmärkten suchenden Textil- und Bekleidungs-
exporteure der Industrieländer ist die Liberalisierung der Einfuhrregimes z.B.
Indiens und Pakistans, die über kaufkräftige Käuferschichten mit einem ausge-
prägten Interesse an z.B. schweizerischen Luxusartikeln verfügen, von grosser
Bedeutung.

[2] Vgl. v. Schöppenthau (1993), S. 320.

[3] Vgl. zum WTO-Schutzklauselabkommen Abschnitt 2.3.4.

lerdings beschränkt auf solche Produkte, die noch `nicht` dem GATT-Regime unterstellt worden sind.

Voraussetzung für die Inanspruchnahme dieser Schutzklausel ist eine bereits eingetretene oder drohende ernsthafte Schädigung der heimischen Textil- und Bekleidungsindustrie.

Die **Verhängung von Schutzmassnahmen** erfolgt hierbei **selektiv**, d.h. länderspezifisch, wobei die betroffenen "schädigenden" Exportländer anhand bestimmter Kriterien zu identifizieren sind.[1]

Bei der Anwendung der Schutzklausel ist das Importland u.a. an folgende Restriktionen gebunden:

- Das Importvolumen darf nicht unter das Niveau des zwei Monate vor Geltendmachung der Schutzklausel endenden Jahres herabgedrückt werden.

- Schutzmassnahmen dürfen für maximal drei Jahre in Kraft bleiben, sofern das betreffende Produkt nicht bereits vor Ablauf dieser Frist den GATT-Regeln unterstellt wird.

Artikel 9: Gültigkeitsdauer des Abkommens

Dieses Abkommen läuft am ersten Tag des 121. Monats nach seinem Inkrafttreten, d.h. nach der vollständigen Integration des Textil- und Bekleidungshandels in das GATT, aus.[2] Eine Verlängerung, d.h. eine Streckung der Integration, ist nicht möglich.

2.3.13.3 Schlussfolgerungen

Die Abschaffung des Multifaser-Abkommens ist grundsätzlich als einer der wichtigsten Erfolge der Uruguay-Runde anzusehen: **Aus ökonomi-**

---

[1] U.a. sollen die Importe aus dem betreffenden Land mit denen aus anderen Ländern verglichen und die Grösse des Marktanteils berücksichtigt werden.

[2] Unter den oben getroffenen Annahmen wäre dies am 1. Juli 2005 der Fall.

scher Sicht ist hervorzuheben, dass von der Liberalisierung des Welttextilhandels eine **Vertiefung der internationalen Arbeitsteilung** und eine
effizientere Allokation der globalen Ressourcen zu erwarten ist: Die
mit dem Faktor Arbeit reichlich ausgestatteten Entwicklungsländer können sich verstärkt auf die arbeitsintensiven Segmente der Textil- und
Bekleidungserzeugung spezialisieren[1], während in den Industrieländern
die durch den bisherigen Importschutz künstlich im Textil- und Beklei-
dungssektor belassenen Ressourcen produktiveren Verwendungen
zugeführt werden können.[2] Das Ausmass der bei der Umschichtung entstehenden **Reibungen und Härten** (z.B. in Form von Arbeitslosigkeit)
hängt massgeblich von der intersektoralen Mobilität der Produktionsfaktoren ab.

Aus politischer Sicht ist zu begrüssen, dass mit der Beseitigung des
MFA-Regimes der Welthandel seiner **"entwicklungspolitischen Schritt-
macherfunktion"**[3] in stärkerem Masse als bisher gerechtzuwerden verspricht. Ein weiterer, aus politischer Sicht bedeutsamer Punkt ist der,
dass mit dem Wegfall des den GATT-Prinzipien der Nichtdiskriminierung
und des Verzichts auf mengenmässige Handelsbeschränkungen in
nahezu provokativer Weise widersprechenden MFA-Regimes die **Glaubwürdigkeit des multilateralen Handelssystems** gestärkt wird.[4] Diese
alles in allem positive Bilanz sollte jedoch den Blick auf mögliche **protektionistische Schlupflöcher** des Abkommens nicht verstellen:

---

[1]   Trela und Whalley (1988), S. 28, schätzen die Gesamtgewinne der Entwick-
     lungs- und Schwellenländer bei einer Abschaffung des MFA auf ca. 11 Mrd.
     US-$ jährlich.

[2]   Vgl. Reinert (1993), sowie Textbox 2.5.

[3]   V. Schöppenthau (1993), S. 314.

[4]   Vgl. Hauser/Schanz (1993b), S. 78.

● Der **Zeitplan zur Integration des Textilhandels** in das GATT-
Regelwerk ist äusserst **asymmetrisch**: Bis zum Jahre 2002 müssen lediglich 51 % des vom Abkommen erfassten Textilhandels-
volumens integriert sein. Die restlichen 49 % sollen in den verbleibenden drei Jahren den GATT-Bestimmungen unterstellt werden. Daher ist insbesondere in der Schlussphase des Abkommens
mit vehementem Widerstand der Textil- und Bekleidungsindustrien
in den Industrieländern zu rechnen, zumal es sich bei den genannten 49 % um besonders "sensible" Produkte handeln dürfte, deren
Integration politisch höchst brisant zu werden droht.

● Die **Textil-Schutzklausel** räumt den Importländern einen beträchtlichen protektionistischen Spielraum ein: Sie kann **selektiv**, d.h.
länderspezifisch, zum Einsatz kommen. Darüber hinaus dürfen die
betroffenen Exportländer keine Gegenmassnahmen ergreifen. Vor
diesem Hintergrund ist davon auszugehen, dass für die noch nicht
dem GATT unterstellten Teile des Welttextilhandels trotz der in
Artikel 2 des Abkommens niedergelegten Liberalisierungsverpflichtungen hohe Importbarrieren bestehen bleiben.

Textbox 2.5:   Kosten des MFA

Die den US-amerikanischen Konsumenten durch MFA-Einfuhrrestriktionen
jährlich aufgebürdeten Mehrkosten belaufen sich auf mehr als 20 Mrd. US-$.
Pro Arbeitsplatz in der Textil- und Bekleidungsindustrie entspricht dies jähr-
lichen Mehrkosten von 82.000 bzw. 132.000 US-$. Der durchschnittliche
Branchenlohn hingegen beträgt lediglich 20-25 % dieser Zusatzkosten! Die
Wohlfahrtsverluste infolge ineffizienter Ressourcenallokation fallen daher stark
ins Gewicht.

Quelle: Cline (1990b), S. 187f.

2.3.14   Öffentliches Beschaffungswesen

2.3.14.1   Hintergrund der Verhandlungen

Von **öffentlichen Beschaffungen** wird gesprochen, wenn **staatliche Stellen** auf zentraler, regionaler und lokaler Ebene sowie staatlich beherrschte Unternehmen als **Käufer für den Eigenbedarf** auftreten. Betätigen sich jedoch diese Stellen beim **Wiederverkauf** oder bei der Produktion von zum Verkauf vorgesehener Waren, liegt **Staatshandel** im Sinne von GATT-Artikel XVII vor.[1]

Aus GATT-rechtlicher Sicht ist diese Unterscheidung von höchster Bedeutung, da der **Staat als Endverbraucher** *nicht* an die **GATT-Postulate der Nichtdiskriminierung und Inländerbehandlung gebunden** ist.[2]

Die Tragweite dieser Ausnahmebestimmung wird deutlich, wenn man sich vergegenwärtigt, dass **in den industrialisierten Ländern** Nordamerikas und Westeuropas durchschnittlich **ca. 20 % des Bruttosozialprodukts** auf **staatliche Güter- und Dienstleistungskäufe** entfallen.[3]

Bei staatlichen Einkäufen werden in der Regel heimische Anbieter und Lieferanten systematisch bevorzugt,[4] um Steuergelder in den *inländi-*

---

[1]   Vgl. Abschnitt 2.3.12.

[2]   Vgl. Artikel XVII:2 und III:8(a) GATT-Vertrag.

[3]   Eine Ausnahme bildet lediglich Japan mit einem Anteil von weniger als 10 % (vgl. Miyagiwa (1991), S. 1320).

[4]   In besonders krasser Weise manifestiert sich die Benachteiligung ausländischer Anbieter in der US-amerikanischen "Buy-American Act" aus dem Jahre

schen Wirtschaftskreislauf zurückzuschleusen, Arbeitsplätze im Inland zu schaffen oder zu erhalten und die Importe zu verringern.[1] [2] Auf diese Weise kommt öffentlichen Beschaffungsvorhaben sowohl unter **wirtschafts- und sozialpolitischen** (im Sinne einer gezielten Konjunkturbeeinflussung, Regional- und Strukturpolitik) als auch **polit-ökonomischen Gesichtspunkten** (Erhöhung der Wiederwahlwahrscheinlichkeit von Politikern durch die Befriedigung von Interessengruppenansprüchen) eine beträchtliche Bedeutung zu.

Vor diesem Hintergrund gestalteten sich die Bemühungen im Rahmen des GATT, eine Liberalisierung des öffentlichen Einkaufswesens herbeizuführen, äusserst schwierig. Der **1981** als Ergebnis der Tokio-Runde in Kraft getretene **Beschaffungskodex** verankert zwar die Grundsätze der Nichtdiskriminierung zwischen in- und ausländischen Anbietern und der

---

1933, die Präferenzmargen zugunsten inländischer Anbieter von 6 - 50 % vorsieht. Mit anderen Worten: US-Firmen können Offerten einreichen, die um 6 - 50 % teurer sind als die ausländischer Bieter, ohne einen Verlust des betreffenden Auftrages an die ausländische Konkurrenz befürchten zu müssen (vgl. Miyagiwa (1991), S. 1320).

[1] Die Handelseffekte diskriminierender öffentlicher Beschaffungspraktiken sind nicht unumstritten: So lässt sich zeigen, dass zumindest unter der Annahme vollkommenen Wettbewerbs die Bevorzugung heimischer Anbieter - ganz im Gegensatz zur intuitiven Vermutung - zu keiner Verringerung der Importe führt (vgl. Baldwin (1984)). Diese Resultate ändern sich jedoch, wenn nicht-kompetitive Marktstrukturen in das Modell eingeführt werden (vgl. Miyagiwa (1991)).

[2] Vgl. hierzu die einschlägige Studie von Baldwin (1970), Kapitel 3. Allerdings sprechen auch gewichtige Argumente *für* eine Öffnung der nationalen Beschaffungsmärkte für ausländische Anbieter, so z.B. wohlfahrtssteigernde Effekte verstärkter internationaler Arbeitsteilung, Entlastung der Staatskasse und Eindämmung inflationärer Tendenzen (vgl. Hauser/Schanz (1993b), S. 81).

Gleichbehandlung ausländischer Anbieter untereinander, blieb in seinem Geltungsbereich infolge der Beschränkung auf allgemeine Käufe zentralstaatlicher Stellen jedoch sehr begrenzt.[1] Zudem beschränkte sich die Zahl der Teilnehmerstaaten auf die Länder der EU und EFTA, die USA, Kanada, Japan, Hong Kong, Singapur und Israel.

2.3.14.2   Das neue GATT-Beschaffungsregime

Das im folgenden vorzustellende Abkommen[2] weist eine grundlegende Besonderheit auf: Es gehört im Gegensatz zu den bisher erörterten Abkommen nicht zum "single package" der Uruguay-Runde. Mit anderen Worten: **Der Beitritt einer GATT-Vertragspartei zur WTO ist nicht zwingend mit der Annahme des neuen Beschaffungsabkommens verbunden.** Die Möglichkeit einer begrenzten Mitgliedschaft - ein wesentliches Merkmal der Kodizes der Tokio-Runde - besteht somit fort.[3]

---

[1]   Der vom Kodex erfasste Beschaffungswert beläuft sich weltweit auf ca. 32 Mrd. US-$ und damit auf lediglich 2 % des jährlichen globalen Gesamtvolumens öffentlicher Beschaffungen (vgl. Financial Times vom 16. Dezember 1993, S. 4, sowie Girard (1994), S. 13).

[2]   Accord Relatif aux Marchés Publics (15 décembre 1993). Die wichtigsten Elemente des Abkommens fasst Abbildung 2.26 zusammen.

[3]   Dem neuen plurilateralen Abkommen werden mit Ausnahme Singapurs alle bisherigen Mitglieder weiter angehören. Korea stösst neu hinzu (vgl. GATT (1993b), S. 15).

Abbildung 2.26: Das neue GATT-Beschaffungsregime

• Geltungsbereich	Art. I
• Inländerbehandlung und Nichtdiskriminierung	Art. III
• Sonderbestimmungen für Entwicklungsländer	Art. V
• Regeln über technische Spezifikationen	Art. VI
• Regeln über die Vergabe öff. Aufträge	Art. VII
• Regeln über die Qualifikation von Anbietern	Art. VIII
• Regeln über das freihändige Vergabeverfahren	Art. XV
• Einspruchs- und Beschwerdemöglichkeiten	Art. XX

Artikel I: Geltungsbereich

Dem Abkommen unterliegen Beschaffungsvorhaben von

•   **zentralstaatlichen Beschaffungsstellen,**

•   **subföderalen Beschaffungsstellen** (Bundesländer/Kantone, Gemeinden) und

•   **staatlich beherrschten Unternehmen**[1] (z.B. die Deutsche Bundespost und die Schweizerischen Post-, Telefon- und Telegrafenbetriebe (PTT)).

Darüber hinaus gelten die Abkommensbestimmungen auch für **Dienstleistungs- und Bauaufträge.**

Rechte und Pflichten aus diesem Abkommen erstrecken sich jedoch nur auf solche öffentlichen Aufträge, deren Volumen einen bestimmten

---

[1] Man spricht in diesem Zusammenhang auch von "konzessionierten Bereichen" (Energie, Telekommunikation, Verkehr und Wasser).

Schwellenwert überschreitet.[1]

Die Schwellenwerte der einzelnen Vertragsparteien sind zwar nicht identisch, weichen jedoch nur geringfügig voneinander ab.

Abbildung 2.27: Die Schwellenwerte der Schweiz

(in Sonderziehungsrechten)[2]

	Waren	Dienstleistungen	Bauten
Bund	130.000	130.000	5.000.000
Kantone	200.000	200.000	5.000.000
Betriebe der öffentlichen Hand	400.000	400.000	5.000.000

Quelle: Neue Zürcher Zeitung vom 15. März 1994.

Artikel II: Bestimmung des Auftragsvolumens

Den Vertragsparteien ist es untersagt, Regierungskäufe dergestalt in Einzelaufträge aufzuspalten, dass die Schwellenwerte nicht erreicht und damit die Beschaffungsprojekte nicht international nach den Grundregeln des GATT ausgeschrieben werden müssen.

---

[1] Die Schwellenwerte für die verschiedenen Beschaffungskategorien sind in den länderspezifischen Listen einer jeden Vertragspartei verzeichnet. Abbildung 2.27 zeigt exemplarisch die Schwellenwerte der Schweiz.

[2] Ein Sonderziehungsrecht (entspricht ca. DM 2,35) ist eine künstliche Währungseinheit, in der die Transaktionen des Internationalen Währungsfonds (IMF) abgewickelt werden (vgl. hierzu ausführlich Jarchow/Rühmann (1993), S. 172ff.).

Artikel III: Inländerbehandlung und Meistbegünstigung

Die Vertragsparteien sind verpflichtet, alle beschaffungsrelevanten Gesetze, Verordnungen und Verfahren dergestalt zu handhaben, dass ausländische Anbieter weder gegenüber inländischen Konkurrenten noch untereinander benachteiligt werden.

Artikel V: Sonderbehandlung der Entwicklungsländer

Den Entwicklungsländern wird u.a. das Recht eingeräumt, bestimmte Beschaffungsstellen und -gegenstände der Inländerbehandlungsverpflichtung zu entziehen, d.h. heimische Anbieter zu bevorzugen. Diese Ausnahmen sind im Einvernehmen mit den übrigen Vertragspartnern zu treffen, wobei im Zuge der zu diesem Zweck aufzunehmenden Verhandlungen u.a. Zahlungsbilanzprobleme und industriepolitische Anliegen (z.B. die Schaffung heimischer Industriezweige) der Entwicklungsländer gebührend zu berücksichtigen sind.

Artikel VI: Technische Spezifikationen

Die von den heimischen Beschaffungsstellen vorgenommenen projektspezifischen technischen Spezifikationen (z.B. technische Normen oder Anforderungen an das Produktionsverfahren) dürfen nicht in der Absicht erlassen und angewendet werden, ausländische Konkurrenten von den heimischen Beschaffungsmärkten fernzuhalten.

Artikel VII: Vergabeverfahren

Es sind drei mögliche Vergabeverfahren zu unterscheiden:

*   das offene Verfahren (jeder interessierte Anbieter kann eine Offerte einreichen),

*   das selektive Verfahren (nur Anbieter, die dazu aufgefordert werden, können Angebote abgeben) und

- das freihändige Verfahren (die Beschaffungsstelle wendet sich direkt an einzelne Lieferanten).[1]

Artikel VIII: Qualifikation der Anbieter

Bei der Beurteilung der finanziellen, kommerziellen und technischen Qualifikation der Anbieter sind die zuständigen Beschaffungsstellen zur Einhaltung der Prinzipien der Inländerbehandlung und Meistbegünstigung verpflichtet.

Artikel IX: Aufforderung zur Abgabe einer Offerte

Das Abkommen verlangt, dass - mit Ausnahme freihändig vergebener Aufträge - die Ausschreibung in angemessenen Publikationsorganen[2] erfolgt und alle für den Bewerber relevanten Informationen enthält, z.B. die Art des Vergabeverfahrens, technische Details und finanzielle Garantien.

Sofern sie selektive Vergabeverfahren praktizieren, sind die Beschaffungsstellen verpflichtet, die Liste der "auserwählten" Lieferanten sowie die Voraussetzungen zur Erlangung eines solchen Status offenzulegen.

Artikel XIII: Zuschlagserteilung

Die Beschaffungsstelle ist verpflichtet, denjenigen Anbieter zu berücksichtigen, der entweder die kostengünstigste *oder* die im Sinne der in den Bekanntmachungen oder Vergabeunterlagen vorab spezifizierten Be-

---

[1] Vgl. Hauser/Schanz (1993b), S. 82. Weiter unten werden präzisierende Abkommensbestimmungen zur Anwendung der genannten Vergabeverfahren vorgestellt.

[2] Jede Vertragspartei ist verpflichtet, diese Publikationsorgane im Anhang II zu diesem Abkommen zu verzeichnen.

wertungskriterien[1] vorteilhafteste Offerte abgegeben hat.[2]

Artikel XV: Freihändige Vergabe

Die Anwendung des besonders restriktiven freihändigen Verfahrens, bei dem sich die Beschaffungsstelle direkt und ausschliesslich an einzelne potentielle Lieferanten wendet, ist an das Vorliegen bestimmter Voraussetzungen geknüpft. So ist die freihändige Vergabe u.a. dann möglich, wenn im Rahmen eines offenen oder selektiven Verfahrens keine anforderungsgerechten Offerten eingegangen sind.

Artikel XX: Beschwerdemöglichkeiten

Jedem Bieter ist die Möglichkeit einzuräumen, das Vergabeverfahren von unabhängigen gerichtlichen Stellen überprüfen zu lassen. Bei erwiesenen Verstössen gegen das vorliegende Abkommen können diese Instanzen u.a. das laufende Vergabeverfahren aussetzen und den in ihren Rechten verletzten Anbietern Schadensersatz zusprechen. Die Vertragspartner sind darüber hinaus verpflichtet, für einen zügigen Ablauf des Beschwerdeverfahrens Sorge zu tragen.

2.3.14.3   Schlussfolgerungen

Die neue GATT-Beschaffungsordnung gewährleistet eine erhebliche Verbesserung des gegenseitigen Zugangs zu öffentlichen Beschaffungsaufträgen: Mit der **Einbeziehung subföderaler staatlicher Einkaufsstellen, der konzessionierten Bereiche, sowie von Dienstleistungs-**

---

[1]   Diese Bewertungskriterien umfassen auch nichtpreisbezogene Faktoren wie Qualität und Serviceangebot.

[2]   Einschränkend ist jedoch darauf hinzuweisen, dass die Auftragsvergabe unter dem Vorbehalt des "öffentlichen Interesses" steht.

und Bauaufträgen geht eine **Vervielfachung des international aus-schreibungspflichtigen öffentlichen Beschaffungsvolumens** einher. Schätzungen zufolge ist mit einer Ausweitung des den GATT-Bestimmungen unterworfenen Beschaffungsvolumens von gegenwärtig gut 30 Mrd. US-$ auf mehrere hundert Mrd. US-$ zu rechnen.[1]

Von grosser praktischer Bedeutung ist darüber hinaus die **Verankerung innerstaatlicher Beschwerdeverfahren**, die auf Antrag eines Bewerbers eine unparteiische Überprüfung von Beschaffungspraktiken sicherstellen.[2]

---

[1] Vgl. Financial Times vom 16.12.1993, S. 4.

[2] Vgl. Hauser/Schanz (1993b), S. 84.

2.4   Landwirtschaft

2.4.1   Hintergrund der Verhandlungen

Die Liberalisierung des Weltagrarhandels[1] erwies sich als die grösste Hürde, die es auf dem Weg zu einer neuen Welthandelsordnung zu überwinden galt. Mehrfach drohte die Uruguay-Runde an der Agrarfrage zu scheitern.

In der Schlussphase der Verhandlungen (Ende 1993) trat die **emotional-politische Bedeutung der Agrarfrage** in aller Schärfe hervor: Die französische Regierung erzwang von ihren Handelspartnern Zugeständnisse im Agrarbereich, d.h. eine Drosselung des Liberalisierungstempos, da Premierminister *Balladur* Bauernaufstände und den Sturz seiner Regierung fürchtete. In Japan führte die konzedierte Öffnung des Reismarktes, die über Jahre erbittert verweigert wurde, zu einer schweren Belastungsprobe für die Regierung *Hosokawa*. In Südkorea schliesslich musste sich der Staatspräsident in einer Fernsehansprache für die Öffnung des Reismarktes und den Bruch einer gegenteiligen Wahlkampfzusage entschuldigen. Der Ministerpräsident trat zurück.[2]

Wie lässt sich dieses - gemessen an der geringen Bedeutung des Agrarhandels im Welthandel[3] - beträchtliche politische Gewicht der Agrarfrage

---

[1]   Vgl. Abschnitt 1.2.4 zu einer Darstellung der Sonderrolle des Agrarhandels im GATT-Regelwerk.

[2]   Vgl. May (1994), S. 40.

[3]   Der Agrarhandel erreicht lediglich einen Anteil von ca. 13 % am Weltgüterhandel, und dies mit sinkender Tendenz (vgl. Rayner et al. (1993), S. 1513).

begründen?

Abbildung 2.28: **Die handels- und beschäftigungspolitische Bedeu-**
tung der Landwirtschaft in Deutschland, Österreich
und der Schweiz

	Anteil an den Gesamtexporten 1991	Anteil an den Gesamtimporten 1991	Anteil an der Gesamtbeschäftigung 1990
Deutschland	4,4%	8,3%	4,9%
Österreich	2,6%	4,5%	7,9%
Schweiz	2,3%	5,1%	5,5%

Quellen: OECD (1993), sowie UN (1993).

Die Agrarwirtschaft ist aus politischen und sozialen Gründen in zahlreichen Ländern stark reglementiert:

● Die **Agrarlobbies** sind in der Regel sehr gut organisiert und dementsprechend in der Lage, ihre Interessen gegenüber den politischen Entscheidungsträgern geltend zu machen.[1]

● Die **nicht-ökonomischen Motive** für eine Stützung der heimischen
Landwirtschaft (Beitrag der Bauern zur Landschaftspflege, Sicher-
stellung eines gewissen nationalen Selbstversorgungsgrades bei
landwirtschaftlichen Produkten etc.) lassen sich relativ leicht breiten

---

Abbildung 2.28 verdeutlicht am Beispiel Deutschlands, Österreichs und der
Schweiz die eher untergeordnete handelspolitische und gesamtwirtschaftliche
Bedeutung des Agrarsektors.

[1] Vgl. Josling (1993), S. 556.

Bevölkerungsschichten vermitteln.[1]

● Die weitgehende Ausklammerung des Agrarhandels aus der GATT-Disziplin hat in diesem Sektor ein **beispielloses Ausmass an Protektionismus** hervorgerufen, dessen Abbau naturgemäss auf harten Widerstand stösst.[2]

Vor diesem Hintergrund ist es bemerkenswert, dass die Liberalisierung des Agrarhandels überhaupt Eingang in die Uruguay-Runde gefunden hat. U.a. folgende Faktoren haben dies begünstigt:

● Die **Budgetprobleme** und daraus resultierenden **Sparzwänge** in zahlreichen westlichen Industriestaaten machten auch vor der Landwirtschaft nicht Halt, zumal die staatlichen Beihilfen (in Form von Preisstützungsmassnahmen und Exportsubventionen) beträchtliche Haushaltsmittel verschlingen. So beliefen sich im Jahre 1986 die Stützungszahlungen zugunsten der heimischen Landwirtschaft in den USA und der EU auf jeweils ca. 25 Mrd. US-$.[3] Auch vor diesem Hintergrund sind einseitig beschlossene Reformprogramme zur Verminderung des Agrarschutzes in zahlreichen GATT-Vertragsstaaten zu beobachten.[4]

● Die **Offenlegung des tatsächlichen Ausmasses der Agrarprotektion** in Form des von der OECD entwickelten *Producer Subsidy*

---

[1] Vgl. ebd. (1993), S. 555f.

[2] Wie in Abschnitt 1.2.4 bereits ausgeführt, gestattet Artikel XVI:3 GATT-Vertrag die Exportsubventionierung von Agrarexporten. Darüber hinaus gilt das Verbot mengenmässiger Handelsbeschränkungen für Agrargüter *nicht* (Artikel XI:2(c) GATT-Vertrag).

[3] Vgl. Roningen/Dixit (1989), S. 1.

[4] Vgl. Hathaway (1987), S. 78, sowie Rayner et al. (1993), S. 1518.

Equivalent (PSE)[1] liess verstärkt Zweifel am Sinn derartiger Eingriffe in den Preis- und Marktmechanismus aufkommen.

Abbildung 2.29: PSE-Werte und prozentuale Netto-PSE-Masse für die EU, Österreich und die Schweiz (*Durchschnittswerte* für alle Agrarprodukte)[2]

	1979-86		1992	
	PSE (in Mrd. US $)	Netto-PSE-Mass (in %)	PSE (in Mrd. US $)	Netto-PSE-Mass (in %)
EU	39.68	37	85.40	47
Österreich	1.08	32	2.67	49
Schweiz	2.63	68	4.64	75

Quelle: OECD (1993b), S. 108.

Die gewährte **Unterstützung** ist in der Regel nicht produktionsneutral, d.h. sie ruft **Reallokationen von Produktionsfaktoren** hervor, die nicht durch Preissignale, sondern durch staatliche Eingriffe

---

[1] Das PSE-Mass enthält Preisstützungsmassnahmen, direkte Einkommensbeihilfen, Inputsubventionen, Regionalsubventionen und Steuererleichterungen und ist definiert als Verhältnis aus der Summe aller Stützungsbeträge und dem Wert der landwirtschaftlichen Produktion (vgl. Rayner et al. (1993), S. 1514).

[2] Das prozentuale Netto-PSE-Mass ist hierbei definiert als Quotient aus allen Stützungsbeträgen im Sinne des PSE und dem *Netto-Wert* der landwirtschaftlichen Produktion (d.h. Bruttowert abzüglich der Futtermittelaufwendungen für den Viehbestand).

ausgelöst werden. Es entstehen - wie aus der Wohlfahrtsökonomik hinlänglich bekannt - massive Verluste: So zeigen Roningen und Dixit (1989) für die EU, die USA und Japan, dass einem künstlich geschaffenen Mehreinkommen von 1 US-$ in der Landwirtschaft eine Mehrbelastung der Konsumenten und Steuerzahler von 1,50 US-$ gegenübersteht! Zusätzliche Transferkosten enstehen infolge des anfallenden **Verwaltungsaufwandes** sowie - gesamtgesellschaftlich gesehen - unproduktiver **Lobbyingaktivitäten.**[1]

● Ein Grossteil der nationalen Stützungsbeträge "verpufft" dadurch, dass *weltweit* Stützungsmassnahmen in beträchtlichem Ausmass getroffen werden. Infolge der Abschottung der Binnenmärkte und der Exportsubventionierung der heimischen Überschussproduktion sinken die Weltmarktpreise, was wiederum jeden einzelnen Staat zwingt, die Stützungsbeträge zu erhöhen, um das bestehende Preis- und Einkommensniveau in der heimischen Landwirtschaft aufrechtzuerhalten. So schätzen Roningen und Dixit (1989), dass ca. 40 % der in den USA gewährten Beihilfen lediglich dazu dienen, die den US-Farmern infolge der Stützungspolitik anderer Industriestaaten entstehenden Verluste auszugleichen. Vor diesem Hintergrund zeigt sich die **Überlegenheit multilateral im Rahmen des GATT abgestimmter Liberalisierungsschritte gegenüber nationalen Alleingängen:** Die der heimischen Landwirtschaft entstehenden Einbussen sind geringer, wenn die Reformmassnahmen international koordiniert werden.[2]

● Wie bereits mehrfach erwähnt, gelten die zentralen GATT-Gebote

---

[1] Vgl. Rayner et al. (1993), S. 1515.

[2] Tyers/Anderson (1988), sowie Roningen/Dixit (1989) liefern entsprechende quantitative Resultate. Aus Sicht der Spieltheorie stellt die gegenseitige Agrarliberalisierung somit die dominierende und zu einem Nash-Gleichgewicht führende (GATT-Verhandlungs-) Strategie dar (vgl. Rayner et al. (1993), S. 1516).

des Verzichts auf Exportsubventionen und mengenmässige Massnahmen für den Handel mit landwirtschaftlichen Produkten faktisch
nicht. Das **im Weltagrarhandel bestehende völkerrechtliche
Vakuum** führte zu zahlreichen bilateralen Konflikten[1], die die
Glaubwürdigkeit des GATT schwer erschütterten. Agrarstreitigkeiten
drohten somit eine Erosion der für den *gesamten* Weltgüterhandel
unverzichtbaren multilateralen GATT-Ordnung heraufzubeschwören.
Um diese Gefahren dauerhaft abzuwenden, bedarf es der Integration des Agrarhandels in die GATT-Disziplin.

Trotz dieser günstigen Vorzeichen erwiesen sich die **Agrarverhandlun-
gen** als der schwerwiegendste **Hemmschuh der Uruguay-Runde.** Insbesondere die EU wandte sich gegen "radikale" Lösungen, wie sie von
den USA und den agrarexportierenden Ländern der Cairns-Gruppe[2]
unterbreitet wurden.[3]

---

[1] Ein prominentes Beispiel ist der Ölsaaten-Streit zwischen den USA und der
EU, der die Verhandlungen der Uruguay-Runde schwer belastete. Die Ver-
einigten Staaten beklagten eine massive Beeinträchtigung der Absatzchancen
ihrer Sojabohnen-Exporte auf den EU-Märkten infolge der europäischen
Subventionspolitik zugunsten heimischer Produzenten (vgl. hierzu detailliert
Josling (1993), S. 561ff.).

[2] Dieser für eine möglichst weitreichende Liberalisierung des Weltagrarhandels
eintretenden Interessenvereinigung gehören Argentinien, Brasilien, Kanada,
Chile, Kolumbien, Fidschi, Ungarn, Indonesien, Malaysia, Neuseeland, die
Philippinen, Thailand und Uruguay an. Die Cairns-Gruppe bestreitet ca. 25 %
der weltweiten Agrarexporte, jedoch nur ca. 10 % der weltweiten Einfuhren von
verarbeiteten Produkten (vgl. Rayner et al. (1993), S. 1517).

[3] Der Vorschlag beinhaltete die *vollständige* Beseitigung aller handelsverzerrenden Stützungsmassnahmen innerhalb von zehn Jahren (vgl. Josling (1993), S.
559).

Nach zähem Ringen konnte ein Kompromiss geschmiedet werden, der eher die Handschrift der EU trägt und den der europäischen Landwirtschaft zuzumutenden Anpassungsdruck aufgrund von Übergangsfristen und Schutzklauseln abmildert.[1]

2.4.2 Die WTO-Agrarordnung[2]

2.4.2.1 Das Agrarabkommen

Die Schaffung eines Regelwerks für den Agrarhandel sowie die **Verbesserung der gegenseitigen Marktzutrittsmöglichkeiten**, der **Abbau der internen Stützung** sowie die **Verminderung der Exportsubventionen** stellen zentrale Ergebnisse der Uruguay-Runde und somit Grundpfeiler der neuen Welthandelsordnung dar.

Abbildung 2.30 fasst die wichtigsten Elemente des Agrarabkommens[3] zusammen.

---

[1] Vgl. zu einer erschöpfenden Darstellung des Verhandlungsprozesses und der einzelnen Verhandlungspositionen Rayner et al. (1993), S. 1517ff.

[2] Die neue Agrarordnung besteht aus dem Agrarabkommen *und* dem Abkommen über sanitäre und phytosanitäre Massnahmen (vgl. Abschnitt 2.4.2.2).

[3] Vgl. GATT (1993a), MTN/FA II-3 (Agreement on Agriculture).

Abbildung 2.30:   **Das WTO-Agrarabkommen**

• Verbesserungen des Marktzugangs durch die Umwandlung mengenmässiger Beschränkungen in Zölle sowie deren Bindung und schrittweisen Abbau (Artikel 4)
• spezielle Schutzklausel für tarifizierte Produkte (Artikel 5)
• Abbau der produktegebundenen, internen Stützung (Artikel 6)
• Abbau der Exportsubventionen (Artikel 9)
• Sonderbehandlung der Entwicklungsländer (Artikel 15)
• Konsultation und Streitbeilegung (Artikel 19)
• Anhänge zum Abkommen: - erfasste Produkte (Annex 1) - nicht-abbaupflichtige interne Stützung (Annex 2) - Berechnung des abbaupflichtigen "Aggregate Measurement of Support" (Annex 3) - Ausnahmen von der Tarifizierung (Annex 5)
• Modalitäten der Konzessionsgewährung - Marktzugang - interne Stützung - Exportsubventionen - Richtlinien der Tarifizierung - abbaupflichtige Exportsubventionen

Artikel 4:   **Marktzugang**

Grundsätzlich sind alle nicht-tarifären Handelshemmnisse (z.B. mengenmässige Beschränkungen, variable Einfuhrabschöpfungen, die sich

nach der Differenz zwischen dem heimischen und dem Weltmarktpreis-
niveau richten, und "freiwillige" Exportbeschränkungen) in Zölle umzu-
wandeln. Im Rahmen dieser sogenannten **Tarifikation** sind die resultierenden **Zolläquivalente** im GATT zu binden und schrittweise abzubauen.
Der **Abbau** beträgt durchschnittlich 36 % innerhalb von sechs Jahren.
Pro Zolltariflinie muss eine Mindestreduktion um 15 % erfolgen. Darüber
hinaus sind **minimale Marktzutrittsmöglichkeiten** von 3 % (zu Beginn)
bis 5 % des Inlandskonsums (am Ende der Übergangsperiode) einzuräumen.[1]

Artikel 5: **Besondere Schutzklausel**

Für gemäss Artikel 4 tarifizierte Produkte kann das Einfuhrland eine spezielle Schutzklausel in Anspruch nehmen, d.h. vorübergehend Zollerhö-
hungen vornehmen, sofern

- die Einfuhrmenge um 5 - 25 % steigt[2] *oder*
- der Einfuhrpreis unter das durchschnittliche Niveau der Jahre 1986-
88 fällt.

Artikel 6: **Abbau der internen Stützung**

Auf der Grundlage des "Aggregate Measurement of Support"[3] ist die

---

[1] Diese konkreten Marktzugangsverpflichtungen finden sich in den "Modalities for
the Establishment of Specific Bindung Commitments under the Reform Pro-
gramme", die kein Bestandteil des Agrarabkommens sind, jedoch als verbindliche Richtschnur für die im April 1994 abgeschlossene Ausarbeitung der
länderspezifischen Konzessionslisten dienten.

[2] Bei der Bestimmung des zu Schutzmassnahmen berechtigenden Einfuhrzu-
wachses gilt: Je grösser der Anteil des Einfuhrproduktes am heimischen Markt
ist, desto niedriger das "kritische" Einfuhrwachstum (minimal 5 %).

[3] Vgl. hierzu die untenstehenden Ausführungen zu Annex 3 des Agrarabkommens.

interne Stützung innerhalb von sechs Jahren um 20 % zu vermindern.

Produktgebundene interne Beihilfen müssen dann nicht in das "Aggregate Measurement of Support" einfliessen und somit nicht abgebaut werden, sofern sie 5 % (in Entwicklungsländern 10 %) des Produktionswertes des betreffenden landwirtschaftlichen Erzeugnisses nicht übersteigen.

Grundsätzlich ausgenommen von den Abbauverpflichtungen sind regional-, sozial- und umweltpolitisch motivierte Massnahmen sowie **produktionsunabhängige Direktzahlungen.**

Artikel 9:   Abbau der Exportsubventionen
Die abzubauenden Subventionsformen werden erschöpfend aufgelistet. Auf der Basis der Jahre 1986-1990 sind die Exportsubventionen für landwirtschaftliche Roh- und Verarbeitungsprodukte **innerhalb von sechs Jahren budgetmässig um 36 % zu kürzen.** Die exportsubventionierten **Mengen** müssen **um 21 %** abgebaut werden, dies jedoch nur bei Rohprodukten.

Artikel 13:   "Friedensklausel"
Die WTO-Mitglieder verpflichten sich, während eines Zeitraums von neun Jahren alle abkommenskonformen Stützungsmassnahmen als nichtangreifbare Subventionen im Sinne des neuen Subventionsabkommens zu betrachten, d.h. auf die Verhängung von Ausgleichszöllen zu verzichten.   Ende 2003

Artikel 15:   Sonderbehandlung der Entwicklungsländer
Den Entwicklungsländern wird zur Umsetzung der eingegangenen Verpflichtungen ein Zeitraum von **zehn Jahren** gewährt (für Industrieländer gelten sechs Jahre).
Diese Länder brauchen nur **zwei Drittel** der oben genannten Reduk-

tionsschritte umzusetzen, d.h. z.B. die Tarifäquivalente nur um 24 % abzubauen. Die ärmsten Entwicklungsländer sind von allen Abbauverpflichtungen ausgenommen.

Annex 2: Nicht abbaupflichtige interne Stützung

Produktions- und handelsneutrale Subventionen, die weder Transfers zulasten der Konsumenten noch Preisstützungen beeinhalten, müssen nicht reduziert werden. Hierzu zählen u.a. allgemeine staatliche Dienstleistungen zugunsten der Landwirtschaft (z.b. Ausbildung, Beratung, Marketing, Infrastruktur), Strukturanpassungsunterstützung, Regionalhilfen und produktionsunabhängige Direktzahlungen.

Annex 3: Das "Aggregate Measurement of Support" (AMS)

Dieses Mass ist spezifisch für jedes Produkt zu bestimmen, wobei **alle preisstützenden Massnahmen und nicht unter Annex 2 fallenden Direktzahlungen** auf allen Gebietskörperschaftsebenen erfasst werden. Nicht produktspezifisch zuordenbare Subventionen werden unter der ebenfalls abbaupflichtigen Kategorie "non-product-specific AMS" subsumiert. Das AMS bildet die Grundlage für die konkreten Abbauschritte.

Annex 5: Ausnahmen von der Tarifizierung

Unter folgenden, *kumulativ* zu erfüllenden Voraussetzungen darf ein WTO-Mitglied die Tarifizierung bis zum Ende der sechsjährigen Übergangszeit hinauszögern, d.h. mengenmässige Beschränkungen aufrechterhalten:

*   die Einfuhren des betreffenden Produkts betragen weniger als 3 % des Inlandskonsums der Basisperiode 1986-88,

*   das Produkt hat seit 1986 keine Exportsubventionen erhalten,

*   das Produkt ist Gegenstand wirksamer Produktionsbeschränkungsmassnahmen *und*

• Importprodukten ist ein Jahr nach Inkrafttreten des Abkommens ein minimaler Marktzutritt von 4 % des Inlandsverbrauchs zu gewähren. Die Zugangsmöglichkeiten sind bis auf 8 % am Ende der Übergangsperiode auszudehnen.[1]

2.4.2.2   Abkommen über sanitäre und phytosanitäre Massnahmen

Normen und Zulassungsverfahren spielen im **Lebensmittelrecht** sowie den **die Gesundheit von Tieren und Pflanzen betreffenden Bestimmungen** eine herausragende Rolle.[2] Daher finden sie ihren GATT-rechtlichen Niederschlag nicht im Abkommen über technische Handelshemmnisse[3], sondern in einer separaten Übereinkunft, dessen wichtigste Elemente Abbildung 2.31 veranschaulicht.

Paragraphen 5-8:   Rechte und Pflichten

Die WTO-Mitglieder besitzen grundsätzlich das Recht, sanitäre und pytosanitäre Massnahmen (SPM) zu ergreifen, sofern sie diesem Abkommen nicht zuwiderlaufen.

Die WTO-Mitglieder sind jedoch verpflichtet, ausländische Erzeugnisse nicht zu diskriminieren, wenn im Ausland ähnliche Bedingungen herrschen wie im Inland. SPM dürfen keine versteckten Handelshemmnisse begründen.

---

[1] Angesichts dieses hohen Preises haben lediglich Japan, Südkorea und die Philippinen (für Reis) sowie Israel (für bestimmte Fleisch- und Milchprodukte) von der Möglichkeit, die Tarifizierung hinauszuzögern, Gebrauch gemacht (Quelle: Schweizerisches Bundesamt für Aussenwirtschaft).

[2] Vgl. Hathaway (1990), S. 58f.

[3] Vgl. Abschnitt 2.3.5.

Abbildung 2.31: Das Abkommen über (phyto-) sanitäre Massnahmen

• Verankerung des Rechts jeder Vertragspartei, sanitäre und phyto-sanitäre Massnahmen zu treffen (Paragraph 5)
• Verbot ungerechtfertigter Diskriminierung (Paragraph 7)
• Orientierung an internationalen Standards (Paragraph 9)
• Anwendung strengerer Bestimmungen nur bei wissenschaftlicher Begründung oder auf der Grundlage konsistenter Risikoevaluation (Paragraph 11)
• Voraussetzung für die Anerkennung ausländischer Vorschriften (Paragraph 14)
• Richtlinien der Risikoevaluation (Paragraphen 16-23)
• Transparenzgebot (Paragraph 27)
• Konsultationen und Streitbeilegung
• Anhänge zum Abkommen: - Definitionen (Annex A) - Transparenzbestimmungen (Annex B) - Kontroll-, Inspektions- und Zulassungsverfahren (Annex C)

Paragraphen 9-13:   Harmonisierung

Grundsätzlich sollen internationale Standards der Entwicklung und Handhabung nationaler SPM zugrunde liegen.[1]

Die WTO-Mitglieder sind jedoch berechtigt, strengere Vorschriften zu praktizieren, sofern dieses Vorgehen wissenschaftlich oder als Ergebnis eines objektiven Risikoevaluationsverfahrens zu begründen ist.

---

[1] Z.B. der Codex Alimentarius.

Paragraphen 14-15: Äquivalenz

Die SPM anderer WTO-Mitglieder sollen dann als mit den inländischen Vorschriften gleichwertig anerkannt werden, wenn das Exportland objektiv demonstrieren kann, dass die von ihm praktizierten SPM das vom Importland geforderte Schutzniveau gewährleisten.

Paragraphen 16-23: Richtlinien der Risikoevaluation

Das Abkommen enthält einen umfangreichen Kriterienkatalog, der der Beurteilung des mit Einfuhren verbundenen gesundheitlichen Risikos zugrunde liegen soll. So müssen bei der Risikoevaluation u.a. (intersubjektiv überprüfbare) wissenschaftliche Erkenntnisse berücksicht werden.

Paragraph 27:   Transparenz

Die WTO-Mitglieder sind verpflichtet, über die massgeblichen SPM umfassend und unverzüglich zu informieren sowie einen vernünftigen Zeitraum zwischen Ankündigung und Inkraftsetzung zu gewähren. Darüber hinaus sind Informationsstellen einzurichten, die u.a. Auskunft über die gültigen SPM, Kontroll- und Inspektionsverfahren sowie Modalitäten der Risikobewertung geben.

2.4.3   Schlussfolgerungen

Im Rahmen der Uruguay-Runde konnte ein entscheidender Durchbruch hinsichtlich der Liberalisierung des Weltagrarhandels erzielt werden:

Eingliederung des Agrarhandels in das GATT-Regelwerk

Mengenmässige Handelsbeschränkungen und unkontrollierte Exportsubventionen werden im Rahmen des GATT nicht länger zulässig sein. Damit entfällt der Sonderstatus des Agrarhandels im GATT-Regelwerk.

Es konnte ein aus Regeln und Verpflichtungen bestehender Rahmen geschaffen werden, innerhalb dessen Agrarkonflikte (insbesondere zwischen den USA und der EU) künftig auf der Grundlage des Völkerrechts
ausgetragen werden können.[1]

Bedeutung der Tarifizierung

Mit der Umwandlung aller nicht-tarifären Handelshemmnisse in Zölle
erhöht sich die Transparenz der Importprotektion.[2] Darüber hinaus gehen
von Zöllen **geringere Verzerrungswirkungen** auf den Agrarhandel aus.[3]
Eine besondere Bedeutung kommt der Tarifizierung schliesslich insofern
zu, als sie eine vielversprechende **Grundlage für weitere Liberalisierungsschritte in der Zukunft** legt.[4] Kritisch ist jedoch anzumerken, dass
die Tarifäquivalente zumeist derart hoch angesetzt sind, dass kurz- und
mittelfristig mit keiner spürbaren Erleichterung des Marktzugangs zu
rechnen ist.

Unterstützung der nationalen Reformbestrebungen

Das neue Agrarabkommen begründet eine multilaterale und völkerrechtliche Verfestigung der seit Ende der 1980er Jahre aufkommenden nationalen Bemühungen um eine Reform der Agrarpolitik. Der **Abbau der
produktgebundenen Stützung** und **die explizite Ermöglichung pro-
duktunabhängiger direkter Einkommensbeihilfen** im Rahmen der
WTO sind mit den internen Reformprogrammen (z.B. in der EU, den USA
und der Schweiz) vereinbar. Im Rahmen dieser Reformprogramme erfolgt

---

[1] Vgl. Josling (1993), S. 572.

[2] Vgl. Rayner et al. (1993), S. 1523.

[3] Vgl. hierzu Abschnitt 1.2.

[4] Schon aus verhandlungstechnischer Sicht sind gebundene Zölle leichter
abbaubar als mengenmässige Beschränkungen (vgl. Josling (1993), S. 571f.).

eine **Reinstrumentierung der nationalen Agrarpolitiken** zugunsten von Direktzahlungen, die von Outputentscheidungen unabhängig sind.[1]

Weltweite Wohlfahrtsgewinne

Von der Liberalisierung des Agrarhandels werden insbesondere die **Konsumenten in den Industrieländern** und die **Exporteure in den Ländern der Cairns-Gruppe** (Argentinien, Australien, Brasilien, Kanada, Chile, Kolumbien, Fidschi, Ungarn, Indonesien, Malaysia, Neuseeland, Philippinen, Thailand und Uruguay)[2] und der USA **profitieren.**

Die Konsumenten in den Industriestaaten werden in den Genuss niedrigerer Preise kommen: Das inländische Preisniveau wird infolge des Abbaus von Preisstützungsmassnahmen sinken und im Zuge der schrittweisen Verminderung der in Zölle umzuwandelnden nicht-tarifären Handelsbarrieren zusätzlich unter Druck geraten.[3]

Auf die bislang von staatlichen Abschottungs- und Preisstützungsmassnahmen sowie Exportsubventionen profitierenden **Produzenten** hingegen werden **schmerzhafte Anpassungsprozesse** zukommen: Der Abbau der Exportsubventionen, der internen Preisstützung sowie des Grenzschutzes werden die bäuerlichen Einkommen (insbesondere in den europäischen Ländern) schrumpfen lassen. Das Agrarabkommen belässt den WTO-Mitgliedern jedoch einen hinlänglichen Spielraum zur **Abmilderung dieser Einbussen durch produktionsunabhängige Direktzahlungen.**

---

[1] Vgl. ebd., S. 572.

[2] Tyers (1994) schätzt die Verluste dieser Staaten aufgrund des Agrarprotektionismus (insbesondere der EU) auf 20 % der in den Agrarwirtschaften der Cairns-Gruppen-Länder erzielten Wertschöpfung.

[3] Vgl. Hauser/Schanz (1993b), S. 195.

Die agrarexportierenden Länder werden insofern profitieren, als sich die Exportmöglichkeiten infolge der Marktzugangserleichterungen verbessern werden.[1] Zudem ist mit einem Anstieg der Weltmarktpreise zu rechnen, sobald die Abbauverpflichtungen bei den Exportsubventionen greifen.[2] Steigende Agrarpreise wirken sich jedoch kurzfristig nachteilig auf die Lebensmittelversorgung in den Nettoimportländern insbesondere der Sahel-Zone aus: Nach Schätzungen der Weltbank werden im Zuge der Umsetzung der Ergebnisse der Uruguay-Runde die Weltmarktpreise für Getreide, Zucker, Fleisch und Milchprodukte um 4 -10 % steigen.[3]

An dieser Stelle ist der Hinweis angebracht, dass es äusserst problematisch ist, die Wohlfahrtswirkungen exakt zu quantifizieren. U.a. die langen Übergangsfristen (sechs Jahre für Industrieländer, zehn Jahre für Entwicklungsländer) sowie die Ungewissheit hinsichtlich der Reaktionen der betroffenen Produzenten und Konsumenten verleihen Quantifizierungsversuchen einen höchst spekulativen Charakter.[4]

Einbindung der Entwicklungsländer

Auch die Entwicklungsländer nehmen an der neuen Agrarordnung teil. Ihrem Anspruch auf **"special and differential treatment"** wird jedoch in Form längerer Übergangsfristen und geringerer Abbauverpflichtungen

---

[1] Vgl. May (1994), S. 38.

[2] Auf diese Weise wird die Überschwemmung der Weltmärkte mit zu Dumpingpreisen exportierten Agrargütern vor allem aus der EU eingedämmt (vgl. Rayner et al. (1993), S. 1522).

[3] May (1994), S. 38, schlägt zur Kompensation dieser Wohlfahrtseinbussen Sonderprogramme der Weltbank vor.

[4] Hauser/Schanz (1993b), S. 192ff., stellen ausführlich einen von der OECD unternommenen Quantifizierungsversuch dar.

Rechnung getragen.[1]

Disziplinierung sanitärer und phytosanitärer Massnahmen (SPM)

Das hierzu geschlossene Abkommen sollte kurzfristig zu einer Eindämmung handelsbehindernder Wirkungen von SPM führen und die Grundlage für eine mittel- und langfristig zu erwartende weltweite Harmonisierung legen.[2]

---

[1] Vgl. Rayner et al. (1993), S. 1523.

[2] Vgl. Hathaway (1990), S. 58f., sowie Josling (1993), S. 565ff.

2.5 Das Dienstleistungsabkommen (GATS)

Mit dem Dienstleistungsabkommen wird im folgenden die **zweite Säule der neuen Welthandelsordnung** vorgestellt und diskutiert.

Abbildung 2.32: **Die neue Welthandelsordnung**

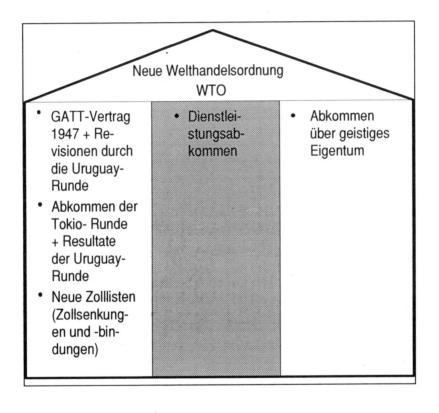

Neue Welthandelsordnung
WTO

- GATT-Vertrag 1947 + Revisionen durch die Uruguay-Runde
- Abkommen der Tokio- Runde + Resultate der Uruguay-Runde
- Neue Zolllisten (Zollsenkungen und -bindungen)

- Dienstleistungsabkommen

- Abkommen über geistiges Eigentum

2.5.1   Hintergrund der Verhandlungen

Der Dienstleistungssektor wächst insbesondere in den entwickelten Volkswirtschaften kontinuierlich. Sein Anteil am Bruttosozialprodukt beträgt mittlerweile mehr als 50 %.[1] Abbildung 2.33 verdeutlicht die Bedeutung des tertiären Sektors für die Handelsnationen Deutschland, Österreich und Schweiz.

Abbildung 2.33: Die Güter- und Dienstleistungsexporte Deutschlands, Österreichs und der Schweiz (alle Angaben beziehen sich auf das Jahr 1990 und sind in Mrd. US-$ ausgedrückt)

	Deutschland[2]	Schweiz	Österreich
Bruttoinlandsprodukt	1.448,2	224,8	157,4
Güterexporte	391,6	77,5	40,3
Dienstleistungssexporte[3]	132,6	47,4	33,0

Quelle: UN (1993).

Grenzüberschreitende Dienstleistungstransaktionen gewinnen zunehmend an Bedeutung und machen inzwischen bereits mehr als 20 % des

---

[1] Dies gilt sogar für einzelne Entwicklungsländer (vgl. Hoekman (1990)).

[2] Ohne die am 3. Oktober 1990 als Völkerrechtssubjekt untergegangene DDR.

[3] Hierbei sind u.a. auch die Einnahmen aus Fremdenverkehr und Tourismus sowie Dividendeneinkünfte aus im Ausland angelegtem Kapital erfasst.

Welthandelsvolumens aus.[1] Vor diesem Hintergrund sind die **im Rahmen der Uruguay-Runde erstmals multilateral geführten Verhandlungen über die Liberalisierung des internationalen Dienstleistungshandels** zu sehen. Die wichtigste Aufgabe der Unterhändler bestand darin, die **bestehende GATT-rechtliche Lücke** zu schliessen und ein multilaterales Regelwerk für den Handel mit Dienstleistungen zu entwickeln.

Die Initiative, multilaterale Verhandlungen über Dienstleistungen aufzunehmen, ging - forciert insbesondere von Finanzdienstleistungsunternehmen wie American Express - von den USA aus.[2] Stärker noch als in anderen Industrieländern empfindet man dort eine **grundlegende Verschiebung komparativer Vorteile** von der Güterproduktion zur Erbringung kapitalintensiver Dienstleistungen.[3] Die USA stiessen mit ihrem Anliegen nicht nur bei den Entwicklungsländern, sondern anfangs auch bei anderen Industrieländern auf wenig Gegenliebe.[4] Während die Industrieländer vorrangig Einwände gegen bestimmte Mechanismen (wie z.B. die Anwendung der Meistbegünstigungsklausel) erhoben, waren die Bedenken der Entwicklungländer prinzipieller Natur: Die Entwicklungsländer fürchteten vor allem, dass ihre Marktöffnungszugeständnisse für Dienstleistungen von den Industrieländern als Vorbedingung für deren

---

[1] Vgl. McCulloch (1990), S. 330ff., Hauser/Schanz (1993b), S. 97, sowie Sapir/ Winter (1994), S. 274.

[2] Vgl. Sapir/Winter (1994), S. 294.

[3] Vgl. Balassa (1990), S. 191. Die aussenwirtschaftliche Theorie des komparativen Vorteils lässt sich grundsätzlich auch auf den internationalen Dienstleistungshandel anwenden (vgl. hierzu Djajic/Kierzkowski (1989), Breuss (1990), sowie Sapir/Winter (1994) mit zahlreichen weiteren Nachweisen).

[4] Vgl. McCulloch (1990), S. 346, sowie zur Nord-Süd-Dimension Bhagwati (1987) und Sapir/Winter (1994), S. 294.

Marktöffnung im Güterhandel gesetzt würden.[1] Zudem sahen sie kaum komparative Vorteile im Dienstleistungshandel und erwarteten einen nur geringen Nutzen von einer Marktöffnung. Diesen Bedenken ist jedoch entgegenzuhalten, dass auch Entwicklungsländer durch vermehrten Import von Dienstleistungen Handelsgewinne erzielen können, dann nämlich, wenn Dienstleistungen als Zwischenprodukte der industriellen Produktion fungieren und erst ein entsprechendes Angebot den Boden für eine Industrielandschaft bereitet.[2]

Schliesslich wurde seitens der **Entwicklungsländer** auch das **"infant industry"-Argument** vorgebracht: Branchen, die noch in den "Kinderschuhen" steckten (zum Beispiel Finanzen und Telekommunikation), bräuchten in ihrer Aufbauphase staatlichen Schutz und Abschirmung vor globalem Wettbewerb, um sich zu zukünftiger Wettbewerbsfähigkeit entwickeln zu können.[3]

Nachdem man sich trotz aller Bedenken und Widerstände über die Aufnahme von Dienstleistungen in die Verhandlungsagenda geeinigt hatte, stand zunächst die Frage im Mittelpunkt, ob Dienstleistungen im Rahmen des GATT geregelt werden sollten, oder ob ein neues, eigenständiges Abkommen nötig sei. Die USA propagierten eine entsprechende Ausdehnung des Anwendungsbereichs des GATT und die Zusammenfassung von Gütern und Dienstleistungen in einer gemeinsamen Verhandlungsrunde. Die Entwicklungsländer hingegen forderten zwei separate Ver-

---

[1]   In diesem Zusammenhang ist das Interesse der textil- und agrarexportierenden Entwicklungsländer an erleichterten Marktzugangsmöglichkeiten in den Industrieländern hervorzuheben.

[2]   Vgl. Sapir/Winter (1994), S. 294 mit weiteren Nachweisen.

[3]   Dieses Argument ist theoretisch und empirisch umstritten (vgl. Bhagwati (1988), sowie Porter (1991)).

handlungsrunden, um der oben beschriebenen Gefahr des Aufrechnens von Liberalisierungszugeständnissen im Dienstleistungsverkehr gegen Konzessionen im Warenverkehr entgegenzuwirken.[1] Schliesslich konnte eine Kompromissformel gefunden werden, wonach zwar in unterschiedlichen Verhandlungsgruppen, jedoch innerhalb des gemeinsamen Rahmens der Uruguay-Runde verhandelt werden sollte.[2]

Ein kurzer Blick auf die **wesentlichen Unterschiede zwischen Güter- und Dienstleistungshandel** verdeutlicht die besonderen - hier nicht weiter zu vertiefenden - Schwierigkeiten bei der Aushandlung des multilateralen Dienstleistungsabkommens:[3]

● Mit dem Handel von Dienstleistungen sind meist auch **Faktorwanderungen** verbunden,[4] entweder in Form der Wanderung natürlicher Personen oder in Form von Direktinvestitionen. Insofern ist der Dienstleistungskomplex eng mit dem TRIMs-Abkommen verbunden.[5] Die Frage des Personenverkehrs ist von besonderer **Brisanz**: Hier drängten die Entwicklungsländer auf weitgehende Liberalisierungen, stiessen jedoch auf den erbitterten Widerstand der Industrieländer, die substantielle Zugeständnisse in der Frage des

---

[1] Vgl. zu den einzelnen Positionen Marconini (1990).

[2] Vgl. zum Verlauf der Verhandlungen Drake/Nicolaides (1992).

[3] Vgl. Hindley (1990), Smeets/Hofner/Knorr (1991), sowie Engel (1991).

[4] Den ökonomischen Hintergrund hierzu bildet die mangelnde Lagerfähigkeit von Dienstleistungen. Das Erfordernis der physischen Nähe zwischen Anbieter und Nachfrager ist somit in der Regel eine Grundvoraussetzung der Dienstleistungserbringung (vgl. Bhagwati (1984)), allerdings mit tendenziell sinkender Bedeutung angesichts technologischer Innovationen wie z.B. "tele-shopping" oder "tele-banking" (vgl. Sapir/Winter (1994), S. 276).

[5] Vgl. Abschnitt 2.3.6.

zeitlich befristeten Aufenthalts natürlicher Personen zum Zwecke der Dienstleistungserbringung bislang verweigerten.[1]

● Während beim Warenverkehr das Hauptaugenmerk auf Grenzmassnahmen (wie z.B. Zöllen) liegt, spielen im Dienstleistungshandel **inländische Regulierungen** die zentrale Rolle. Im Vordergrund stehen hierbei **Beschränkungen bei der Vornahme von Direktinvestitionen und dem Aufenthalt natürlicher Personen.**[2] Es liegt somit auf der Hand, dass Liberalisierungsschritte im Dienstleistungshandel die wirtschaftspolitische Souveränität der WTO-Mitglieder in sehr viel stärkerem Masse berühren als bspw. Zollsenkungen.

2.5.2   Das WTO-Dienstleistungsabkommen[3]

2.5.2.1   Das Rahmenabkommen

Teil I: *Geltungsbereich und Definition*
Artikel I: Geltungsbereich und Definition
Unter Dienstleistungshandel im Sinne des GATS sind zu verstehen:

● zwischenstaatlicher Handel (z.B. per Telefon oder Computer),

● im Inland geleistete Dienste an Ausländern (z.B. Tourismus),

● Dienste, die die geschäftliche Niederlassung des Anbieters im Erbringungsland erfordern (z.B. Banken) und

● im Ausland geleistete persönliche Dienste von Inländern (z.B. Beratungsdienste oder Konstruktionsleistungen).

---

[1] Vgl. Sapir/Winter (1994), S. 296.

[2] Vgl. ebd., S. 294ff.

[3] Vgl. Abbildung 2.34 zu den tragenden Säulen des Abkommens.

Abbildung 2.34: Struktur und Hauptelemente des Dienstleistungsabkommens

Rahmenabkommen

- Allgemeine Verpflichtungen (z.B. Meistbegünstigung und Transparenz)
- Spezifische Verpflichtungen (Marktzugang und Inländerbehandlung)
- Prinzip der progressiven Liberalisierung (Verpflichtung zu fortgesetzten Liberalisierungsrunden)
- Ausnahmen (z.B. Integrationsräume)

Anhänge

- Ausnahmen von der Meistbegünstigung
- Migration natürlicher Personen
- Finanzdienstleistungen
- Telekommunikation
- Lufttransport

Länderlisten

- Gewährung von Marktzugang und Inländerbehandlung in den eingetragenen (gebundenen) Sektoren
- explizite Eintragung von Vorbehalten

Teil II: Allgemeine Verpflichtungen

Artikel II: Meistbegünstigung

Die Diskriminierung ausländischer Dienstleistungsanbieter untereinander ist grundsätzlich verboten.[1]

Ein **spezieller Anhang** zu Artikel II ermöglicht jedoch **individuelle Abweichungen vom Gebot der Meistbegünstigung**. Diese Ausnahmen unterliegen jedoch nach spätestens fünf Jahren einer multilateralen Überprüfung durch den GATS-Rat und dürfen für maximal zehn Jahre in Anspruch genommen werden.[2]

Artikel III: Transparenz

Das Gebot der Transparenz schreibt die Veröffentlichung oder anderweitige Zugänglichmachung aller für den Dienstleistungshandel relevanten Gesetze, Verordnungen und regierungsamtlichen Massnahmen vor. Vertrauliche Informationen sind ausgenommen.

Artikel V: Wirtschaftliche Integration

Die Bildung wirtschaftlicher Integrationsräume[3] ist auch unter Verletzung der Meistbegünstigungsvorschrift erlaubt, vorausgesetzt, die Integration geht mit einer zügigen Beseitigung von Diskriminierungen in einem "substantiellen" sektoriellen Ausmass einher.[4]

---

[1] Beispiel: Eine Schweizer Bank darf in ihrer Geschäftstätigkeit in Japan nicht schärferen Restriktionen unterworfen werden als ein deutsches Geldinstitut.

[2] Vgl. weiter unten zum "Anhang über Artikel II-Ausnahmen".

[3] Z.B. der europäische Binnenmarkt.

[4] Auf einzelne Dienstleistungssektoren (z.B. Versicherungen) begrenzte Präferenzabkommen sind somit von Artikel V *nicht* gedeckt.

Artikel VI: Interne Regulationen

Die WTO-Mitglieder sind verpflichtet, interne Massnahmen "vernünftig, objektiv und unparteiisch" anzuwenden, sofern sie Sektoren betreffen, in denen ein Land spezifische, in den Länderlisten verankerte Verpflichtungen eingegangen ist.

Betroffenen Dienstleistungsanbietern ist Zugang zu eigens zu schaffenden gerichtlichen oder aussergerichtlichen Beschwerdestellen zu ermöglichen.

Die WTO-Mitglieder sind verpflichtet, für eine zügige Abwicklung von Bewilligungsverfahren im Zusammenhang mit der Erbringung von Dienstleistungen zu sorgen, sofern diese Dienstleistungen Gegenstand der länderspezifischen Verpflichtungsliste sind.

Artikel VII: Anerkennung von Zertifikaten

Die Anerkennung von ausländischen Standards und Qualitätsanforderungen geschieht einseitig oder gegenseitig auf freiwilliger Basis.

Im Falle bilateraler Abkommen zur gegenseitigen Anerkennung soll interessierten WTO-Mitgliedern die Möglichkeit zum Beitritt oder zur Aushandlung ähnlicher Abkommen geboten werden.

Artikel VIII: Monopolanbieter

Den WTO-Mitgliedsländern obliegt die wettbewerbsrechtliche Verantwortung für die Regulierung inländischer Dienstleistungsmonopole, insbesondere die Beachtung der Bestimmungen und Verpflichtungen im Rahmen des GATS.

Artikel X: Schutzmassnahmen

Die WTO-Mitglieder verpflichten sich, innerhalb von drei Jahren multilaterale Verhandlungen über nicht-diskriminierende Schutzmassnahmen *abzuschliessen* und die Verhandlungsergebnisse in Kraft zu setzen.

Artikel XI: Zahlungs- und Überweisungsverkehr

Internationale Zahlungen und Transfers, soweit sie in Verbindung mit den liberalisierten Sektoren der betreffenden Länderlisten stehen, dürfen grundsätzlich nicht beschränkt werden.

Artikel XII: Mögliche Beschränkungen

Ausnahmen von Artikel XI sind im Falle von Zahlungsbilanzungleichgewichten sowie für Entwicklungsländer und Länder in Transformationsprozessen erlaubt, sofern sie bestimmten, im Vertrag ausgeführten Prinzipien und Prozeduren folgen.

Artikel XIV: Allgemeine Ausnahmen

Ausgenommen vom GATS sind Massnahmen

•   zum Schutz der öffentlicher Sittlichkeit und Ordnung,

•   zum Schutz des Lebens und der Gesundheit von Menschen, Tieren und Pflanzen,

•   zum Schutz vor Betrug und Vertragsbruch,

•   zum Schutz persönlicher Daten und der privaten Sicherheit,

•   zur gerechten Besteuerung und im Zusammenhang mit Doppelbesteuerungsabkommen und

•   im Dienste der nationalen Sicherheit (Artikel XIV *bis*).

Artikel XV: Subventionen

Die Mitglieder verpflichten sich, Verhandlungen über Disziplinen und Grundsätze der staatlichen Subventionsvergabe im Dienstleistungssektor aufzunehmen.

Teil III: *Spezifische Verpflichtungen*

Artikel XVI: **Marktzugang**

Die konkreten Marktzugangsverpflichtungen sind **Gegenstand der länderspezifischen Konzessionslisten.**

In den gebundenen, d.h. in den Listen eingetragenen und liberalisierten Sektoren dürfen vorbehaltlich explizit anderslautender Spezifikationen u.a. folgende Restriktionen nicht länger aufrechterhalten werden:

*   Beschränkungen der Zahl der Dienstleistungserbringer,
*   die Verknüpfung der Niederlassungsbewilligung mit der Wahl einer bestimmten Rechtsform und
*   Höchstgrenzen ausländischer Kapitalbeteiligung an dienstleistungsrelevanten Investitionsprojekten.

Artikel XVII: **Inländerbehandlung**

Für die listengebundenen Sektoren gilt der Grundsatz der Inländerbehandlung, wonach ausländische Anbieter gegenüber inländischen Konkurrenten nicht benachteiligt werden dürfen.

Teil IV: *Progressive Liberalisierung*

Artikel XIX: **Aushandlung spezifischer Verpflichtungen**

Die WTO-Mitglieder verpflichten sich, spätestens fünf Jahre nach Inkrafttreten des GATS in neue multilaterale Liberalisierungsrunden einzutreten.

Artikel XX: **Verpflichtungslisten**

In die länderspezifischen Konzessionslisten sind für jeden Sektor u.a. einzutragen:

*   Bedingungen und Begrenzungen des Marktzugangs und
*   Bedingungen und Anforderungen der Inländerbehandlung.

Die **Länderlisten** sind somit als **Konkretisierung von Artikel XX** anzusehen.

Artikel XXI: Änderung der Listen

Frühestens nach Ablauf von drei Jahren können listengebundene Zugeständnisse zurückgezogen werden.

Jede Rücknahme einer Konzession ist jedoch mit einer **Kompensationspflicht** zugunsten der negativ berührten WTO-Partner verbunden.[1]

Die Abbildungen 2.35 und 2.36 fassen die wichtigsten Elemente des Rahmenabkommens bzw. der länderspezifischen Konzessionslisten zusammen.

2.5.2.2   Die Anhänge

Anhang über Ausnahmen von der Meistbegünstigung

Alle gemäss Artikel II GATS-Vertrag geltend gemachten Ausnahmen von der Meistbegünstigungsbehandlung unterliegen nach spätestens fünf Jahren einer multilateralen Überprüfung.

Die Ausnahmen müssen in die länderspezifischen Listen eingetragen werden. Sie sind Gegenstand künftiger Liberalisierungsrunden und dürfen für **maximal zehn Jahre** in Anspruch genommen werden.

---

[1] Vgl. jedoch Abbildung 2.36 zu der für die Finanzdienstleistungen getroffenen Sonderlösung.

Abbildung 2.35: Das Rahmenabkommen

1. Allgemeine Verpflichtungen

(für alle Dienstleistungssektoren)

● Meistbegünstigung

● Transparenz

● Regeln zur (freiwilligen) Anerkennung von Standards und Qualifikationen

2. Spezifische Verpflichtungen

(beschränkt auf die in den Listen gebundenen Sektoren)

● Marktzugang und Inländerbehandlung

(in den Listen konkretisiert)

● Freiheit des Zahlungs- und Kapitalverkehrs

● Richtlinien für die interne Regulierungstätigkeit

3. Ausnahmen

● Schutz der öffentlichen Ordnung

● Lebens- und Gesundheitsschutz

● Zahlungsbilanzprobleme

● Integrationsräume

● Abweichungen von der Meistbegünstigung (befristet und multilateral überwacht; in den Listen konkretisiert)

4. Prinzip der progressiven Liberalisierung

● Aufnahme sukzessiver Verhandlungsrunden spätestens fünf Jahre nach Inkrafttreten des WTO-Abkommens

● kontinuierliche Verbesserung des Marktzugangs (z.B. Abbau mengenmässiger Beschränkungen, sowie von Bedürfnisklauseln, Exklusivrechten und Nationalitätsvorbehalten)

Abbildung 2.36: Die Länderlisten

1. Inhalt

- Sektoren, in denen ausländischen Anbietern Marktzugang und Inländerbehandlung (insbesondere Verzicht auf mengenmässige Beschränkungen und Nationalitätsvorbehalte) gewährt werden
- explizite Eintragung sektorspezifischer Vorbehalte bezüglich:
  - Meistbegünstigung (begrenzt auf max. zehn Jahre)
  - Marktzugang (z.b. Ausnahme bestimmter Erbringungsarten)
  - Inländerbehandlung (Bedingungen und Qualifikationen)

2. Rücknahme länderspezifischer Konzessionen

- frühestens drei Jahre nach Inkrafttreten der Verpflichtung
- Kompensationsansprüche der betroffenen Vertragspartner
- besondere Regeln im Finanzbereich: Konzessionen können sechs Monate nach Inkrafttreten der WTO *ohne* Kompensationsverpflichtung zurückgenommen werden

Anhang über die Migration natürlicher Dienstleistungserbringer

Das GATS stellt **keine** Grundlage für **allgemeine Arbeitnehmerfreizügigkeit und Niederlassungsfreiheit** dar. Zuzulasssen sind Grenzüberschreitungen im Zusammenhang mit Dienstleistungen, die Gegenstand der spezifischen Zugeständnisse des Ziellandes sind. Visaregelungen oder Beschränkungen der Zuwanderung hinsichtlich Zahl und Aufenthaltsdauer sind erlaubt, sofern sie die gewährten Marktzugangskonzessionen nicht aushöhlen.

Anhang über Luft- und Seetransport

Der Seetransport ist vorerst von der Meistbegünstigung ausgenommen und in gesonderte Verhandlungen verschoben.

Im Bereich Lufttransport sind die Verkehrsrechte und alle direkt damit verbundenen Dienste vorläufig ausgeklammert; das GATS gilt lediglich für Wartung/Reparatur, Verkauf/Werbung und Computerreservierungen.

Anhang über Telekommunikation

Auch Basis-Telekommunikationsdienste sind von der Meistbegünstigung ausgenommen und auf spätere Verhandlungen vertagt. Dienstleistungsanbietern ist im Rahmen der Zugeständnisse in den Länderlisten nichtdiskriminierender Zugang zu nationalen öffentlichen Telekommunikationsinfrastrukturen und -diensten zu ermöglichen. Einschränkende Konditionen zum Zweck der öffentlichen und technischen Sicherheit sind erlaubt.

Anhang über Finanzdienstleistungen

Aufsichtsrechtliche Massnahmen zum Schutz von Investoren, Depositären und Versicherungsnehmern sowie zur Sicherung der Integrität und Stabilität des Finanzsystems gelten als grundsätzlich vereinbar mit dem GATS.

Zusätzlich wurde vereinbart, dass zunächst alle Marktzugangskonzessionen auf der Grundlage der Meistbegünstigung in Kraft gesetzt werden. Sechs Monate nach Inkrafttreten der WTO hat jedes Mitglied jedoch die Möglichkeit, im Lichte der von den Handelspartnern gewährten Zugeständnisse die eingegangenen Marktzugangsverpflichtungen **ohne Kompensationsverpflichtung** zu revidieren und Ausnahmen von der Meistbegünstigung geltend zu machen.

2.5.3   Schlussfolgerungen

Mit dem GATS verfügt das multilaterale Handelssystem erstmals über ein Dienstleistungsabkommen, das die WTO-Mitglieder völkerrechtlich verbindlich zur Einhaltung gewisser Grundprinzipien verpflichtet.[1]

Von besonderer Bedeutung ist hierbei die **weite Definition des** dem GATS zugrundeliegenden **Dienstleistungsbegriffs**: So werden nicht nur grenzüberschreitende Transaktionen, sondern auch Dienstleistungen erfasst, die Direktinvestitionen im Ausland und den zeitlich befristeten Aufenthalt natürlicher Personen zum Zwecke der Dienstleistungserbringung erfordern. Damit trägt das GATS der häufig nicht gegebenen Handelbarkeit von Dienstleistungen, d.h. der Notwendigkeit simultaner Produktion und Konsumtion Rechnung.[2]

Die umfassende Definition des Dienstleistungsbegriffs im GATS gewährleistet, dass *alle* relevanten Markzugangshindernisse[3] dem Prinzip der

---

[1]   Vgl. Etter (1993), S. 256, sowie Girard (1994), S. 11f.

[2]   Vgl. hierzu bereits Hill (1977) und Bhagwati (1984).

[3]   Vgl. zur Problematik des Marktzugangs im Dienstleistungswesen Hoekman (1992), S. 711ff.

progressiven Liberalisierung unterliegen:

- Handelshemmnisse (z.b. Barrieren im Telefonverkehr),
- Beschränkungen der Bewegungsfreiheit der Dienstleistungskonsumenten,
- Beschränkungen der Bewegungsfreiheit der Dienstleistungsanbieter und
- Direktinvestitionshemmnisse.[1]

Hinsichtlich der allgemeinen Verpflichtungen kommt dem **Meistbegünstigungsprinzip** eine besondere Bedeutung zu, da zahlreiche Länder einseitig oder im Rahmen regionaler Abkommen Liberalisierungsschritte unternommen haben.[2]

Was die spezifischen Verpflichtungen, d.h. v.a. Marktzugang und Inländerbehandlung anbelangt, beschränkt sich das Rahmenabkommen unter dem Oberbegriff **"progressive Liberalisierung"** im wesentlichen auf prozedurale Vorgaben für künftige multilaterale Liberalisierungsrunden. Kurzfristig spürbare Marktzugangserleichterungen werden sich allenfalls aus den **"initial commitments"**, d.h. den gleichzeitig mit dem Abkommen in Kraft tretenden, in den Länderlisten verankerten Liberalisierungszugeständnissen ergeben. Diese Verpflichtungen sind eher bescheiden ausgefallen und werden kurzfristig wohl kaum mehr bewirken als eine **Festschreibung des Status Quo**. Die völkerrechtliche Konsolidierung sollte jedoch nicht geringgeschätzt werden, da die bestehenden Marktzutrittsmöglichkeiten multilateral abgesichert werden. Der **Zuwachs an Rechtssicherheit für die Exporteure** ist somit beträchtlich.[3] Diese können künf-

---

[1] Vgl. Sapir/Winter (1994), S. 278.

[2] Vgl. Hauser/Schanz (1993b), S. 102.

[3] Vgl. ebd. (1993b), S. 104.

tig das für sie relevante Marktzutrittsregime durch die Beantwortung folgender Fragen bestimmen:

● Ist das Zielland WTO-Mitglied, d.h. übernimmt es die allgemeinen GATS-Verpflichtungen?

● Ist der betreffende Dienstleistungssektor in der Länderliste des Ziellandes gebunden, d.h. gelten die spezifischen Verpflichtungen?

● Welche Vorbehalte (Ausnahmen von der Meistbegünstigung, Einschränkungen der Inländerbehandlung) werden in der Länderliste geltend gemacht?

Zusammenfassend lässt sich das GATS als grosser Erfolg der multilateralen Handelsdiplomatie würdigen, der in Anbetracht der anfänglich z.T. unvereinbaren Verhandlungspositionen die ursprünglichen Erwartungen übertroffen hat.[1]

Aus ökonomischer Sicht ist hervorzuheben, dass das GATS anerkennt, dass in zahlreichen Fällen erst die **grenzüberschreitende Mobilität der Produktionsfaktoren Arbeit und Kapital** die Erbringung von Dienstleistungen ermöglicht. Zudem trägt das Abkommen dem handelshemmenden Potential interner Regulationen Rechnung.[2]

In diesem Zusammenhang ist jedoch darauf hinzuweisen, dass selbst bei nichtdiskriminierender Anwendung nationaler Regulationen, d.h. bei Befolgung der Gebote der Inländerbehandlung und Meistbegünstigung, faktische Diskriminierungen ausländischer Anbieter nicht auszuschliessen sind, bspw. infolge Nichtanerkennung ausländischer Bildungsabschlüsse. Die Entwicklung zum Europäischen Binnenmarkt hat gezeigt, dass fakti-

---

[1]   Vgl. Hoekman (1992), S. 724.

[2]   Vgl. hierzu Hindley (1990), S. 135f.

sche Diskriminierungen ausländischer Konkurrenten erst durch eine Harmonisierung oder gegenseitige Anerkennung der nationalen Regelwerke überwunden werden können.[1]

Darüber hinaus legt das **GATS** den **Grundstein für künftige Liberalisierungsrunden**, die zu ähnlichen Fortschritten wie bei der Liberalisierung des Güterhandels führen können. Das Ausmass möglicher Fortschritte wird jedoch massgeblich davon abhängen, ob die Industrie- und Entwicklungsländer zu einem tragfähigen Ausgleich ihrer unterschiedlichen Interessen bei der Liberalisierung von Faktorwanderungen gelangen: Die Industrieländer streben eine möglichst umfassende Kapitalmobilität in Form von Direktinvestitionen an, während die Entwicklungsländer Erleichterungen bei der Wanderung von Arbeitskräften in den Vordergrund rücken.[2]

---

[1] Vgl. Sapir/Winter (1994), S. 278, Nicolaides (1989b), S. 42ff., sowie Hindley (1990), S. 132ff.

[2] Vgl. Bhagwati (1987).

2.6   Das Abkommen über geistige Eigentumsrechte (TRIPs)

Mit dem Abkommen über geistige Eigentumsrechte wird im folgenden Abschnitt der dritte Pfeiler der neuen Welthandelsordnung vorgestellt und diskutiert.

Abbildung 2.37:   Die neue Welthandelsordnung

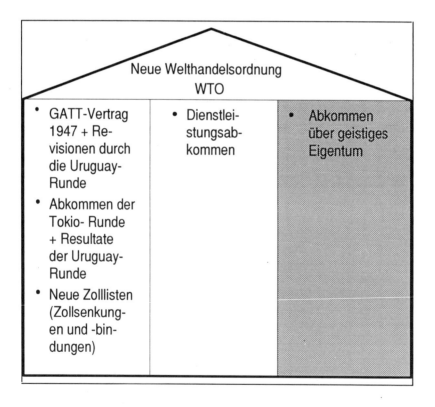

2.6.1 Hintergrund der Verhandlungen

Der **Anteil geistigen Eigentums** in Form von Patent-, Marken- oder Urheberrechten **an Entstehung und Wesen von Gütern und Dienstleistungen** nimmt ständig zu.[1] So beinhalteten 1947 weniger als 10 % der US-Exporte immaterielle Bestandteile, während sich der entsprechende Anteil im Jahre 1986 auf bereits mehr als 27 % belief.[2]

Die **Missachtung geistiger Eigentumsrechte** hat beträchtliche **Ausmasse** angenommen: Das "Counterfeiting Intelligence Bureau", London, schätzt den Anteil von "Piratenware" am Welthandel auf 10 %.[3] Von Fälschungen und Nachahmungen sind insbesondere Produzenten von **Mode- und Luxusartikeln, Pharmazeutika und renommierten Markenprodukten** betroffen.[4]

Der unzureichende Schutz geistiger Eigentumsrechte weist eine handelspolitische und unternehmerische Dimension auf: **Aus handelspolitischer Sicht** sind die marktzugangsbehindernden Wirkungen unzureichender nationaler Schutzvorschriften hervorzuheben. Die **Exportchancen** innovations- und reputationsintensiver Produkte werden beeinträchtigt durch die Produktion von Fälscherware im Einfuhrland. Zudem besteht die Gefahr, dass Fälschungen und Nachahmungen Märkte überschwemmen, deren Produzenten infolge der getätigten Forschungs- und Entwicklungsaufwendungen gegenüber "Piratenimporten" nicht

---

[1] Vgl. Cottier (1992), S. 88.

[2] Vgl. Gadbaw/Richards (1988), S. 223.

[3] Zitiert nach Christians (1990), S. 29.

[4] Vgl. Hauser/Schanz (1993b), Kapitel III.

konkurrenzfähig sind.[1] Die **handelsverzerrenden Folgen unzureichen-**
den geistigen Eigentumsschutzes liegen somit auf der Hand.[2] **Aus**
Sicht des exportierenden Unternehmers äussert sich mangelhafter
geistiger Eigentumsschutz vor allem in Form von **Absatz- und Erlösein-**
bussen

- auf Auslandsmärkten, in denen Plagiate und Falsifikate hergestellt
  und vertrieben werden können,

- auf Exportmärkten in Drittländern, die gefälschte Produkte impor-
  tieren,

- auf dem Heimmarkt infolge von Importen gefälschter Ware und

- mittel- und langfristig aufgrund von "good will"-Verlusten, wenn min-
  derwertige Piratenware die Reputation des Originalherstellers
  beeinträchtigt.[3]

Die **quantitative Grössenordnung des Problems** ist nur schwer abzu-
schätzen. Einen diesbezüglichen Versuch unternahm im Jahre 1986 die
United States International Trade Commission.[4] Von 193 international
tätigen US-Unternehmen, die exakte Zahlen zu Schäden infolge unzureichenden geistigen Eigentumsschutzes vorlegten, machten 167 "beträchtliche" Verluste geltend. Der im Jahre 1986 entstandene Gesamtschaden
wird auf mindestens 24 Mrd. US-$ beziffert. Diese Grössenordnung
entspricht ungefähr drei Prozent des Jahresumsatzes der erfassten

---

[1] Vgl. Cottier (1991), S. 383ff., sowie Hauser/Schanz (1993b), S. 89.

[2] Cottier (1991), S. 383, spricht treffend von einer "third generation [neben Zöllen
und nicht-tarifären Handelshemmnissen] of actual and potential trade distortions".

[3] Vgl. Simon (1986), S. 501, sowie USITC (1988), S. 101.

[4] Vgl. USITC (1988).

Firmen.[1]

Vor dem Hintergrund insbesondere der handelspolitischen Relevanz von geistigen Eigentumsrechten[2] hat dieser Themenkomplex im Rahmen der Uruguay-Runde erstmalig Eingang in multilaterale Handelsverhandlungen gefunden.

Die **Verhandlungen** gestalteten sich **anfänglich** äusserst schwierig, da sie ganz **im Zeichen einer Nord-Süd-Konfrontation** standen: Auf der einen Seite forderten die Industrieländer konkrete GATT-rechtliche Bestimmungen zu Verfügbarkeit, Ausmass und innerstaatlicher Durchsetzung geistiger Eigentumsrechte.[3] Auf der anderen Seite sträubten sich die Entwicklungsländer zunächst gegen eine Einbeziehung des Immaterialgüterrechtsschutzes in das GATT-Regelwerk. Sie fürchteten eine GATT-rechtlich sanktionierte "Wissensblockade"[4] und eine Erschwernis des kostengünstigen Zugangs zu moderner Technologie.[5]

Die z.T. diametral entgegengesetzten Verhandlungspositionen weichten

---

[1] Die am härtesten betroffenen Produzenten stammten aus den Branchen Computer/Software, Elektrotechnik und Chemie/Pharma (vgl. zu einer Einschätzung der USITC-Studie sowie zu weiteren Schadenserhebungen Abbott (1988), S. 699ff.).

[2] Die Erklärung von Punta del Este, die im September 1986 das Verhandlungsmandat der Uruguay-Runde definierte, spricht von der Zielsetzung, "(...) to reduce the distortions and impediments to international trade (...)" und der Notwendigkeit "(...) to promote effective and adequate protection of intellectual property rights (...)" (zitiert nach Beath (1990), S. 411).

[3] Vgl. Maskus (1990a), S. 166ff.

[4] Langhammer (1991), S. 10.

[5] Vgl. Cottier (1992), S. 89f.

sich jedoch ab Ende der 1980er Jahre zusehends auf. **In den Entwicklungsländern** vollzog sich ein **Meinungswandel**, der die Verhandlungen
erleichterte und vor allem auf drei Faktoren zurückzuführen war:

- ein wachsendes Bewusstsein um die Vorteile des multilateralen
  Streitschlichtungsmechanismus,[1]

- die wirtschaftlichen Erfolge von Ländern wie Malaysia und Mexiko,
  die autonom vergleichsweise hohe Schutzstandards etabliert
  hatten und

- die (ordnungs-) politische Umwälzung in Mittel- und Osteuropa.[2]

2.6.2   Das TRIPs-Abkommen

Das Abkommen über handelsrelevante Aspekte geistiger Eigentumsrechte[3] ist in sieben Teile untergliedert, die Abbildung 2.38 im Überblick
darstellt.

---

[1]   Die Entwicklungsländer gehen - zurecht - davon aus, dass der GATT-Streitschlichtungsmechanismus ihnen einen gewissen Schutz vor einseitigen Massnahmen mächtiger Handelsnationen gewährt. Diese Erwartung ist vornehmlich
vor dem Hintergrund der verschärften US-Handelsgesetzgebung zu sehen, die
einseitige Massnahmen gegen solche Länder vorsieht, die US-amerikanisches
geistiges Eigentum nicht ausreichend schützen. Beispiel: Im Jahre 1988
reagierten die USA auf die ungestrafte Nachahmung von Pharmazeutika in
Brasilien mit der Rücknahme von Zollkonzessionen im Güterhandel (vgl. Abbott
(1989), S. 707ff.).

[2]   Vgl. Cottier (1991), S. 390.

[3]   Vgl. GATT (1993), MTN/FA II-A1C (Agreement on Trade-Related Aspects of
Intellectual Property Rights [TRIPs], including Trade in Counterfeit Goods).

Abbildung 2.38: Die Hauptelemente des TRIPs-Abkommens

• **Teil I** (allg. Bestimmungen und Grundprinzipien)
  - Inländerbehandlung (Artikel 3)
  - Meistbegünstigung (Artikel 4)

• **Teil II** (Schutzbestimmungen für geistige Eigentumsrechte)
  - Computerprogramme (Artikel 10)
  - Leistungsschutzrechte für ausübende Künstler, Tonträger-
    produzenten und Rundfunkanstalten (Artikel 14)
  - Handelsmarken (Artikel 15-21)
  - Geographische Herkunftsangaben (Artikel 22-24)
  - Muster und Modelle (Artikel 25-26)
  - Patente (Artikel 27-34)
  - Halbleitertopographien (Artikel 35-38)
  - Betriebs- und Geschäftsgeheimnisse (Artikel 39)

• **Teil III** (innerstaatliche Durchsetzung)
  - zivil- und verwaltungsrechtliche Verfahren (Artikel 42-49)
  - vorläufiger Rechtsschutz (Artikel 50)
  - Massnahmen an der Zollgrenze (Artikel 51-60)
  - strafrechtliche Massnahmen (Artikel 61)

• **Teil IV** (Erlangung und Bewahrung geistiger Eigentumsrechte)
• **Teil V** (Streitvermeidung und -beilegung)
• **Teil VI** (Übergangsbestimmungen)
• **Teil VII** (institutionelle Bestimmungen)

Teil I: Allgemeine Bestimmungen und Grundprinzipien

Artikel 1: Umfang der Verpflichtungen

Die WTO-Mitglieder sind verpflichtet, die Abkommensbestimmungen in das jeweilige nationale Recht umzusetzen.

Artikel 2: Bestehende internationale Konventionen

Das TRIPs-Abkommen ändert nichts am Weiterbestehen der von der *World Intellectual Property Organization* (WIPO) verwalteten Konventionen von Paris (gewerblicher Rechtsschutz), Bern (Urheberrechte), Rom (Nachbarrechte)[1] und Washington (integrierte Schaltungen) und der dort niedergelegten Verpflichtungen.[2]

Artikel 3: Inländerbehandlung

Hinsichtlich des Schutzes ihrer geistigen Eigentumsrechte dürfen ausländische Rechtsinhaber gegenüber Inländern nicht benachteiligt werden.

---

[1] Unter Nachbarrechten im Sinne der Römer Konvention sind die Rechte ausübender Künstler sowie von Tonträgerproduzenten und Sendeanstalten zu verstehen (vgl. Christians (1990), S. 100f.).

[2] Diese in Genf ansässige Organisation wurde im Jahre 1967 gegründet. Sie ist vorrangig mit der Verwaltung und Fortentwicklung der genannten Konventionen betraut (vgl. Fikentscher (1983), Band 1, S. 280). Die WIPO-Konventionen jedoch sind durch eine Reihe schwerwiegender Schwächen gekennzeichnet. So fehlt es den Konventionen an einer universellen oder zumindest mit dem GATT vergleichbaren Mitgliedschaft und an wirksamen Streitschlichtungs- und Durchsetzungsmechanismen. Auch das Meistbegünstigungsprinzip hat keinen Eingang in die WIPO-Konventionen gefunden (vgl. Hauser/Schanz (1993b), S. 91ff., sowie Hoekman (1993b), S. 1531).

Artikel 4: Meistbegünstigung

Alle Vorteile und Vergünstigungen, die einem WTO-Mitglied gewährt werden, müssen unverzüglich und bedingungslos auch allen anderen Mitgliedern eingeräumt werden. Mögliche Ausnahmen (z.B. aufgrund bereits bestehender internationaler Vereinbarungen) werden erschöpfend aufgezählt.

Teil II: Vorschriften über die Verfügbarkeit, das Ausmass und die Nutzung geistiger Eigentumsrechte

Sektion 1: Urheber- und verwandte Rechte

Artikel 10: Computer-Programme

Computer-Programme werden als urheberrechtlich schutzwürdig im Sinne der Berner Konvention anerkannt.

Artikel 11: Vermietungsrechte

Die Schöpfer von Computer-Programmen und Filmwerken geniessen die ausschliesslichen Vermietungsrechte.

Artikel 12: Schutzdauer

Die urheberrechtliche Mindestschutzdauer beträgt 50 Jahre.

Artikel 14: Leistungsschutzrechte

Auch ausübende Künstler, Tonträgerproduzenten und Rundfunkanstalten geniessen urheberrechtlichen Schutz.

Sektion 2: Handelsmarken

Artikel 15: Schutzgegenstand

Allen Zeichen (-kombinationen), die die Unterscheidung von Gütern und

Dienstleistungen verschiedener Anbieter ermöglichen, soll die Möglichkeit der Registrierung als Handelsmarke offenstehen.

Die Registrierbarkeit kann vom tatsächlichen Gebrauch der Marke auf dem jeweiligen Markt abhängig gemacht werden.

Artikel 18:   Schutzdauer

Mit der erstmaligen und jeder erneuerten Registrierung soll eine Schutzdauer von mindestens sieben Jahren verbunden sein. Die Registrierung soll unendlich oft erneuerbar sein.

Artikel 19:   Gebrauch der Marke

Ist die Aufrechterhaltung der Registrierung an den tatsächlichen Gebrauch der Marke geknüpft, so darf die Registrierung erst nach mindestens dreijährigem ununterbrochenen Nicht-Gebrauch erlöschen.

Sektion 3:   Geographische Herkunftsangaben
Artikel 22:   Schutzbestimmungen

Geographische Herkunftsangaben werden definiert als Bezeichnungen, die Aufschluss über die Herkunft eines Gutes aus einer mit einer bestimmten Qualität oder Reputation des Produktes in Verbindung gebrachten Region geben.

Die WTO-Mitglieder sind verpflichtet, rechtliche Vorkehrungen und Sanktionen gegen die irreführende Verwendung von geographischen Herkunftsangaben zu schaffen.

Sektion 4:   Muster und Modelle (industrial designs)
Artikel 25:   Kriterien der Schutzwürdigkeit

Muster und Modelle, "which are new and original"[1], sind zu schützen.

---

[1]   Um dem besonderen Schutzbedürfnis der Textil- und Bekleidungsbranche zu entsprechen, sollen die Verfahren zur Erlangung immaterialgüterrechtlichen

Artikel 26: **Schutzdauer**

Die Mindestschutzdauer für Muster und Modelle beträgt zehn Jahre.

Sektion 5: *Patente*

Artikel 27: **Schutzgegenstand**

Die WTO-Mitglieder verpflichten sich, patentrechtlichen Schutz für innovative Produkte und Verfahren, sofern sie industriell anwendbar sind, grundsätzlich erhältlich zu machen. Hierbei soll die **Möglichkeit zur Patentierung in jedem WTO-Staat** unabhängig vom Ort der Erfindung sowohl für importierte als auch für lokal produzierte Güter gegeben sein. **Ausnahmen vom Patentschutz** sind zulässig

• aus gesundheits- und umweltpolitischen Gründen sowie

• bei Pflanzen und Tieren.[1]

Artikel 31: **Zwangslizenzen**[2]

Die staatlichen Organe verpflichten sich u.a., jeden Einzelfall sorgfältig zu prüfen, sich zunächst um eine freiwillige Lizenz zu bemühen, Zwangslizenzen primär für die Versorgung des heimischen Marktes zu nutzen, dem Patentinhaber eine **Entschädigung** zu gewähren und eine **gerichtliche Kontrolle** von Zwangslizenzierungen zu ermöglichen.

Artikel 33: **Schutzdauer**

Der Patentschutz soll für mindestens 20 Jahre ab Einreichung des Patentantrages gewährt werden.

Schutzes möglichst einfach, zügig und kostengünstig ausgestaltet werden.

[1] Die Schutzwürdigkeit von Mikroorganismen und Pflanzensorten wird jedoch anerkannt.

[2] Hierbei handelt es sich um die Verwertung eines Patents *ohne* Ermächtigung durch den Patentinhaber.

Artikel 34:   Beweislast bei Verfahrenspatenten

Bei Rechtsstreitigkeiten im Zusammenhang mit Verfahrenspatenten kann die zuständige Behörde dem *Beklagten* die Beweislast auferlegen.

Sektion 6:   Topographien integrierter Schaltungen

Artikel 38:   Schutzdauer

Die Mindestschutzdauer beträgt zehn Jahre ab 'Einreichung des Antrags auf Registrierung oder der erstmaligen kommerziellen Nutzung (unabhängig vom Ort der erstmaligen kommerziellen Nutzung).

Sektion 7:   Betriebs- und Geschäftsgeheimnisse

Artikel 39

Natürliche und juristische Personen haben die Möglichkeit, gegen die unautorisierte Weitergabe von betriebs- und geschäftsspezifischen Informationen vorzugehen, vorausgesetzt, die betreffenden Informationen sind geheim und von kommerziellem Nutzen. Die WTO-Mitglieder haben die hierzu erforderlichen rechtlichen Möglichkeiten bereitzustellen.

Teil III: Durchsetzung geistiger Eigentumsrechte

Sektion 1: Allgemeine Verpflichtungen

Artikel 41

Die WTO-Mitglieder sind zur Schaffung von Mechanismen, die ein wirksames Vorgehen gegen Verletzungen geistiger Eigentumsrechte ermöglichen, verpflichtet.

Die zu gewährleistenden rechtlichen Verfahrensmöglichkeiten dürfen nicht unnötig kompliziert, zeitraubend und kostspielig ausgestaltet werden.

Sektion 2: Zivil- und Verwaltungsverfahren

Artikel 42-49

Inhaber geistiger Eigentumsrechte haben Anspruch auf faire und gerechte zivilrechtliche Dispositive zur Durchsetzung ihrer Rechte.

Zur Abwehr von Schutzrechtsverletzungen sind die Gerichte u.a. ermächtigt, Unterlassungsverfügungen auszusprechen, geschädigten Rechtsinhabern Schadenersatz zuzuerkennen und die Vernichtung nachgeahmter Ware anzuordnen.

Sektion 3: Vorläufiger Rechtsschutz

Artikel 50

Die Gerichte können vorläufige Massnahmen (z.B. zur Verhinderung des Eintritts gefälschter Ware in die Distributionskanäle) ergreifen, wenn Verzögerungen die Gefahr einer irreparablen Schädigung des Rechtsinhabers heraufbeschwören.

Der Kläger muss jedoch damit rechnen, dem Beklagten Schadenersatz leisten zu müssen, falls sich die erhobenen Vorwürfe als ungerechtfertigt erweisen.

Sektion 4: Grenzmassnahmen

Der Rechtsinhaber hat die Möglichkeit, bei den Zollbehörden die Unterbindung der Einfuhr gefälschter Ware zu beantragen.

Sektion 5: Strafrechtliche Massnahmen

Das TRIPs-Abkommen enthält grundsätzliche Vorgaben für die Sanktionierung vorsätzlicher Schutzrechtsverletzungen.

Teil IV: Erlangung und Bewahrung geistiger Schutz-
rechte

Artikel 62

Die nationale Regelungskompetenz auf dem Gebiet der Erlangung und Aufrechterhaltung wird grundsätzlich anerkannt. Die nationalen Verfahren der Schutzrechtsgewährung sind jedoch rasch und ohne unnötige Verzögerungen abzuwickeln. Letztinstanzliche verwaltungsrechtliche Verfügungen müssen einer richterlichen Beurteilung unterzogen werden können.

Teil V: Streitbeilegung

Artikel 64

Das reformierte multilaterale Streitschlichtungsverfahren ist uneingeschränkt auf Fragen des geistigen Eigentums anwendbar.

Teil VI: Übergangsbestimmungen

Die allgemeinen Abkommensbestimmungen (v.a. Meistbegünstigung und Inländerbehandlung) erlangen sofort mit dem Inkrafttreten des WTO-Abkommens Gültigkeit. Für die übrigen Abkommensinhalte gilt eine einjährige Übergangsfrist, die für Entwicklungsländer und osteuropäische Reformstaaten[1] um weitere vier Jahre verlängert werden kann. Entwick-

---

[1]   Diese Bestimmung trägt der Tatsache Rechnung, das viele ehemalige COME-CON-Staaten im Hinblick auf die vorhandene immaterialgüterrechtliche Ge-

lungsländer, die erstmals Patentschutzbestimmungen einführen, haben
bei der Umsetzung der Bestimmungen von Teil II, Sektion 5, Anspruch
auf eine Übergangszeit von zehn Jahren. Für die am wenigsten entwik-
kelten Länder gilt für alle Abkommensbestimmungen eine zehnjährige
Implementationsfrist.

Teil VII: Institutionelle Bestimmungen

Artikel 68:   TRIPs-Rat

Ein unter dem Dach der WTO zu gründender TRIPs-Rat ist mit der
Überwachung der Einhaltung der Abkommensbestimmungen betraut.
Darüber hinaus dient er den WTO-Mitgliedern als Forum für TRIPs-
relevante Konsultationen.

2.6.3   Schlussfolgerungen

Das TRIPs-Abkommen trägt der Tatsache Rechnung, dass der Güterhandel in zunehmendem Masse immaterielle Komponenten enthält und
einen begleitenden Wissenstransfer (z.B. im Anlagenbau) erfordert.[1] Der
**Zusammenhang zwischen geistigem Eigentumsschutz und unge-
hindertem Güterhandel** wird somit immer enger. Vor diesem Hintergrund besteht die begründete Hoffnung, dass das TRIPs-Abkommen die
weitere Globalisierung der Weltwirtschaft erleichtern wird.

Ebenso wie die Vereinbarung über handelsrelevante Investitionsmass-

---

setzgebung als Entwicklungsländer einzustufen sind.

[1] Vgl. u.a. Cottier (1992), S. 88ff.

nahmen und die Liberalisierung des Dienstleistungshandels verdeutlicht der Abschluss des TRIPs-Abkommens, dass bei der Errichtung einer den Anforderungen zunehmender weltwirtschaftlicher Interdependenz genügenden Welthandelsordnung binnen- und aussenwirtschaftliche Faktoren untrennbar miteinander verflochten sind.[1]

Das vorliegende Abkommen lässt sich einerseits aus wohlfahrtsökonomischer Perspektive und andererseits aus der Sicht technologieintensiver Exportunternehmen analysieren.

A.   Die wohlfahrtsökonomische Sicht

Ausgangspunkt der klassischen wohlfahrtsökonomischen Analyse ist der **Öffentliche-Gut-Charakter von Wissen** und Informationen: Zahlungsunwillige können vom Konsum nicht ausgeschlossen werden. Es resultiert ein **Marktversagen**, das sich in einer zu geringen Produktion von Wissensgütern niederschlägt.[2]

Nach üblicher Lesart gehen von gesetzgeberisch geschaffenen Schutzrechten (z.B. in Form von **Patenten**) zwei Wirkungen aus: Zum einen ein **statischer Effekt**, nämlich die Begründung von (befristeten) Monopolrenten für die Schutzrechtsinhaber, zum anderen ein **dynamischer Effekt** in Form verstärkter Anreize zu Forschungs- und Entwicklungsaktivitäten und des damit verbundenen Zuwachses an Konsumentenrente.[3]

Auf dieser Grundlage soll das TRIPs-Abkommen im folgenden unter drei Gesichtspunkten kurz beleuchtet werden:

---

[1] Vgl. Feketekuty (1992).

[2] Vgl. Subramaniam (1990), S. 513.

[3] Vgl. Beath (1990), S. 412ff.

● Wirkungen auf die weltweiten Forschungs- und Entwicklungsaktivitäten,

● Wirkungen auf die nationale und globale Wohlfahrt und

● Wirkungen auf den grenzüberschreitenden Technologietransfer.

ad 1)

Der **dynamische Effekt** ist in der wirtschaftstheoretischen Literatur heftig umstritten. So gibt es namhafte Autoren, die modelltheoretisch zeigen, dass von uneingeschränktem Wettbewerb ein stärkerer Anreiz zu Invention und Innovation ausgeht als von immaterialgüterrechtlich geschaffenen Monopolrechten zugunsten von Erfindern und Neuerern.[1] Die intuitiv naheliegende Vermutung, dass TRIPs-Abkommen werde die globale Forschungs- und Entwicklungsaktivität beflügeln, lässt sich somit wissenschaftlich nicht eindeutig rechtfertigen.[2]

ad2)

Es lässt sich zeigen, dass bei einer Übernahme der strengen immaterialgüterrechtlichen Standards der Industrieländer durch die Entwicklungsländer globale *Wohlfahrtsverluste* nicht auszuschliessen sind. Hierzu werden folgende Annahmen getroffen:[3]

● Die Entwicklungsländer können in ihrer Gesamtheit als "kleines Land" im Sinne der Aussenhandelstheorie betrachtet werden, d.h. ihr Anteil am weltweiten Handel mit forschungsintensiven Gütern ist vernachlässigenswert gering.

● Den Konsumenten in den Entwicklungsländern entstehen durch die Einführung immaterialgüterrechtlicher Schutzbestimmungen Mehr-

---

[1] Vgl. u.a. Kamien/Schwartz (1982).

[2] Vgl. hierzu vertiefend Subramaniam (1990), S. 514f.

[3] Vgl. Subramaniam (1990), S. 514ff.

kosten, z.B. dadurch, dass im Inland produzierte Nachahmungen durch teurere Importe ersetzt werden müssen.

Die Annahme des kleinen Landes führt dazu, dass keine dynamischen Gewinne in Form global höherer Forschungs- und Entwicklungsleistungen auftreten. Anders formuliert: Nachahmungen und Fälschungen im "kleinen" Land haben keinen Einfluss auf das optimale Forschungs- und Entwicklungsniveau in den Technologiezentren der Industrieländer. Auf der anderen Seite jedoch erleiden die Konsumenten in den Entwicklungsländern Einbussen aufgrund steigender Konsumentenpreise. Somit sinkt die globale Wohlfahrt.[1] Die diesem Ergebnis zugrundeliegenden Annahmen erscheinen jedoch fragwürdig: Zum einen sind angesichts der beträchtlichen wirtschaftlichen Bedeutung der Schwellenländer, die z.T. schwerwiegende Defizite im geistigen Eigentumsschutz aufweisen[2], Zweifel an der Annahme des kleinen Landes angebracht. Zum anderen gibt es Fälle, in denen lokal und ohne geistigen Eigentumsschutz produzierte Güter *teurer* sind als Importprodukte, die im Herkunftsland immaterialgüterrechtlichen Schutz geniessen.[3]

ad 3)

Im Zusammenhang mit dem **Technologietransfer** hingegen werden die Auswirkungen des TRIPs-Abkommens weniger kontrovers beurteilt. Es herrscht in der Literatur grundsätzlich Einvernehmen darüber, dass ein Mindestmass an geistigem Eigentumsschutz im Empfängerland eine

---

[1] Vgl. Chin/Grossman (1990).

[2] In Indien bspw. besteht kein Patentschutz für pharmazeutische Produkte (vgl. Hoekman 1993b), S. 1531).

[3] So sind z.B. bestimmte, in Argentinien lokal nachgeahmte Pharmazeutika um ca. 20 % teurer als die potentiellen Importsubstitute aus den USA (vgl. Cottier (1992), S. 91).

wichtige Voraussetzung für den Technologietransfer darstellt. Aus Sicht des Technologiegebers erhöhen sich die Anreize zum Technologietransfer, wenn er nicht befürchten muss, dass das transferierte Know how im Empfängerland unautorisiert diffundiert, d.h. Unbefugten zugänglich ist.[1]

B. Die unternehmerische Sicht

Neben den wohlfahrtsökonomischen Konsequenzen sind die Auswirkungen des TRIPs-Abkommens auf die Dispositionen international tätiger Unternehmen, deren Produkte einen hohen Gehalt an geistigem Eigentum aufweisen, von besonderem Interesse.

Die im TRIPs-Abkommen enthaltene **Stärkung des Markenschutzes** wird es reputationsintensiven Exporteuren erleichtern, ihre immateriellen Eigentumsrechte auf den Weltmärkten durchzusetzen und gegen Nachahmer ("Markenpiraten") zu verteidigen.[2] Insbesondere Anbieter aus Hochpreisländern sind auf einen wirksamen Schutz ihrer Reputation angewiesen, da aufgrund ihres begrenzten preispolitischen Spielraums die in der Marke verkörperte **Produktrepuation als nicht-preisbezogener Aktionsparameter des absatzpolitischen Instrumentariums** von grosser Bedeutung ist.[3]

Darüber hinaus verspricht das TRIPs-Abkommen **Erleichterungen im internationalen Lizenzgeschäft**: Mit der **Festigung des internationalen Patentschutzes** wird eine Grundvoraussetzung für grenzüberschreitenden Technologietransfer erfüllt: Der Lizenzgeber kann gegen die missbräuchliche Nutzung von Wissensgütern im Lande des Lizenznehmers

---

[1] Vgl. Subramaniam (1990), S. 515.

[2] Vgl. zur unternehmerischen Bedeutung des Markenschutzes Hennart (1991).

[3] Vgl. Hauser/Schanz (1993b), S. 225.

wirksamere gerichtliche Schritte einleiten. Auf diese Weise ist besser gewährleistet, dass das transferierte Wissen nicht in unbefugte Hände gerät
und so an kommerziellem Wert verliert.[1] Ähnlich beflügelnde Wirkungen
auf den internationalen Technologietransfer gehen von den Bestimmungen des TRIPs-Abkommens zu **Betriebs- und Geschäftsgeheimnissen**[2]
aus: Der Technologiegeber kann künftig im Lande des Technologieemp-
fängers gegen die Weitergabe von "trade secrets" durch (ausländische)
Mitarbeiter und deren unautorisierte kommerzielle Verwertung durch Konkurrenten vorgehen.[3]

---

[1] Vgl. ebd., S. 226.

[2] Hierbei handelt es sich um geheime Informationen technischer oder kaufmän-
nischer Art, für die kein Patentschutz erlangt werden kann (vgl. Christians
(1990), S. 75f).

[3] In diesem Zusammenhang ist von Interesse, dass weltweit nur ca. 20 Länder
Betriebs- und Geschäftsgeheimnisse rechtlich schützen (vgl. Christians (1990),
S. 76). Im Zuge der Umsetzung des TRIPs-Abkommens wird sich diese Zahl
mehr als verfünffachen.

2.7 Das Abkommen über die Welt-handelsorganisation

Ohne klare **Durchsetzungs- und Sanktionsbestimmungen** sind Vor-schriften und Auflagen in der Regel nur von begrenztem Wert. Diese Feststellung gilt in besonderem Masse für völkerrechtliche Abkommen wie das GATT, dessen Bestimmungen vor den Gerichten der meisten Vertragsparteien nicht einklagbar sind. Zudem ist zu beobachten, dass diverse nationale Interessengruppen (z.b. Agrar- und Stahlverbände) starken Druck auf ihre jeweiligen Regierungen ausüben, sich den einge-gangenen völkerrechtlichen Verpflichtungen zu entziehen.[1]

Vor diesem Hintergrund bedarf es eines glaubwürdigen, effizienten und institutionell verfestigten multilateralen Systems sowie eines wirksamen Streitschlichtungsmechanismus. Dass das GATT bisheriger Prägung diesen Anforderungen nur unzureichend gerecht zu werden vermochte, wurde bereits an mehreren Stellen dieses Buches ausgeführt.[2]

In Anbetracht des sich ausdehnenden **"aggressiven Unilateralismus"**[3] und der Neigung, Konflikte bilateral unter Missachtung des GATT-Regel-

---

[1] Vgl. Hudec (1990), S. 186f.

[2] Vgl. u.a. Abschnitt 1.3.

[3] Dieser Begriff geht auf Bhagwati/Patrick (1990) zurück und beschreibt die einseitige, auf Drohungen und Druckausübung beruhende Durchsetzung han-delspolitischer Interessen (insbesondere durch die USA).

werks beizulegen[1], kommt den institutionellen und prozeduralen Reformen der Uruguay-Runde, d.h. vor allem der **Stärkung des Streitschlichtungsmechanismus** sowie der **Errichtung einer dauerhaften Welthandelsorganisation**, ein hoher Stellenwert zu.

2.7.1   Die WTO

Die zentrale institutionelle Reform der Uruguay-Runde ist die Gründung der *World Trade Organization* (WTO).[2] Sie soll der bisherigen institutionellen Schwäche des GATT-Systems abhelfen[3] und in den internationalen Handelsbeziehungen eine ähnlich schlagkräftige Rolle spielen wie **IWF** und **Weltbank** in internationalen Finanz-, Zahlungsbilanz- und Entwicklungsfragen.[4]

Unter dem Dach der WTO werden das revidierte **GATT 1994** (Güter- und Agrarhandel), das **GATS** sowie das **TRIPs-Abkommen** zusammengefasst und gemeinsam verwaltet.[5]

---

[1]   In diesem Zusammenhang seien bspw. "freiwillige" Exportbeschränkungsabkommen in Erinnerung gerufen, die bislang in einer GATT-rechtlichen Grauzone angesiedelt waren (vgl. hierzu Abschnitt 2.3.4).

[2]   Vgl. Jackson (1990a, b), sowie Petersmann (1993a).

[3]   Von besonderer Bedeutung ist in diesem Zusammenhang, dass die WTO ein permanentes Statut erhält und somit den provisorischen Charakter des GATT überwindet (vgl. Girard (1994), S. 12, sowie Abschnitt 1.1.).

[4]   Vgl. Sutherland (1994), S. 14ff.

[5]   Vgl. Blankart (1994), S. 20, sowie Abbildung 2.39.

Abbildung 2.39: Die Säulen der WTO

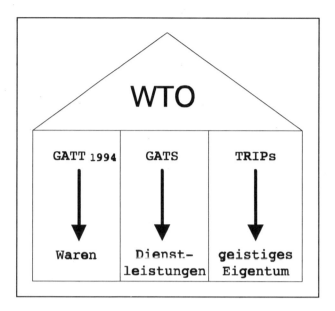

Das *Agreement Establishing the World Trade Organization*[1] ist die vertragliche Grundlage für diese Organisation.

Artikel II: Geltungsbereich

Die WTO bildet den gemeinsamen institutionellen Rahmen aller multilateralen Abkommen der Uruguay-Runde.[2]

Artikel III: Funktionen der WTO

Die WTO fungiert als verwaltendes und ausführendes Organ der bestehenden Verträge und Abkommen sowie als Forum für weitere multilaterale Verhandlungen.

---

[1]   Vgl. GATT (1993), MTN/FA II.

[2]   Eine Sonderrolle spielen die sogenannten "plurilateralen" Abkommen (z.B. zum öffentlichen Beschaffungswesen (vgl. Abschnitt 2.3.14)), die nur für die jeweils teilnehmenden WTO-Mitglieder verbindlich sind.

Darüber hinaus obliegt ihr die Verwaltung des Streitbeilegungsverfahrens und des *Trade Policy Review Mechanism* sowie die Koordination der Zusammenarbeit mit IWF und Weltbank.

Artikel IV: Struktur der WTO[1]

Die Aufgaben der WTO werden von der **Ministerkonferenz** wahrgenommen, die mindestens alle zwei Jahre zusammenkommt. In der Zwischenzeit verwaltet ein **Allgemeiner Rat** ihre Aufgaben. Beide Organe setzen sich aus Vertretern aller Mitgliedsländer zusammen.

Unter der Leitung des Allgemeinen Rates stehen drei Organe, die die Umsetzung der drei zentralen, in Abbildung 2.39 dargestellten Verträge überwachen: Der **Rat für Warenhandel** (Council for Trade in Goods), der **Rat für Dienstleistungshandel** (Council for Trade in Services) und der **Rat für handelsbezogene Immaterialgüterrechte** (Council for TRIPs). Die Ministerkonferenz richtet drei Komitees ein, deren Funktionen sich aus dem WTO-Vertrag und den multilateralen Handelsverträgen ergeben: Das Komitee für Handel und Entwicklung, das Komitee für Zahlungsbilanzbeschränkungen und das Komitee für Budget, Finanzen und Verwaltung.

Artikel VI: Das WTO-Sekretariat

Das bisherige GATT-Sekretariat geht im Sekretariat der WTO auf. Der Generaldirektor wird von der Ministerkonferenz ernannt und ernennt seinerseits die Sekretariatsmitglieder; ihr Status ist der von internationalen Beamten ohne Regierungszugehörigkeit.

---

[1] Vgl. Abbildung 2.40.

Abbildung 2.40: Struktur der WTO

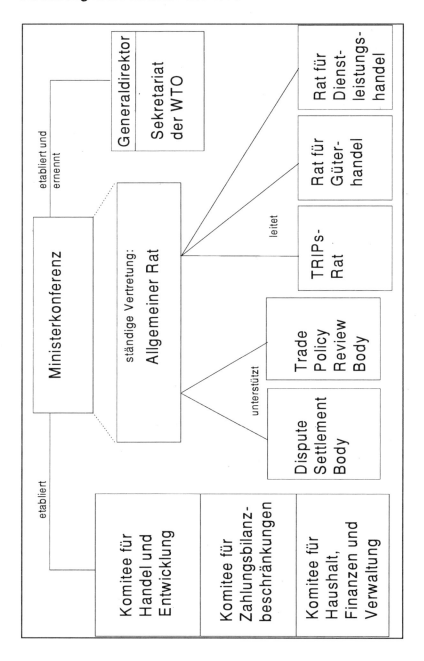

Artikel IX: Entscheidungsprozess

Entscheidungen der WTO *sollten* in Anknüpfung an die bisherige GATT-Praxis einstimmig gefällt werden. Kommt jedoch kein Konsensus zustande, entscheiden die Ministerkonferenz und der Allgemeine Rat mit der **Mehrheit der abgegebenen Stimmen**.

Mit der Gründung der WTO gehen **zwei organisatorische Neuerungen** einher: Die Institutionalisierung der Streitbeilegung in Form eines zentralen Gremiums (***Dispute Settlement Body***) [DSB])[1] und die Schaffung des ***Trade Policy Review Mechanism*** (TPRM) zum Zwecke grösserer Kohärenz und Transparenz der jeweiligen nationalen (Aussen-) Wirtschaftspolitiken.

Der TPRM[2] stellt den Versuch dar, die Handelspolitiken der Mitglieder transparenter zu machen und einer Kontrolle durch die internationale Gemeinschaft zu unterstellen.[3] Auf diese Weise soll eine bessere Einhaltung der vertraglichen Verpflichtungen der WTO-Mitglieder gewährleistet werden. Diese Hoffnung scheint angesichts der zunehmenden multilateralen Sensibiltät für handelspolitische "Sünden" nicht unbegründet.[4]

Im Rahmen des TPRM soll jede Vertragspartei in regelmässigen Abständen einen Bericht über ihre Handelspolitik anfertigen und dem *Trade Policy Review Body* (TPRB) vorlegen. Das WTO-Sekretariat fertigt

---

[1] Vgl. Abschnitt 2.7.2.

[2] Die vertragliche Grundlage bildet der Annex III zum WTO-Vertrag (vgl. GATT (1993), MTN/FA II-A3 (Trade Policy Review Mechanism)).

[3] Vgl. Jäger (1992), S. 205ff., sowie Qureshi (1992).

[4] Vgl. Qureshi (1990), S. 147ff., sowie Hauser/Schanz (1993b), S. 110.

parallel einen eigenen Bericht an; beide Versionen werden von allen WTO-Mitgliedern diskutiert und kommentiert, um anschliessend veröffentlicht zu werden.

Die Häufigkeit der Überprüfung richtet sich nach der handelspolitischen Bedeutung der Mitglieder, gemessen in aktuellen Welthandelsanteilen. Die vier bedeutendsten Handelsnationen bzw. -blöcke (USA, EU, Japan und Kanada) sollen sich alle zwei Jahre einer Überprüfung unterziehen, die nächsten 16 alle vier und die verbleibenden WTO-Mitglieder alle sechs Jahre.

Dieser Mechanismus wurde 1988 im Rahmen der Uruguay-Runde beschlossen und bereits im April 1989 eingeführt. Noch im gleichen Jahr haben sich die ersten drei (Australien, Marokko und die USA) sowie nachfolgend eine wachsende Zahl von Ländern einer Überprüfung unterzogen.[1]

---

[1] Vgl. Jäger (1992), S. 206.

2.7.2   Der Streitbeilegungsmechanismus

2.7.2.1   Hintergrund

Das Streitbeilegungsverfahren kommt zur Anwendung, wenn ein Mitglied ein anderes der Abweichung von einem der multilateralen Verträge beschuldigt.[1]

Eine Vertragspartei "weicht ab", wenn sie ihren vertraglich fixierten Verpflichtungen nicht nachkommt oder Massnahmen ergreift, die den Nutzen schmälern oder zunichte machen, der einer anderen Partei aus dem Vertrag entstehen sollte.[2]

Der Streitbeilegungsmechanismus beruht auf den **Artt. XXII ("Konsultationen") und XXIII GATT-Vertrag ("Zunichtemachung oder Schmälerung von Vertragsnutzen").** Diese Artikel stellen lediglich allgemeine Rechtsgrundlagen dar. Das Verfahren wurde in laufender Anwendungspraxis ausgeformt und erst zum Abschluss der Tokio-Runde 1979 in dem "Understanding Regarding Notification, Consultation, Dispute Settlement and Surveillance" kodifiziert.[3]

---

[1] Vgl. Abschnitt 1.2.

[2] Vgl. Artikel XXIII.1(a) und (b) GATT-Vertrag.

[3] Vgl. Bast/Schmidt (1991), sowie zum Unterschied zwischen "Agreements" und "Understandings" Jackson (1989), S.55 ff.: "Understandings" formulieren entweder allgemeine Ziele und Verpflichtungen oder kodifizieren bereits herrschende Praxis; die Waren- und anderen sektoralen Verträge, die in der Regel zur Auslegung bestimmter Artikel des GATT-Vertrages dienen, werden sämtlich als "Agreements" bezeichnet.

Die **Kodizes der Tokio-Runde** haben jeweils eigene, z.T. voneinander abweichende Vorschriften über die Streitbeilegung. Diese **Zersplitterung des Streitbeilegungsverfahrens** ist vielfach kritisiert worden.[1]

2.7.2.2   Das Abkommen über die Streitbeilegung

Paragraph 1:   Anwendungsbereich

Das Abkommen erstreckt sich auf das GATT 1994, das GATS, das TRIPs-Abkommen, die plurilateralen Abkommen der Uruguay-Runde und den WTO-Vertrag. Es ergänzt und präzisiert die Streitbeilegungsvorschriften, die in den einzelnen Verträgen enthalten sind.

Paragraph 2:   Aufgaben des DSB

Der DSB verwaltet die Streitbeilegungsverfahren, beruft Panels[2] ein, nimmt deren Berichte an und überwacht die Implementierung der Panel-Berichte.

Paragraph 4:   Konsultationen

Bilaterale Konsultationen der Streitparteien sollen immer der erste Schritt eines Streitbeilegungsverfahrens[3] sein. 30 Tage nach Erhalt eines Konsultationsbegehrens muss das WTO-Mitglied in bilaterale Konsultationen

---

[1]   Vgl. z.B. Jackson (1989), S.55. Eine der wichtigsten institutionellen Reformen der Uruguay-Runde besteht in der Vereinheitlichung des Streitschlichtungsverfahrens: Die Zuständigkeit für alle Streitfälle liegt künftig zentral beim *Dispute Settlement Body* [DSB](vgl. weiter unten).

[2]   Vgl. zu Aufgaben und Zusammensetzung der Panels die unten vorgestellten Paragraphen 7 und 8.

[3]   Vgl. zu den einzelnen Etappen des Streitschlichtungsverfahrens Abbildung 2.41.

eintreten. Führen diese nach weiteren 30 Tagen zu keiner Verständigung, kann die klagende Partei beim DSB die Einberufung eines Panels zur Untersuchung des Falles beantragen.

Paragraphen 6-16:   Das Panel-Verfahren

Ein Panel ist auf Antrag der klagenden Partei einzuberufen, sofern der DSB den Antrag nicht einstimmig ablehnt.

Das Panel ist aufgefordert, den Streitfall auf der Grundlage der relevanten Vertragstexte so zu erwägen, dass der DSB auf der Grundlage des Panelberichts geeignete Empfehlungen an die Adresse der Konfliktparteien aussprechen kann.

Die Zusammensetzung der Panels ist wie folgt geregelt: Es handelt sich in der Regel um drei ausgewiesene Experten mit oder ohne Regierungsmandat, wobei keines der Panel-Mitglieder Staatsangehöriger einer der Streitparteien sein darf. Das WTO-Sekretariat führt eine Liste geeigneter Personen und schlägt daraus Kandidaten vor. Können sich die Streitparteien über die Panel-Zusammensetzung nicht einigen, kann der WTO-Generaldirektor entscheiden.

Die Höchstdauer zwischen der Einberufung des Panels bis zur Vorlage des Abschlussberichts beträgt sechs, in begründeten Ausnahmen bis zu neun Monate.

Der Abschlussbericht ist angenommen, sofern der DSB - spätestens 60 Tage nach Vorlage durch das Panel - ihn nicht einstimmig ablehnt oder eine der Parteien Berufung einlegt.

**Abbildung 2.41: Ablauf des multilateralen Streitschlichtungs-
verfahrens**

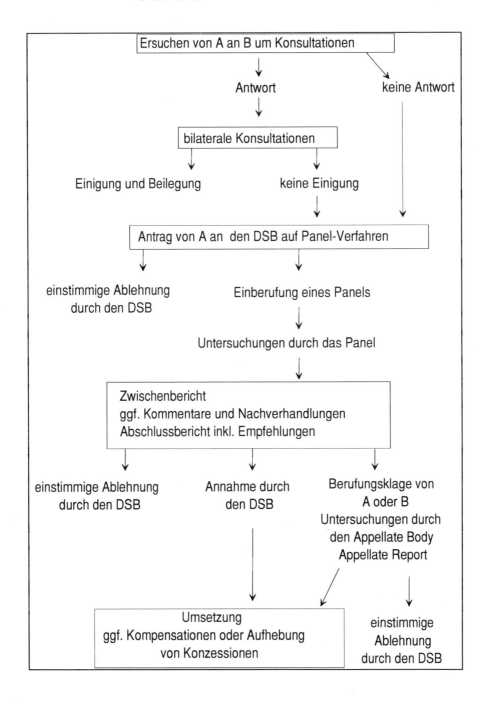

Paragraph 17:   Unabhängige Berufungsinstanz

Legt eine Partei Berufung ein, gelangt der Fall vor den Berufungs-ausschuss *(Standing Appellate Body)*. Dieses Gremium ist neu im Rah-men der Uruguay-Runde geschaffen worden. Es besteht aus sieben Mitgliedern, die dem Rotationsverfahren unterliegen, für jeweils vier Jahre gewählt werden, keine Regierungsvertreter sein dürfen sowie ausge-wiesene Fachleute in internationalem Recht, Handel und den Themen-bereichen der streitfallrelevanten Verträge sein müssen. Gegenstand von Berufungsklagen können rechtliche Aspekte der Panel-Berichte sein. Der Berufungsausschuss soll sein Urteil binnen 60 Tagen, in begründeten Ausnahmen in bis zu 90 Tagen fällen.

Der Bericht des Berufungsausschusses *(Appellate Report)* ist vom DSB anzunehmen oder einstimmig abzulehnen und von den Streitparteien als endgültig und verbindlich anzuerkennen.

Paragraph 20:   Zeitrahmen für DSB-Entscheidungen

Von der Paneleinberufung bis zur Entscheidung des DSB über Annahme oder Ablehnung des Berichtes sollen keinesfalls mehr als neun Monate bzw. inklusive Berufungsverfahren keinesfalls mehr als 12 Monate vergehen.

Paragraph 21:   Umsetzung der Empfehlungen

Die Umsetzung der Panel-Empfehlungen soll möglichst sofort erfolgen, andernfalls innerhalb eines "angemessenen Zeitraumes", der in beidersei-tigem Einvernehmen oder nötigenfalls durch ein Schiedsgericht festzu-setzen ist, wobei die maximale Richtzeit 15 Monate beträgt.

Der DSB überwacht die Implementation. Die beschuldigte Partei hat regelmässig über die Fortschritte bei der Umsetzung zu berichten.

Paragraph 22: **Kompensation und Aussetzung von Zugeständnissen**

Für den Fall, dass die Partei die Empfehlungen nicht in der vereinbarten Frist umsetzt, können zwischen der geschädigten und der beschuldigten Partei auf freiwilliger Basis Kompensationen ausgehandelt werden. Lehnt die beschuldigte Partei ab oder kommt keine Einigung zustande, kann die geschädigte Partei beim DSB beantragen, GATT-vertragliche Konzessionen gegenüber der beschuldigten Partei aussetzen zu dürfen. Der DSB gibt dem statt oder lehnt einstimmig ab.

Die aufgehobenen Konzessionen sollen im Umfang den zuvor entstandenen Schädigungen durch die andere Partei äquivalent sein und den gleichen Sektor betreffen, in dem die strittige Massnahme der anderen Partei zum Einsatz kommt. Sofern dies nicht praktikabel oder wirksam ist, kann eine Konzession aus einem anderen Vertrag aufgehoben werden, allerdings nur, wenn "die Umstände schwerwiegend genug" sind.

Alle solche Aufhebungen sind vorübergehender Natur und zeitlich befristet bis zur endgültigen Rücknahme der strittigen Massnahme oder anderweitigen Befolgung der Panel-Empfehlungen.

Paragraph 23: **Stärkung des multilateralen Systems**

Jede auftretende Vertragsverletzung ist grundsätzlich unter Rückgriff auf das multilaterale Verfahren anzugreifen. Vergeltungsmassnahmen dürfen ausschliesslich gemäss den Vorschriften der Paragraphen 21 und 22 durchgeführt werden. Unilaterale Massnahmen (z.B. im Zusammenhang mit Abschnitt 301 der US-Handelsgesetzgebung) sind somit im Rahmen der WTO angreifbar.

2.7.2.3   Schlussfolgerungen

Die **Kritik am bisherigen GATT-Streitschlichtungsmechanismus**
betraf meist **zeitliche Verzögerungen** des Verfahrens,[1] die Möglichkeit
einseitiger Vergeltungen ausserhalb des GATT sowie die Unmöglichkeit
für kleine Länder, die vom GATT bereitgestellten Sanktionsinstrumente
effektiv gegen grössere Streitgegner einzusetzen.[2] Im folgenden ist nun
darzustellen, welche Antworten die Uruguay-Runde auf diese drängenden
und für die Glaubwürdigkeit des multilateralen Systems bedeutenden
Fragen gefunden hat.

A.   *Fristen*

Zeitliche Verschleppungen des Verfahrens machen aus Sicht des
"Sünders" eine Abweichung vom Vertrag attraktiver und erhöhen aus
dem Blickwinkel des "Opfers" den Anreiz zu Vergeltungsmassnahmen
ausserhalb des GATT-Systems.

Die Abweichung vom Vertrag wird aus zweierlei Gründen verlockender:
Der Zeitraum, in dem das Mitgliedsland von den Gewinnen aus dem

---

[1] Derartige Verzögerungen oder gar die Blockierung von Verfahren waren dem
Konsensprinzip - unter Einschluss der Streitparteien! - bei der Einsetzung der
Panels, der Annahme ihrer Berichte und der Ermächtigung zu Gegenmass-
nahmen zuzuschreiben (vgl. Hauser/Schanz (1993b), S. 108).

[2] Raghavan (1990), S.219, schildert den Streitfall USA-Nicaragua, in dem die
USA die Umsetzung der Panel-Empfehlungen verweigerten und Nicaragua die
Aussetzung von Vergünstigungen verlangte, was aber *in praxi* für kleine
Vertragsparteien wenig erfolgversprechend ist (vgl. zu den Fall-Fakten
Pescatore/Davey/Lowenfeld (1993), Teil 2, S. 98f.; zu Stärken und Schwächen
des GATT-Streitbeilegungssystems Petersmann (1988b), S.69ff., sowie Jäger
(1992), S.263ff.).

Vertragsbruch profitieren kann, wird länger; zusätzlich nimmt der (abdiskontierte) Gegenwartswert einer Strafe ab, je weiter diese in die Zukunft verschoben wird.[1]

Ein weiteres Argument zugunsten einer Straffung der Verfahrensfristen liefert die zunehmende Neigung insbesondere der grossen Handelsmächte, vermeintlichen GATT-Verletzungen auf unilateraler Basis, d.h. mit einseitigen, nicht vom GATT autorisierten Massnahmen, zu begegnen. Eine **Verschleppung des GATT-Verfahrens** liefert den interessierten Regierungen ein **willkommenes Argument für unilaterale Vergeltungsmassnahmen**, indem das GATT-Verfahren für gescheitert oder nicht funktionsfähig erklärt wird.[2] Die **USA** besitzen für ein derartiges Vorgehen als Ermächtigungsgrundlage den **Abschnitt 301 des Handelsgesetzes**, der der Regierung einseitige Vergeltungen nach gescheiterten Handelsgesprächen innerhalb vorgeschriebener Fristen erlaubt.[3]

Das neue Abkommen zur Streitbeilegung schiebt dieser Neigung zu einseitiger Konfliktlösung einen Riegel vor, indem es explizit den Rückgriff auf unilaterale Verfahren und Massnahmen verbietet.[4] Den

---

[1] Vgl. Kovenock/Thursby (1992), sowie Hungerford (1991) zu der spieltheoretisch fundierten Behauptung, straffere Fristen im Streitbeilegungsverfahren könnten eine disziplinertere Einhaltung der multilateralen Verträge bewirken.

[2] Vgl. Hudec (1990), S. 194.

[3] Vgl. Bayard/Elliott (1992). Brand (1993) beschreibt anhand des transatlantischen Ölsaatenstreits, wie die "drohenden" Fristen des Abschnitts 301 ein von den USA angestrengtes paralleles Verfahren beim GATT vorantrieben, das anderenfalls von der beschuldigten Partei (der EU) hätte verschleppt werden können.

[4] Vgl. Paragraph 23. Unilaterale Handelsrestriktionen z.B. gemäss Abschnitt 301 sind künftig multilateral leichter angreifbar als bisher.

Mitgliedern wird vorgeschrieben, Vertragsverletzungen ausschliesslich im Rahmen der WTO zu behandeln. Die **Vorgabe von Zeitlimits auf verschiedenen Stufen des Verfahrens** ist, wie oben ausgeführt, eine wichtige Voraussetzung dafür, dass sich für die Mitglieder ein Festhalten an den eingegangenen multilateralen Verpflichtungen lohnt.

B.   *Abstimmungsmodus und Berufungsinstanz*

Neben den vielfältigen Verschleppungsmöglichkeiten verhinderte das **Erfordernis der Einstimmigkeit** bei der Entscheidungsfindung im GATT-Rat ein effizientes Funktionieren des multilateralen Streitschlichtungsverfahrens. Damit konnte die beschuldigte Partei ein Streitbeilegungsverfahren gezielt blockieren, sei es bei der Entscheidung über die Etablierung eines Panels, der Wahl der Panelmitglieder oder der Annahme des Panelberichtes.[1] In den Verhandlungen der Uruguay-Runde war der Abstimmungsmodus denn auch ein zentraler Diskussionspunkt. Die von den USA propagierte Lösung "Konsens minus zwei", d.h. eine Beibehaltung des Konsensprinzips unter Ausklammerung der beiden Streitparteien, setzte sich nicht durch. Gegen sie spricht, dass insbesondere grössere Mitgliedsländer kaum Probleme hätten, taktische Verbündete zu gewinnen und somit die Entscheidungsfindung wiederum zu blockieren.[2]

Das **neue Streitbeilegungsverfahren** sieht eine Regelung vor, die als **"umgekehrter Konsens"**[3] bezeichnet worden ist. Danach werden Panels auf Antrag etabliert, Panelberichte angenommen und gegebenenfalls

---

[1]   Vgl. Jäger (1992), S. 79f., sowie Brand (1993), S. 135.

[2]   Vgl. Hudec (1990), S. 185, 191.

[3]   Pescatore (1993), S. 18

Vergeltungsmassnahmen[1] autorisiert, sofern sich das Streitschlichtungs-organ (DSB) nicht einstimmig *dagegen* ausspricht. Es ist dieser **Automatismus der Zustimmung in wichtigen Entscheidungen**, der dem Streitbeilegungsverfahren viel von seinem ursprünglich eher diplomatischen Charakter nimmt und es hin zu einem gerichtsmässigen Prozess führt.[2] Den Panels kommt fortan eine zentrale Rolle im Verfahren zu. Die **automatische Annahme der Panel-Berichte** wird in ihrer Stringenz für die beschuldigte Partei durch die Einführung eines Berufungsverfahrens gemildert.[3]

C.   Die Verteidigung des multilateralen Systems

Die US-Handelspolitik auf Basis des Abschnitts 301 ist als "aggressiver Unilateralismus" gebrandmarkt worden.[4] Abschnitt 301 erlaubt es der US-Regierung, gegenüber Handelspartnern, die "unfaire Handelspraktiken" angewandt haben sollen, Sanktionen anzudrohen und anzuwenden.[5]

Zur Rechtfertigung dieses Instruments erklärten die USA das GATT als System zur Liberalisierung des Welthandels für gescheitert und argumen-tierten im weiteren Verlauf, dass die Anwendung des Abschnitts 301 tat-

---

[1] In der bisherigen GATT-Geschichte gibt es erst einen Präzedenzfall der multilateralen Ermächtigung zu Gegenmassnahmen: Holland durfte in den 1950er Jahren als Antwort auf US-amerikanische Einfuhrbeschränkungen für Molkereierzeugnisse Mengenrestriktionen auf Weizenmehl aus den USA verhängen (vgl. Brand (1993), S. 120).

[2] "Damit wird die GATT/WTO-Streitbeilegung den lange ersehnten "Biss" bekommen." (Oppermann/Beise (1994), S. 197).

[3] Vgl. Paragraph 17 des Abkommens über das Streitbeilegungsverfahren.

[4] Vgl. Bhagwati/Patrick (1990), sowie Finger/Fung (1994).

[5] Vgl. Bayard/Elliott (1992).

sächlich materielle Resultate in Form konkreter Marktöffnungen ermöglicht habe.[1]

Kritiker wenden indessen ein, die Abhängigkeit insbesondere kleiner Länder vom US-Handel gebe den Sanktionsdrohungen der USA im Rahmen des 301-Verfahrens ein zu grosses Gewicht, als dass gleichberechtigte Verhandlungen noch möglich seien; die materiellen Ergebnisse resultierten primär aus der überlegenen US-Verhandlungsposition. Dieses Argument haben sich insbesondere die Entwicklungsländer zu eigen gemacht, die mit entsprechendem Nachdruck auf eine Bekämpfung des Unilateralismus im Rahmen der Uruguay-Runde drängten.[2]

Bei nüchterner Betrachtung führt jedoch kein Weg an der Einsicht vorbei, dass der Unilateralismus der Vereinigten Staaten letztendlich das multilaterale System gestärkt hat: Das drohende Ausscheren der grössten Wirtschaftsmacht der Erde aus dem multilateralen Regelwerk hat die Zustimmung der WTO-Mitglieder zu einer **Reform des Streitschlichtungsverfahrens "an Haupt und Gliedern"** ohne jeden Zweifel beschleunigt. Das neue WTO-System der Streitbeilegung schafft wichtige Voraussetzungen (insbesondere klare Fristen und wirksame Entscheidungsfindungsregeln), die die Anwendung von Abschnitt 301 künftig überflüssig machen könnten. Mit einem grundsätzlichen Verzicht der USA auf 301-Massnahmen ist jedoch nicht zu rechnen.

---

[1] Vgl. ebd.

[2] Vgl. Bhagwati/Patrick (1990), McMillan (1990), sowie Bhagwati (1992).

Kapitel 3

Weiterentwicklung der Welthandelsordnung

Das folgende Kapitel 3 ist einer Reihe von Problemen gewidmet, die im Rahmen der Uruguay-Runde nicht gelöst werden konnten. Es sollen hierbei u.a. folgende Fragen aufgeworfen und diskutiert werden:

- **Regionale Integration**: Inwieweit untergraben die immer mehr an Zulauf gewinnenden Freihandelszonen und Zollunionen durch die diskriminierende Begründung tarifärer *und* nicht-tarifärer Handelshemmnisse (z.B. die gegenseitige Rechtsanerkennung) die multilaterale WTO-Ordnung?

- **Handel und Umwelt**: Kann eine Brücke zwischen einzelstaatlichen Souveränitätsansprüchen einerseits und dem handelshemmenden Potential nationaler Regulationen andererseits geschlagen werden? Sind laxe Umweltschutzvorschriften als Ausdruck unterschiedlicher relativer Faktorausstattungen und damit als Grundlage komparativer Vorteile oder als "unfaire" Subventionierung der heimischen Industrie und Externalisierung von Umweltkosten zu betrachten?

- **Handel und Wettbewerb**: Wie können *private* Wettbewerbsbeeinträchtigungen wirksam bekämpft werden?

3.1   Welthandelsordnung und regionale Integration

3.1.1   Ausprägungen der regionalen Integration

Regionale Integrationsräume entstehen, wenn sich mindestens zwei Länder auf die **gegenseitige Beseitigung "wirtschaftlicher Grenzen"**[1] verständigen. Die Wirtschaftssubjekte der teilnehmenden Staaten kommen auf diese Weise in den Genuss erleichterter Marktzugangsbedingungen, während die Handelsschranken gegenüber aussenstehenden Drittstaaten unverändert bestehen bleiben.[2] Integrationsabkommen sind somit "inherently discriminatory towards non-member countries"[3].

Im Hinblick auf die **Integrationstiefe**, d.h. den Umfang des Abbaus handelshemmender Barrieren, sind in der integrationspolitischen Praxis beträchtliche Unterschiede[4] zu beobachten, die wie folgt kategorisiert werden können:[5]

---

[1] Pelkmans (1984) definiert eine "economic frontier" als "any demarcation over which mobilities of goods, services and factors of production are relatively low".

[2] Integrationsräume sind daher *Präferenzräume*, die ihren Mitgliedern eine Vorzugsstellung beim gegenseitigen Marktzugang einräumen (vgl. Bhagwati (1992b)).

[3] Hine (1994), S. 265. Die wirtschaftlichen Konsequenzen von Integrationsräumen für Teilnehmer- und Drittstaaten werden weiter unten aufgegriffen.

[4] Vgl. Lloyd (1992), S. 12f.

[5] In Anlehnung an Balassa (1961).

● *Die Freihandelszone* [1]

Die Mitgliedstaaten beseitigen Zölle und Quoten auf Importe aus den Partnerländern, behalten jedoch die gegenüber Drittstaaten bestehenden Restriktionen bei. Jedes Partnerland verfügt nach wie vor über die volle handelspolitische Autonomie gegenüber Nicht-Mitgliedsländern.

● *Die Zollunion* [2]

Die Zollunion unterscheidet sich von der Freihandelszone dadurch, dass die Mitglieder ihre handelspolitische Autonomie einbüssen: Gegenüber Importen aus Drittländern werden unionseinheitliche Zölle erhoben.

● *Gemeinsamer Markt* [3]

Der Gemeinsame Markt geht insofern über die Zollunion hinaus, als nicht nur Güter, sondern auch Produktionsfaktoren (Arbeit und Kapital) ungehindert zirkulieren können. Darüber hinaus ist der Abbau handelshemmender Regulationen durch Harmonisierung und/oder gegenseitige Anerkennung ein prägendes Merkmal des Gemeinsamen Marktes.

● *Wirtschafts- und Währungsunion* [4]

Die Mitgliedstaaten betreiben zusätzlich eine einheitliche Wirtschaftspolitik (v.a. Finanz- und Währungspolitik) und verfügen über eine einheitliche Währung.

---

[1] Z.B. die Europäische Freihandelszone (EFTA).

[2] Z.B. die 1957 begründete Europäische Wirtschaftsgemeinschaft (EWG).

[3] Z.B. die EWG, die mit der Einheitlichen Europäischen Akte (1986) und deren Inkrafttreten 1992 den Übergang zum Gemeinsamen (Binnen-)Markt vollzogen hat.

[4] Z.B. der Ende 1991 geschlossene Vertrag von Maastricht, der die Bildung einer Europäischen Wirtschafts- und Währungsunion vorsieht.

Wie sind nun **regionale Präferenzräume aus ökonomischer Sicht** zu bewerten?

Im Gegensatz zu weltumspannendem Freihandel ist der Nutzen regional begrenzter Liberalisierungsschritte in der wirtschaftswissenschaftlichen Literatur umstritten.[1] Die Grundlage der kontroversen Betrachtung von Integrationsräumen bildet die klassische Abhandlung von **Jacob Viner** aus dem Jahre 1950, der die Unterscheidung zwischen handelsschaffenden und handelsumlenkenden Wirkungen von Freihandelsabkommen und Zollunionen in die Diskussion einführte:

Handelsschaffung entsteht dadurch, dass die heimische Nachfrage infolge des Zollabbaus verstärkt von billigeren Anbietern aus den Partnerländern befriedigt werden kann. **Handelsumlenkung** hingegen tritt auf, wenn bisherige Importe aus Nicht-Partner-Ländern durch Einfuhren aus bevorzugt behandelten Partner-Ländern ersetzt werden, auch wenn sie dort zu höheren Kosten produziert werden als ausserhalb des Integrationsraumes.[2]

Während mit der Handelsschaffung eine effizientere Ressourcenallokation und demzufolge Wohlfahrtsgewinne verbunden sind, ist die Handelsumlenkung unter Wohlfahrtsaspekten eindeutig negativ zu beurteilen: Das Importland bezahlt - nach Abzug der Einfuhrzölle - höhere Preise für die Einfuhren, das Exportland profitiert nicht, da die im Export erzielten höheren Preise von den hohen Produktionskosten aufgezehrt werden und aussenstehenden, am kostengünstigsten produzierenden Drittländern

---

[1] Vgl. Bhagwati (1992b), S. 535. Einen hervorragenden Überblick (einschliesslich weiterführender Literaturhinweise) über die aussenwirtschaftstheoretischen Konzepte zur regionalen Integration vermittelt Hine (1994).

[2] Vgl. Lloyd (1992), S. 23.

werden infolge der diskriminierenden Zollbehandlung Exportmärkte genommen.[1] Die wohlfahrtsökonomische Bewertung von Integrations-räumen hängt somit entscheidend von der relativen Bedeutung der beiden geschilderten Handelseffekte ab.[2] Die empirischen Arbeiten zur Ermittlung der relativen Bedeutung handelsschaffender und -verzerrender Wirkungen widmen sich überwiegend der EU, für die die meisten Studien im *Industriegüterbereich* ein Überwiegen der handelsschaffenden Effekte ausweisen.[3]

3.1.2   Die weltwirtschaftliche Bedeutung von Integrationsräumen

Ein knappes Drittel des gesamten Welthandels wird innerhalb von Präfe-renzräumen abgewickelt.[4] Der Anteil des Intra-Regionen-Handels am Welthandelsvolumen steigt seit Anfang der 1960er Jahre kontinuierlich. Diese Entwicklung ist jedoch nicht auf eine Abschottung der jeweiligen Partnerländer gegenüber aussenstehenden Drittstaaten, sondern auf die **steigende Zahl der Mitglieder** zurückzuführen.[5]

---

[1]   Vgl. Viner (1950), S. 44, Lloyd (1992), S. 25, sowie Hine (1994), S. 236.

[2]   Vgl. Hine (1994), S. 237.

[3]   Vgl. hierzu u.a. Robson (1984), S. 200.

[4]   Vgl. Abbildung 3.1.

[5]   Vgl. hierzu detailliert Lloyd (1992), der eine umfassende empirische Studie der Integrationsräume innerhalb der OECD vorstellt.

Abbildung 3.1:   Der grenzüberschreitende Handel *innerhalb* wichtiger Integrationsräume (1990)

	Mrd. US-$	% des Welthandels
EU	822	23,6
Nordamerika	184	5,3
LAIA[1]	86	2,5
EFTA	30	0,9
Total	**1.122**	**32,3**
Welthandel	3.485	100,0

Quelle: Senti (1994), S. 135.

3.1.3   Regionale Integration und das GATT

Artikel XXIV GATT-Vertrag ermöglicht die Bildung von regionalen Präferenzräumen. Da mit Integrationsvereinbarungen jedoch das zentrale GATT-Prinzip der Meistbegünstigung verletzt wird,[2] knüpft der GATT-Vertrag die **Zulässigkeit regionaler Integrationsräume** an u.a. folgende

---

[1] LAIA steht für "Latin American Integration Association", der Argentinien, Bolivien, Brasilien, Chile, Kolumbien, Ecuador, Mexiko, Paraguay, Peru, Uruguay und Venezuela angehören. Vgl. zu einer Auflistung der zwischen 1947 und 1990 beim GATT notifizierten Integrationsabkommen Lloyd (1992), S. 9f.

[2] Denn: Vergünstigungen, die sich die Mitgliedstaaten untereinander gewähren, werden nicht bedingungslos und unverzüglich an alle anderen GATT-Vertragsparteien weitergegeben.

Bedingungen:[1]

● Ein GATT-rechtlich unbedenklicher Integrationsraum liegt nur dann vor, wenn sich die teilnehmenden Staaten auf einen Abbau von Handelshemmnissen verständigen, der "**substantially all the trade** between the constituent territories"[2] umfasst. Mit anderen Worten: Auf bestimmte Sektoren begrenzte Abmachungen fallen nicht unter Artikel XXIV, d.h. berechtigen die Mitgliedstaaten nicht zu einer Abweichung vom Meistbegünstigungsgebot. Auf diese Weise wollten die GATT-Gründungsväter ein Auswuchern sektorspezifischer Präferenzabkommen und die damit einhergehende Untergrabung des Meistbegünstigungsprinzips durch die Errichtung einer entsprechenden Hürde vermeiden.[3]

● Im Hinblick auf Zollunionen bestimmt der GATT-Vertrag, dass das Niveau der Handelsbarrieren "on the whole [not] be higher or more restrictive than the general incidence of the duties and regulations applicable (...) prior to the formation of such a union."[4] sein soll.[5]

Mittlerweile wurden nahezu 80 Präferenzabkommen beim GATT notifi-

---

[1] Vgl. zu einer ausführlicheren Darstellung Senti (1994).

[2] Vgl. Artikel XXIV:8 GATT-Vertrag.

[3] Vgl. Bhagwati (1992a), S. 452, sowie Senti (1994), S. 145f. Darüber hinaus sollte das Gebot des *umfassenden* Abbaus von Handelshemmnissen gewährleisten, dass die handelsschaffenden die handelsverzerrenden Effekte überwiegen (vgl. Jackson (1993), S. 125).

[4] Vgl. Artikel XXIV:5(a) GATT-Vertrag.

[5] Zur Erinnerung: Im Rahmen einer Zollunion verständigen sich die Mitglieder auf ein gemeinsames Grenzschutzniveau gegenüber Drittstaaten. Die zitierte GATT-Vorschrift soll verhindern, dass die entstehende Zollunion Züge einer handelspolitisch abgeschotteten "Festung" annimmt (vgl. Jackson (1993), S. 125).

ziert, über deren GATT-Kompatibilität im Sinne der von Artikel XXIV genannten Voraussetzungen jedoch Zweifel bestehen.[1] Ein wirksames multilaterales Vorgehen gegen Verletzungen des Meistbegünstigungsprinzips, die nicht durch Artikel XXIV gedeckt sind, hat sich bislang als unmöglich erwiesen.[2] Vor diesem Hintergrund kommen verstärkt Forderungen nach einer präziseren Interpretation der relevanten Bestimmungen von Artikel XXIV auf.

3.1.4   Reformbedarf

Die wichtigste, innerhalb des multilateralen Welthandelssystems zu lösende Aufgabe besteht im Hinblick auf regionale Integrationsräume darin, handelsverzerrende Wirkungen auf ein Minimum zu beschränken und Konflikte zwischen einzelnen Integrationsblöcken multilateral beizulegen.

Ob die relevanten Verhandlungsergebnisse der **Uruguay-Runde**[3] hierzu geeignet sind, muss bezweifelt werden. Abgesehen von einigen Präzisierungen im Zusammenhang mit der Bewertung des gemeinsamen Aus-

---

[1] Vgl. ebd., S. 127.

[2] Dies ist vor allem auf den wenig eindeutigen Vertragstext zurückzuführen: Was bedeuten z.b. konkret "substantially all the trade" oder "general incidence ..."? Der GATT-Vertrag lässt diese Fragen unbeantwortet (vgl. Dam (1970), S. 217, Bhagwati (1992b), S. 545, sowie Jackson (1993), S. 125ff.).

[3] Vgl. GATT (1993), MTN/FA II-1(d) (Interpretation of Article XXIV of the GATT 1994).

senzolls einer Zollunion[1] konnten **keine Fortschritte bei der Überbrük-kung des Spannungsfeldes zwischen multilateraler und regionaler Liberalisierung** erzielt werden.[2]

Um Konflikte zwischen dem WTO-Welthandelssystem und regionalen Integrationsbestrebungen dauerhaft zu vermeiden, sind **weitergehende Schritte erforderlich**, so z.B.:

- die Verpflichtung, bei der Bildung einer Zollunion das niedrigste Zollniveau, das vor Bildung der Union bestand, als gemeinsamen Aussenzoll festzulegen,[3]

- die Einführung eines Erlaubnisvorbehalts[4] und

- die stärkere Berücksichtigung nicht zollbedingter Diskriminierungseffekte.

Der letztgenannte Vorschlag verdient besondere Beachtung: Er trägt der Tatsache Rechnung, dass die **zunehmende Integrationstiefe** (z.B. der

---

[1] Beim Vergleich der Zölle vor und nach Bildung der Union (vgl. Artikel XXIV:5(a) GATT-Vertrag) müssen künftig *gewichtete* Durchschnittszölle zugrunde gelegt werden (vgl. Paragraph 2 "Interpretation...").

[2] So fehlen Präzisierungen der schwammigen Formulierungen des GATT-Artikels XXIV:5 und 8 ("on the whole", "general incidence", "substantially all trade"). Vgl. Senti (1994), S. 147f.

[3] Auf diese Weise sollen die handelsumlenkenden Wirkungen zulasten unbeteiligter Dritter minimiert werden, denn "(...) the lower the external barriers, the less is the scope for diverting efficient foreign supplies to member countries." (Bhagwati (1992b), S. 546).

[4] In diesem Falle würden die zuständigen WTO-Organe *fallweise* über die Unbedenklichkeit eines Integrationsvorhabens entscheiden, indem die handelsschaffenden gegen die handelsumlenkenden Effekte abgewogen werden (vgl. hierzu kritisch mit weiteren Nachweisen Bhagwati (1992b), S. 547f).

Europäische Binnenmarkt oder die im Vertrag von Maastricht anvisierte Wirtschafts- und Währungsunion) **neue Marktzugangsbarrieren** für Dritte begründen, die weit über die zollbedingte Handelsumlenkung hinausgehen. In diesem Zusammenhang ist die **gegenseitige Anerkennung von Rechtsvorschriften** (z.B. technische Standards und Konformitätsprüfungsverfahren) hervorzuheben, die zu einer massiven Benachteiligung von Drittländern führt.[1] Um dieses Diskriminierungspotential einzudämmen, müsste Aussenstehenden der Zugang zur gegenseitigen Rechtsanerkennung erleichtert werden.[2]

---

[1] Vgl. Senti (1994), S. 147f.

[2] Vgl. Abschnitt 2.3.5 zu den *zaghaften* Ansätzen auf diesem Gebiet im Zusammenhang mit technischen Vorschriften.

3.2   Handel und Umwelt

Umweltpolitische Anliegen gewinnen sowohl innen- als auch aussen-
politisch zunehmend an Bedeutung. Dieser seit Beginn der 1980er Jahre
zu beobachtende Prozess wurde beschleunigt durch sich verschärfende
globale Umweltprobleme: Ozonloch, Klimaveränderungen und Defore-
station offenbaren die ökologische Interdependenz der Staatengemein-
schaft. Auch **regional begrenzte** *pollution spillovers* (z.b. die hohen
Emissionen nord-böhmischer Kohlekraftwerke und ihre Folgen für den
Baumbestand im deutschen Erzgebirge) sind vermehrt zu beobachten.[1]

Vor diesem Hintergrund mehren sich die Stimmen derer, die eine
massive **Ausdehnung der im GATT verankerten nationalen Sou-
veränitätsrechte** fordern, um die Handelspolitik stärker in den Dienst
regionaler und globaler Umweltpolitik zu stellen.[2] Es geht vor allem
darum, die sich auf die souveräne **Festsetzung von Produktvor-
schriften** beschränkenden GATT-Vorschriften um klare Regeln für die
extraterritoriale Anwendung von Verfahrensvorschriften zu erwei-
tern.[3] Hierbei steht das multilaterale Handelssystem vor der grossen Herausforderung, eine Brücke zu schlagen zwischen dem Anliegen der Handelsliberalisierung einerseits und dem (wirksameren) Schutz der Umwelt

---

[1]   Vgl. Esty (1994), S. 225.

[2]   Vgl. v. Bergeijk (1991), sowie Esty (1993).

[3]   Die extraterritoriale Anwendung von Verfahrensbestimmungen (z.B. das Verbot
von FCKW) auf Importgüter ist bislang im GATT noch nicht geregelt. Dieses
Regelungsdefizit ist in Anbetracht der zunehmenden Zahl grenzüberschreitender und weltweiter Umweltprobleme äusserst schwerwiegend (s.u. zu einer
ausführlichen Diskussion).

andererseits, ohne neue **"protektionistische Schlupflöcher"** zu schaffen.[1]

3.2.1   Das bisherige GATT und der Umweltschutz[2]

Das Allgemeine Zoll- und Handelsabkommen bietet den Vertragsparteien einen beträchtlichen **Spielraum**, umweltpolitische Ziele auch unter Verletzung von GATT-Vorschriften (z.B. der Nichtdiskriminierungsverpflichtungen der Artikel I und III) zu verwirklichen. Die zentrale Grundlage eines solchen Vorgehens ist **Artikel XX GATT-Vertrag**, dessen relevante Passagen wie folgt lauten:[3]

"Unter dem Vorbehalt, dass die folgenden Massnahmen nicht so angewendet werden, dass sie zu einer willkürlichen und ungerechtfertigten Diskriminierung zwischen Ländern, in denen gleiche Verhältnisse bestehen, oder zu einer verschleierten Beschränkung des internationalen Handels führen, darf keine Bestimmung dieses Abkommens so ausgelegt werden, dass sie eine Vertragspartei daran hindert, folgende Massnahmen zu beschliessen oder durchzuführen:

(...)

(b)   Massnahmen zum Schutze des Lebens und der Gesundheit von Menschen, Tieren und Pflanzen;

(g)   Massnahmen zur Erhaltung erschöpflicher Naturschätze, sofern solche Massnahmen im Zusammenhang mit Beschränkungen der

---

[1]   Vgl. Sorsa (1992).

[2]   Im folgenden kann nur ein kurzer Überblick über das Verhältnis zwischen Umweltpolitik und GATT-Regeln gegeben werden. Zur Vertiefung seien u.a. Charnovitz (1991), Kulessa (1992), Patterson (1992) und Cherry (1993) empfohlen.

[3]   Zitiert nach Senti (1986), S. 402.

inländischen Produktion oder des inländischen Verbrauches angewendet werden (...)".

Artikel XX(g) steht im Zusammenhang mit *Export*beschränkungen: Zum
Schutz heimischer natürlicher und erschöpfbarer Ressourcen (z.B. Kohle)
kann eine GATT-Vertragspartei Exportrestriktionen einführen und gegen
Artikel XI GATT-Vertrag (Verbot mengenmässiger Massnahmen) verstossen.[1]

Wenn die in Artikel XX genannten Voraussetzungen vorliegen, ist die
betreffende GATT-Vertragspartei berechtigt, von bestehenden GATT-Vorschriften abzuweichen. So können z.b. mengenmässige Handelsbeschränkungen verhängt und im GATT gebundene Zölle erhöht werden.
Derartige Verstösse gegen die GATT-Artikel XI bzw. II sind durch Artikel
XX gedeckt.[2]

Im Zusammenhang mit **Artikel XX** besteht jedoch ein **fundamentales
Problem**, das bislang noch nicht gelöst werden konnte und die umweltpolitische Tauglichkeit des GATT-Vertrages erheblich beeinträchtigt: Der
GATT-Vertrag beruht auf dem **Konzept des "like product"**, demzufolge
Importgüter, die heimischen Produkten *gleichartig* sind, nicht diskriminiert
werden dürfen. Dieses Nichtdiskriminierungsgebot gilt selbst dann, wenn
gleichartige Importprodukte mit extrem umweltbelastenden Produktionsverfahren hergestellt werden. Vor diesem Hintergrund lässt sich folgender

---

[1]   Diese Diskussion soll aufgrund ihrer geringen praktischen Relevanz hier nicht
vertieft werden. Der interessierte Leser sei u.a. auf Charnovitz (1991), S. 45,
sowie Petersmann (1993a), S. 57f., verwiesen.

[2]   Vgl. Patterson (1992). Esty (1994) legt jedoch dar, dass "Article XX has been
narrowly interpreted to limit the scope of trade restrictions undertaken for
environmental purposes." (S. 47).

grundlegender Kritikpunkt am bisherigen GATT-System formulieren:

● Das GATT-System ist infolge seiner **einseitigen Ausrichtung auf physische Produkteigenschaften** nicht in der Lage, wirksam gegen umweltbelastende Produktionsverfahren vorzugehen. Die **Trennung zwischen Produktcharakteristika und Produktionsverfahren** ist in einer ökologisch interdependenten Welt nicht länger haltbar, da sie ein wirksames Vorgehen gegen regionale *pollution spillovers* und globale Umweltgefährdungen behindert.[1]

Die bislang eher restriktive, d.h. am Ziel eines möglichst ungehinderten Welthandels orientierte, **Auslegung von Artikel XX** soll im folgenden anhand zweier wichtiger **Panel-Entscheidungen** aufgegriffen werden.

A. *Thailand - Beschränkungen des Imports und interne Besteuerung von Zigaretten*[2]

Auf Antrag der USA wurde im Frühjahr 1990 ein Panel eingesetzt, das die thailändische Praxis, importierte Zigaretten mit mengenmässigen Beschränkungen und diskriminierend hohen internen Steuern zu belegen, überprüfen sollte.

Das Panel verwarf die thailändischen Massnahmen als GATT-widrig und liess die auf Artikel XX beruhende Rechtfertigung Thailands nicht gelten.

---

[1] Esty (1994), S. 51, liefert ein Beispiel: Ein FCKW-intensiv hergestelltes ausländisches Halbleiterprodukt darf ungeachtet seiner umweltbelastenden Herstellungsweise gegenüber einem *physisch gleichartigen* inländischen Erzeugnis nicht diskriminiert werden.

[2] Die folgenden, für die Bedeutung des Umwelt- und Gesundheitsschutzes im GATT einschlägigen Panel-Berichte werden in Anlehnung an Petersmann (1993a), sowie Thomas/Tereposky (1993) dargestellt.

Es gelangte zu der Schlussfolgerung, dass die thailändischen Import-
praktiken nicht "necessary to protect human (...) life or health" im Sinne
von Artikel XX(b) seien, da sie sich nur auf ausländische Zigaretten beschränkten. Darüber hinaus hielt das Panel fest, dass das Ziel des Gesundheitsschutzes auch mit anderen, weniger handelsverzerrenden
Mitteln (z.B. durch die Schaffung eines nicht-diskriminierenden Regie-
rungsmonopols) hätte verfolgt werden können.

B.   USA - Einfuhrverbot für mexikanischen Thunfisch

Auf Antrag Mexikos setzte der GATT-Rat im Februar 1991 das
sogenannte **"Thunfisch-Panel"** ein. Mexiko beschwerte sich über ein
US-amerikanisches Einfuhrverbot gegenüber mexikanischem Thunfisch,
das die USA wie folgt begründeten: Die mexikanischen Fangmethoden
nähmen bewusst in Kauf, dass weit mehr Meeressäuger (insbesondere
Delphine) versehentlich zu Tode kämen, als dies bei amerikanischen
Fischern der Fall sei. Gemäss der *US Federal Marine Mammel Protection
Act* müssten mexikanische Thunfischeinfuhren demzufolge verboten
werden. Als GATT-Rechtsgrundlage wurde u.a. Artikel XX(b) ["necessary
to protect (...) animal (...) life and health"] geltend gemacht.

Das Panel folgte der US-amerikanischen Argumentation *nicht*. Es vertrat
die Auffassung, dass **Artikel XX einseitige Handelsbeschränkungen
aufgrund eines ausländischen Produktionsprozesses, der die Gesundheit von Menschen, Tieren oder Pflanzen** *im Inland* **nicht gefährdet, nicht deckt.** Mit anderen Worten: Das Panel wies den US-
Versuch, Artikel XX extraterritorial auszulegen, zurück. Paragraph 5.27
des Panels-Berichts führt hierzu aus:

> "(...) if the broad interpretation of Article XX(b) suggested by the United
> States were accepted, each contracting party could *unilaterally* determine
> the life or health protection policies from which other contracting parties

could not deviate without jeopardizing their rights under the General Agreement. The *General Agreement would then no longer constitute a multilateral framework for trade* among all contracting parties but *would provide legal security only in respect of trade between a limited number of contracting parties with identical internal regulations.*" (Hervorhebungen d. Verf.).[1]

Neben Artikel XX bieten die neuen Abkommen über **Subventionen** und **technische Handelshemmnisse** GATT-konforme Möglichkeiten zu einer aktiven Umweltpolitik. So sind Subventionen, die die unternehmerische Anpassung an neue nationale Umweltschutzauflagen erleichtern, ebenso gestattet wie die umweltpolitisch motivierte Einführung nationaler Normen und Standards.[2]

3.2.2 Handelsbezogene umweltpolitische Massnahmen

Der Zusammenhang zwischen Umwelt- und Handelspolitik lässt sich am anschaulichsten anhand folgender handelsrelevanter Umweltmassnahmen und ihres Verhältnisses zum GATT-Regelwerk diskutieren:[3]

A. *Massnahmen zur Bewahrung natürlicher Ressourcen*
Die Kontrolle der Ausbeutung heimischer natürlicher Ressourcen (z.B. in Form von Fischerei- und Ölförderquoten) fällt nicht unter die GATT-Diszi-plin, sondern ist **Gegenstand der nationalen Souveränität.**

---

[1] Zitiert nach Petersmann (1993a), S. 61.

[2] Vgl. hierzu die Abschnitte 2.3.3 und 2.3.5.

[3] Die Ausführungen lehnen sich stark an Thomas/Tereposky (1993), S. 31ff., an.

Das GATT erlangt jedoch dann Relevanz, "once [governments] do permit a natural resource to be commercially exploited"[1]. Aber selbst in diesem Fall kann der Export handelbarer Güter beschränkt werden.[2] Das GATT-Regelwerk bietet somit eine Reihe von Möglichkeiten, den Raubbau an heimischen natürlichen Ressourcen einzudämmen.[3]

Weniger eindeutig ist die GATT-Rechtslage im Zusammenhang mit **einseitigen nationalen Massnahmen zum Schutz** *internationaler* **Ressourcen** (z.B. der Ozonschicht oder des tropischen Regenwaldes). So hat das bereits angesprochene Thunfisch-Panel bekräftigt, dass die Geltendmachung von Artikel XX(b) und (g) und die damit verbundene Berechtigung zu Handelsbeschränkungen auf Massnahmen zum Schutz der Gesundheit von Menschen, Tieren und Pflanzen *im Inland* bzw. zum Schutz *inländischer* Ressourcen beschränkt ist.

B.   *Massnahmen zur Korrektur von Wettbewerbsverzerrungen infolge international abweichender Umweltschutzauflagen*

Unterschiedlich strenge Umweltauflagen begründen unterschiedliche unternehmerische Kostenbelastungen und können somit die internationale Wettbewerbsfähigkeit von Unternehmen massgeblich beeinflussen.[4] Vor diesem Hintergrund sehen sich Länder mit laxen Umweltschutzbestimmungen dem Vorwurf des **"Ökodumping"** ausgesetzt.[5] In den Industriestaaten mehren sich die Stimmen derer, die **einseitige Massnahmen gegen derartige Wettbewerbsverzerrungen** fordern, so z.B.:

---

[1]   Thomas/Tereposky (1993), S. 33.

[2]   Vgl. hierzu vor allem Artikel XX(g) GATT-Vertrag.

[3]   Vgl. vertiefend Charnovitz (1991), S. 50f.

[4]   Vgl. Whalley (1991), S. 187f.

[5]   Vgl. hierzu ausführlich GATT (1992b), S. 19ff.

1. Einfuhrrestriktionen,

2. Sonderzölle und -abgaben zum Ausgleich der Kostenverzerrungen infolge regulatorischer Unterschiede im Umweltbereich und

3. Subventionen zugunsten heimischer Produzenten zum Ausgleich von Kostennachteilen infolge strenger Umweltauflagen.

Während die Massnahmen 1 und 2 als unverträglich mit dem GATT einzustufen sind,[1] stellt die Gewährung kompensatorischer Subventionen zugunsten heimischer Anbieter ein GATT-konformes Instrument dar, um Wettbewerbsverzerrungen zu korrigieren.[2]

C.   *Massnahmen zur Anwendung inländischer technischer Vorschriften auf Importgüter*

Die GATT-Vertragsparteien geniessen bei der Formulierung technischer Vorschriften vollen Spielraum, der lediglich durch das **Nichtdiskriminierungsgebot** eingeschränkt wird: Importierte Produkte dürfen gegenüber gleichartigen heimischen Erzeugnissen nicht benachteiligt werden.

Dies gilt sowohl für Vorschriften, die Produkteigenschaften betreffen (z.B. den Bleigehalt von Benzin oder die Schadstoffemissionen von Automo-

---

[1]   Einfuhrrestriktionen würden gegen die Artikel II (Verbot der entschädigungslosen Erhöhung gebundener Zölle) und/oder XI (Verbot mengenmässiger Beschränkungen) verstossen und könnten auch nicht durch die Berufung auf Artikel XX gerechtfertigt werden, da dieser gemäss Thunfisch-Panel nicht extraterritorial ausgelegt werden kann.

Ebensowenig würde ein Vorgehen über Ausgleichszölle auf subventionierte Einfuhren in Frage kommen, da grosszügige Umweltschutzauflagen bislang nicht als angreifbare Subventionen im Sinne des GATT betrachtet werden (vgl. zu dieser Frage vertiefend Komorosky (1988)).

[2]   Vgl. hierzu Abschnitt 2.3.3 dieses Buches.

bilen) als auch für Anforderungen an **Produktionsprozesse** (z.B. bei Medikamenten).[1]

Nichtsdestoweniger ist ein zunehmendes **Potential für Handelskonflikte** zu verzeichnen, da gewisse Staaten versuchen, Handelsbeschränkungen auf der Grundlage abweichender ausländischer *Produktionsprozesse* zu verhängen. Einschlägige Bedeutung hat in diesem Zusammenhang das schon mehrfach zitierte **Thunfisch-Panel** erlangt. Gemäss Panel-Bericht **rechtfertigen unterschiedliche Produktionsmethoden keine Diskriminierung** mexikanischen Thunfischs durch die USA, da trotz abweichender Produktionsverfahren, d.h. Fangmethoden, das Produkt identisch sei und daher nicht diskriminiert werden dürfe.[2] Auch die amerikanische Berufung auf Artikel XX liess das Panel nicht gelten, da das amerikanische Vorgehen auf den Schutz des Lebens von Tieren und die Bewahrung natürlicher Ressourcen *ausserhalb* der USA zielte. Ganz anders hingegen verhält es sich z.B. bei arznei- oder lebensmittelrechtlich motivierten Anforderungen an Produktionsverfahren importierter Güter: Derartige Vorschriften zielen auf den *innerstaatlichen* Gesundheitsschutz und fallen somit unter Artikel XX GATT-Vertrag.

Zusammenfassend lässt sich somit festhalten: "In the case of process standards, the primary constraining factor will be whether the standard has an internal or external objective."[3].

---

[1] Die Ausdehnung des Nichtdiskriminierungsgebots auf Produktions*prozesse* stellt eine wesentliche Neuerung durch die Uruguay-Runde dar (vgl. Abschnitt 2.3.5).

[2] Vgl. hierzu auch den Reformvorschlag unter Abschnitt 3.2.3 (Punkt 2).

[3] Thomas/Tereposky (1993), S. 41.

D. ***Massnahmen zur Durchsetzung internationaler Umweltschutz-***
abkommen

Das grundsätzliche Problem bei der einseitigen Durchsetzung derartiger
Abkommen (z.B. der Basler Konvention [internationale Sondermülltrans-
porte] oder des Protokolls von Montreal [Schutz der Ozonschicht])
besteht darin, dass derartige Massnahmen eine **extraterritoriale Ziel-**
setzung verfolgen und somit - gemäss Thunfisch-Panel - keine Berufung
auf Artikel XX möglich ist. Allerdings halten es GATT-Experten für
unwahrscheinlich, dass das GATT gegen in internationalen Umweltabkommen vorgesehene Handelsrestriktionen vorgehen würde, sofern
diese Abkommen eine quasi-universelle Mitgliedschaft aufweisen. So
dürften bspw. die im Protokoll von Montreal aus dem Jahre 1987 vorgesehenen Handelsbeschränkungen gegenüber Nicht-Mitgliedern, d.h.
Staaten, die sich weigern, auf FCKW zu verzichten, einer GATT-
rechtlichen Prüfung standhalten, da 126 Länder an diesem Abkommen
teilnehmen.[1]

3.2.3 "Greening the GATT":
Ansatzpunkte für eine ökologische Reform

Die unterbreiteten Reformvorschläge weichen beträchtlich voneinander ab
und spiegeln **unterschiedliche Interessen und Prioritäten** wider: Auf
der einen Seite stehen die **Verfechter eines liberalen und multilatera-**
len Welthandelssystems, die zwar die Notwendigkeit ökologischer
Reformen des GATT-Regelwerks anerkennen, jedoch gleichzeitig auf die
Gefahr drohender protektionistischer Missbräuche verweisen. Auf der
anderen Seite formieren sich **Umweltschutzgruppen und bedrängte**

---

[1] Vgl. Eglin (1993).

heimische Produzenten, die aus sehr unterschiedlichen Motiven für einen Vorrang umweltpolitischer Anliegen vor freiem Welthandel eintreten.

Im folgenden sollen einige besonders prominente Reformvorschläge kurz dargestellt werden:

1. GATT-rechtliche Sanktionierung internationaler Umweltschutzabkommen[1]

Um das strittige Verhältnis zwischen dem GATT-Vertrag und internationalen Umweltabkommen zu klären, könnte Artikel XX durch einen Zusatz ergänzt werden, der derartige Abkommen explizit anerkennt und insbesondere auch grundsätzlich GATT-widrige Handelsrestriktionen wie z.B. im bereits genannten Protokoll von Montreal gutheisst, gleichzeitig aber auch strenge Anforderungen an Regelungsumfang und Mitgliedschaft dieser Abkommen richtet. Da die notwendige Ergänzung des GATT-Vertrages einer Zwei-Drittel-Mehrheit der Vertragsparteien bedarf und somit angesichts der Bedenken der Entwicklungsländer auf unüberwindbare Schwierigkeiten stossen dürfte, käme auch eine plurilaterale Übereinkunft nach dem Vorbild der Kodizes der Tokio-Runde in Betracht.

2. Einführung neuer "ökologischer Legitimitätskriterien"[2]

Eine der schwerwiegendsten Unzulänglichkeiten des GATT-Vertrages ist die einseitige Fokussierung auf Produkteigenschaften. Um dieser Schwäche abzuhelfen, könnte in Artikel XX oder einem plurilateralen "Umwelt-Kodex" ein ökologischer Verträglichkeitstest eingeführt werden, der Ausmass und Entstehungsort einer Umweltbelastung zugrundelegt

---

[1] Vgl. Esty (1994), S. 218ff.

[2] Vgl. ebd., S. 220f.

und die bisherige strikte Trennung zwischen Produkteigenschaft und Produktionsverfahren überwindet. Dieses Ziel könnte auch durch eine Neudefinition des "like product"-Begriffs verwirklicht werden, indem Produkte, die unterschiedliche Produktionsverfahren aufweisen, auch bei physischer Gleichartigkeit künftig nicht mehr als "like product" im GATT-rechtlichen Sinne angesehen werden. Damit wäre der Weg geebnet für eine diskriminierende Behandlung von Einfuhrgütern, deren Produktions-prozesse mit dem Ziel des Umweltschutzes nicht vereinbar sind. Es liegt jedoch auf der Hand, dass der Begriff der ökologischen Umwelt-verträglichkeit sehr genau definiert werden muss, um protektionistische Missbräuche zu vermeiden. So sollten lediglich solche Produktions-verfahren "angreifbar" sein, die grenzüberschreitende oder globale Umweltschädigungen hervorrufen.[1]

3. Vorgehen gegen "Ökodumping"

Aus der **Ökologie-Bewegung** wird die Forderung erhoben, externalisierte Umweltkosten als angreifbare Subventionen anzuerkennen. Mit anderen Worten: Ein Land, das laxe Umweltbestimmungen unterhält, muss damit rechnen, der GATT-widrigen Subventionierung seiner Produzenten angeklagt zu werden. Die aus diesem Land stammenden Exporte könnten dann an der Grenze des Einfuhrlandes mit Ausgleichszöllen im Sinne des neuen WTO-Subventionsabkommens belegt werden.[2] Kritiker dieses Vorschlags geben jedoch zu bedenken, dass auf diese Weise eine für den freien Welthandel bedenkliche Entwicklung eingeleitet werden könnte, denn neben unterschiedlichen Umweltregimes könnten

---

[1] Vgl. Esty (1994), S. 235ff.

[2] Vgl. hierzu Arden-Clarke (1991).

auch regulatorische Differenzen anderer (z.B. sozialpolitischer) Art[1] als
Rechtfertigung für Handelsbeschränkungen angeführt werden.[2]

Zusammenfassend lässt sich festhalten: Die Bestimmung des Verhältnisses zwischen Handels- und Umweltpolitik stellt eine der grössten
noch ungelösten Herausforderungen an die multilaterale Handelsdiplomatie dar. Es handelt sich hierbei um eine schwierige Gratwanderung zwischen der Sicherung eines liberalen Welthandelssystems
einerseits und der Bekämpfung sich verschärfender grenzüberschreitender und globaler Umweltprobleme andererseits.

---

[1] Die Diskussion des **"Sozialdumping"** wird unter analogen Vorzeichen wie die
Umweltdebatte geführt: Seit Jahren fordern die Industrieländer die Verankerung
grundlegender sozialer Mindeststandards (z.B. Koalitionsfreiheit, Mindestlöhne,
Verbot der Kinderarbeit) im GATT-System. Die Entwicklungsländer leisten
erbitterten Widerstand gegen eine entsprechende Vertragsergänzung und
fürchten eine neue, ihre spezifischen komparativen Vorteile (z.B. niedrige
Löhne) zunichte machende Form des Protektionismus seitens der entwickelten
Staaten (vgl. Oppermann/Beise (1994), S. 198, sowie Steil (1994)).

[2] Vgl. Thomas/Tereposky (1993), S. 35, sowie den weiter oben unter 3.2.1.B zi-
tierten Auszug aus dem Thunfisch-Panelbericht.

3.3   Handel und Wettbewerb

3.3.1   Zum Verhältnis zwischen Handels- und Wettbewerbspolitik

Handelspolitik kann als eine spezifische **Ausprägung von Wettbewerbspolitik** betrachtet werden: Sie bestimmt, inwieweit ausländische Anbieter in das inländische Wettbewerbsgeschehen eingreifen können. Eine handelspolitische Liberalisierung in Form erleichterter Marktzugangsbedingungen für Ausländer führt ganz offensichtlich zu einer höheren inländischen Wettbewerbsintensität.[1]

Es bestehen jedoch fundamentale **Unterschiede**: Während die Wettbewerbspolitik das Ziel verfolgt, *private* Missbräuche von Marktmacht auf *nationaler* Ebene einzudämmen, strebt die Handelspolitik nach einer möglichst umfassenden Disziplinierung *staatlicher* Massnahmen, die den *internationalen* Handel beeinträchtigen oder verzerren.[2]

Trotz dieser Unterschiede herrscht **zwischen Handels- und Wettbewerbspolitik** eine **grundlegend komplementäre** Beziehung: Beide Politikformen sind geeignet, die Wettbewerbsintensität zu erhöhen. Darüber hinaus besteht die Gefahr, dass handelspolitische, d.h. staatlicherseits eingegangene GATT-Konzessionen (z.B. Zollsenkungen) unterlaufen werden, wenn wirksame wettbewerbsrechtliche Mittel zur Bekämpfung *privater* Abreden zur Beeinträchtigung des Marktzugangs

---

[1] Vgl. Palmeter (1994).

[2] Vgl. Petersmann (1994).

ausländischer Konkurrenten (z.B. die Blockade von Vertriebskanälen oder der Boykott ausländischer Waren) fehlen.[1] Eine konsequente **Beherzigung der handelspolitischen Relevanz der Wettbewerbsordnung** findet sich z.B. im **EG-Vertrag**, dessen liberale Handelsregeln ergänzt werden durch die Aufforderung, "a system ensuring that competition in the common market is not distorted"[2] zu schaffen.

Ungeachtet dieser offenkundigen Komplementarität bestehen **unterschiedliche Rechtsgrundlagen**: einerseits das Wettbewerbs- bzw. **Antitrust-Recht** und andererseits das internationale Handelsrecht mit seiner im vorliegenden Zusammenhang relevantesten Ausprägung, dem **Antidumping-Recht**.[3] Diese Trennung von Wettbewerbs- und Handelsrecht wird in Anbetracht der grundsätzlich übereinstimmenden Zielsetzungen zunehmend in Zweifel gezogen. Die in diesem Zusammenhang geführte Diskussion[4] konzentriert sich auf folgende Fragen:[5]

- Soll das Antidumping-Recht durch das Wettbewerbs-Recht abgelöst werden?

- Sollen auf internationaler Ebene wettbewerbsrechtliche Mindeststandards (z.B. das Kartellverbot) vereinbart werden?

---

[1] Vgl. ebd.

[2] Artikel 3(f) EG-Vertrag (zitiert nach Petersmann (1993b), S. 38).

[3] Vgl. Messerlin (1994).

[4] EU-Kommissar Sir Leon Brittan hat diese Diskussion massgeblich beflügelt durch seine anlässlich des Davoser Weltwirtschaftsforums im Februar 1992 geäusserte Ansicht, dass fehlende oder nicht durchgesetzte wettbewerbsrechtliche Bestimmungen als Marktzugangshindernis zu betrachten seien (vgl. Brittan (1992)).

[5] Vgl. Palmeter (1994).

3.3.2 Wettbewerbsregeln im WTO-System

Der GATT-Vertrag verpflichtet die Vertragsparteien nicht, *private* wettbe-werbsschädigende Geschäftspraktiken zu unterbinden.[1] Dessenunge-achtet weist das **Vertragswerk der Uruguay-Runde** eine Reihe von wettbewerbsrelevanten Bestimmungen auf, die sich sowohl auf **staatliche** (z.b. Subventionsvergabe, Verhängung von Antidumping- und Aus-gleichszöllen und Staatshandelsaktivitäten) **als auch private Wettbe-werbsbeeinträchtigungen** (z.b. Dumping und wettbewerbsbehindernde Lizenzverträge) erstrecken.[2]

Besonders hervorzuheben ist die **neue WTO-Subventionsordnung:**[3] Sie ist als Versuch zu werten, suboptimale handelspolitische Massnahmen, d.h. Ausgleichszölle, durch **Wettbewerbsregeln zur Eindämmung wettbewerbsverzerrender Subventionen** zu ersetzen.[4] Die wirtschafts-wissenschaftliche Rechtfertigung dieser Reformen liefert die **Theorie der optimalen Intervention**: Um Marktunvollkommenheiten (z.B. Wettbe-werbsverfälschungen durch Kartellabsprachen) zu korrigieren, sollte die Regierung dergestalt intervenieren, dass das **Problem an der Wurzel bekämpft** wird. Auf diese Weise können die interventionsbedingten Effi-zienz- und Wohlfahrtsverluste minimiert werden.[5]

Die Handlungsempfehlung an die Politiker lautet somit, produktions- oder konsumbedingten Formen des Marktversagens durch binnenwirtschafts-

---

[1] Vgl. Petersmann (1994), Abschnitt 2.2.4.

[2] Vgl. zu einer umfassenden Darstellung ebd., Abschnitt 3.

[3] Vgl. Abschnitt 2.3.3 dieses Buches.

[4] Vgl. Petersmann (1994), Abschnitt 3.1(f).

[5] Vgl. ausführlich zur Theorie der optimalen Intervention Corden (1974).

politische, und nicht handelspolitische Massnahmen zu begegnen.[1]

Unter dem Blickwinkel der Theorie der optimalen Intervention verdient auch das **TRIPs-Abkommen** eine besondere Würdigung: Die durch Mängel im Immaterialgüterrechtsschutz verursachten Handelsverzerrungen werden nicht durch (suboptimale) handelspolitische Massnahmen bekämpft, sondern durch die Verpflichtung der WTO-Mitglieder, Mindeststandards zum Schutz geistiger Eigentumsrechte in ihre jeweilige nationale Rechtsordnung aufzunehmen.[2]

Weniger positiv ist die Einschätzung der Verhandlungsergebnisse im **Antidumping-Bereich**: Das neue Abkommen verspricht kaum grundlegende Reformen auf dem Weg zu einer an den Wurzeln des Dumping-Problems ansetzenden Politik. Im einzelnen lassen sich folgende **Kritikpunkte** anführen:[3]

● Die GATT/WTO-Regeln kurieren an den Symptomen des Dumping, ohne seine Ursachen wirksam bekämpfen zu können. Multilateral vereinbarte wettbewerbsrechtliche Mindeststandards fehlen bislang. Sie könnten das Problem an der Wurzel treffen, denn Dumping auf Auslandsmärkten ist in der Regel nur möglich, wenn auf dem Heimmarkt des Exporteurs unvollkommener Wettbewerb herrscht. Verfügt der Anbieter auf dem Heimmarkt über (monopolistische) Marktmacht, kann die abgeschöpfte Monopolrente zur Finanzierung von Dumpingverkäufen im Ausland verwendet werden. Diese

---

[1] So auch Petersmann (1993b), S. 59: "(...), domestic distortions should be corrected through non-discriminatory non-border measures [z.B. Steuern oder Subventionen], and interventions in trade [z.B. Zölle oder mengenmässige Einfuhrbeschränkungen] are not an efficient optimal policy.".

[2] Vgl. Abschnitt 2.6 dieses Buches.

[3] Vgl. Abschnitt 2.3.2 dieses Buches.

Strategie geht jedoch nur dann auf, wenn der Heimmarkt des Exporteurs hinreichend abgeschottet ist, so dass internationale Preisarbitrage, die Dumping konterkarieren würde, ausgeschlossen ist.[1] Die WTO-Mitglieder greifen stattdessen auf **Antidumpingzölle** zurück, die aus Sicht der Theorie der optimalen Intervention ein **suboptimales Instrument** darstellen.[2]

● Die herrschende **Antidumpingpraxis** verfolgt in vielen Fällen weniger das Ziel, "räuberisches", d.h. auf Markteroberung und anschliessende -ausbeutung gerichtetes Dumping zu bekämpfen, als vielmehr den auf ineffizienten inländischen Anbietern lastenden Importkonkurrenzdruck abzumildern. Zu diesem **protektionistischen Zweck** werden bei Antidumping-Verfahren, die sich gegen Ausländer richten, in der Regel strengere Massstäbe angelegt als im nationalen Wettbewerbsrecht, das für Inländer gilt. So legen die zuständigen Antidumpingbehörden in den USA bei der Ermittlung eines Dumpingtatbestands die totalen Durchschnittskosten des Importeurs zugrunde, während bei internen Wettbewerbsverfahren die - niedrigeren - variablen Durchschnittskosten betrachtet werden. Ausländischen Produzenten kann dadurch sehr viel leichter "Dumping" (Preissetzung unterhalb der Produktionskosten) "nachgewiesen" werden als inländischen Produzenten.[3] Darüber hinaus

---

[1] Vgl. Beseler/Williams (1986), S. 51, Kewalram (1993), S. 112, Vermulst (1993), S. 71, sowie Krugman/Obstfeld (1994), S. 134.

[2] Brittan (1992) führt hierzu plastisch aus: "Unfair trade is a cancer. Anti-dumping might be compared to chemotherapy - a desperate and damaging remedy. Our aim - through competition policy - must be to cure the cancer itself before it takes hold." (zitiert nach Vermulst (1993), S. 55).

[3] Vgl. zu dieser Diskriminierung ausländischer gegenüber inländischen Anbietern Vermulst (1993), S. 72, sowie zu weiteren Beispielen Hauser/Schoene (1994), Abschnitt 3.2.

fehlt im Rahmen der meisten Antidumpingverfahren die Unterscheidung zwischen wohlfahrtssteigerndem und "räuberischem" Dumping.[1]

Alles in allem lässt sich jedoch eine ermutigende Bilanz ziehen: Zahlreiche Abkommen der Uruguay-Runde (v.a. das TRIPs-Abkommen) weisen Wettbewerbsregeln auf, die deutlich über den Regelungsumfang der traditionellen Handelspolitik hinausgehen. Der neuen **WTO-Ordnung** liegt somit ein sehr **viel weiter gefasster Marktzugangsbegriff** zugrunde als dem "alten" GATT. Innerstaatlichen Marktzugangsbarrieren (z.b. fehlender oder unzureichender geistiger Eigentumsschutz) wird auf diese Weise Rechnung getragen.[2]

3.3.3   Zwei alternative Ansätze einer internationalen Wettbewerbspolitik

Das **gemeinsame Ziel** der im folgenden zu diskutierenden Vorschläge besteht darin, **Effizienz- und Wohlfahrtsverluste infolge *privaten* anti-kompetitiven Verhaltens zu verringern** und hierzu im Vergleich zu den bisherigen Antidumpingmassnahmen wirksamerere und unter dem Gesichtspunkt des liberalen Welthandels unbedenklichere Instrumente zu

---

[1] Mit anderen Worten: Das Interesse der Konsumenten an niedrigen Importpreisen wird bei der Antidumping-Untersuchung nicht berücksichtigt, denn in der Regel wird auch wettbewerbspolitisch unbedenkliches Dumping in Form internationaler Preisdifferenzierung (z.B. infolge von Zollbarrieren und unterschiedlichen Preiselastizitäten der Nachfrage) mit Antidumpingzöllen geahndet (vgl. Petersmann (1993b), S. 62).

[2] Vgl. Petersmann (1994).

entwickeln. Es herrschen jedoch unterschiedliche Vorstellungen darüber, auf welchem Weg dieses gemeinsame Ziel verwirklicht werden soll:

1. Schaffung eines Systems internationaler Wettbewerbsregeln[1]

Unter dem Dach der WTO könnten multilateral oder plurilateral im Rahmen eines Kodex **wettbewerbsrechtliche Mindeststandards** (z.B. das Verbot von Exportkartellen und bestimmter Monopolformen) vereinbart werden. Nach dem Vorbild des TRIPs-Abkommens wäre eine Einbeziehung der nationalen Gerichte in das Durchsetzungssystem denkbar. Als **Ergänzung der dezentralen Durchsetzung** käme die Unterwerfung eines solchen Wettbewerbsabkommens unter das **multilaterale WTO-Streitschlichtungsverfahren** in Betracht.[2]

Mit der Vereinbarung internationaler Wettbewerbsregeln sind jedoch **Probleme**, ja sogar **Gefahren**, verbunden:

● Es dürfte sich als äusserst schwierig erweisen, einen internationalen Konsens im Bereich der Wettbewerbsregeln herzustellen.[3] Selbst innerhalb der OECD bestehen beträchtliche Unterschiede zwischen den nationalen Wettbewerbsordnungen, insbesondere hinsichtlich der Beurteilung der positiven Effekte von Firmenzusammenschlüssen.[4]

● Die Harmonisierung von Wettbewerbsregeln führt zu einer Ab-

---

[1] Vgl. Petersmann (1994).

[2] Vgl. ausführlich ebd., Abschnitt 5.3.

[3] Jackson (1994), Abschnitt 6, führt die Definition wettbewerbsschädigender vertikaler Integration sowie die Duldung von Exportkartellen und Importmonopolen als denkbare Problembereiche an.

[4] Vgl. zu einer komparativen Analyse des kanadischen, US- und EU-Wettbewerbsrechts Campbell/Trebilcock (1992).

schwächung des internationalen regulatorischen Wettbewerbs.[1] Auf diese Weise wird die Lösung der nach wie vor offenen Frage nach der optimalen Wettbewerbspolitik beträchtlich erschwert.[2]

2. Extraterritoriale Anwendung des nationalen Wettbewerbsrechts[3]

Ausgehend vom Beispiel der USA und EU greifen immer mehr Länder zu einer extraterritorialen Anwendung ihres jeweiligen nationalen Wettbewerbsrechts auf wettbewerbsschädigende Geschäftspraktiken *ausländischer* Unternehmen, sofern derartige Verhaltensweisen zu einer Beeinträchtigung des Wettbewerbs in den jeweiligen Ländern führen. Somit werden alle Praktiken und Verhaltensweisen, die **Auswirkungen im Inland**[4] haben, der nationalen Wettbewerbsgesetzgebung unterworfen, unabhängig davon, ob es sich um unternehmerische Aktivitäten innerhalb oder ausserhalb der nationalen Grenzen handelt. Die **Bekämpfung wettbewerbsschädigenden Verhaltens von Exporteuren auf den Exportmärkten mit den Mitteln des *jeweiligen nationalen* Wettbewerbsrechts**[5] belässt die Möglichkeit eines internationalen regula-

---

[1] Vgl. Hauser/Schoene (1994), Abschnitt 3.3.

[2] Vgl. ebd. zu einem kurzen Überblick über die wichtigsten wettbewerbstheoretischen Lehrmeinungen.

[3] Eine detaillierte Diskussion dieses Ansatzes findet sich in Hauser/Schoene (1994).

[4] Hierbei wird die sogenannte "effects doctrine" zugrundegelegt (vgl. Petersmann (1994), Abschnitt 2.3.1).

[5] Um wettbewerbsbeeinträchtigendem Verhalten *inländischer* importkonkurrierender Unternehmen (z.B. Kartellabsprachen zwischen Importeuren) zu begegnen, zählen Hauser/Schoene (1994) auf das GATT: Die staatliche Unterstützung oder Duldung von wettbewerbsbehindernden Praktiken inländischer Firmen könnte dem multilateralen WTO-Streitschlichtungsmechanismus unter-

torischen Wettbewerbs und damit der schrittweisen Annäherung an die "optimale" Wettbewerbspolitik.[1]

Es werden jedoch auch gegen diese Lösung zahlreiche Kritikpunkte vorgebracht, so z.B.:

● Die extraterritoriale Anwendung des nationalen Wettbewerbsrechts stösst in der Praxis auf zahlreiche Probleme, so z.b. bei der Beschaffung von relevanten Firmen- und Marktinformationen und der Durchsetzung der Entscheidungen der inländischen Wettbewerbsbehörden oder -gerichte im Ausland. Diese Probleme sollten jedoch nicht überschätzt werden, da die grössten Exporteure in der Regel mit Tochtergesellschaften, Zweigniederlassungen, Vertriebsagenturen etc. im Inland vertreten sind und damit von den Behörden des Importlandes zur Zusammenarbeit gezwungen werden können. Darüber hinaus bestehen zahlreiche bilaterale zwischenstaatliche Abkommen zur Erleichterung der gegenseitigen extraterritorialen Rechtsanwendung im jeweiligen Ausland.[2]

● Im Vergleich zu internationalen Wettbwerbsregeln ist die extraterritoriale Rechtsanwendung ein suboptimales Politik-Instrument,

---

worfen werden. Hierzu wäre eine "mutigere" Interpretation der "non-violation clause" des GATT-Vertrages erforderlich: Diese Klausel erlaubt ein Vorgehen gegen staatliche Praktiken (z.B. die wohlwollende Duldung von Importkartellen), die im GATT eingegangene Marktzugangskonzessionen faktisch zunichte machen, ohne im streng juristischen Sinne gegen den GATT-Vertrag zu verstossen (vgl. hierzu auch Jackson (1994), Abschnitt 5).

[1] Vor allem aus diesem Grund geben u.a. Hauser/Schoene (1994) der "nationalen" Lösung den Vorzug gegenüber einem System international harmonisierter Wettbewerbsregeln.

[2] Vgl. Hauser/Schoene (1994), Abschnitt 3.1, sowie Petersmann (1994), Abschnitte 2.3.1 und 5.2.

da sie anti-kompetitives Verhalten in der Regel nicht an der Wurzel zu beseitigen vermag.[1]

Welcher der beiden vorgestellten Ansätze sich schliesslich durchsetzen wird, bleibt abzuwarten. Ermutigend unter dem Aspekt des liberalen Welthandels ist jedoch die Aussicht, dass beide Varianten die Möglichkeit eröffnen, auf Antidumpingmassnahmen, die allzuoft zu Zwecken eines selektiven Protektionismus missbraucht werden, künftig zu verzichten. Entsprechend heftiger Widerstand ist insbesondere von bedrängten importkonkurrierenden Branchen zu erwarten, die zurecht mit verstärktem Importdruck rechnen müssten, wenn künftig an ausländische Konkurrenten nicht strengere wettbewerbsrechtliche Massstäbe als an sie selbst angelegt werden würden.[2]

---

[1]   Vgl. Immenga (1994), Abschnitt 1. Petersmann (1994), Abschnitt 3.2.1, begründet die Unterlegenheit der extraterritorialen Rechtsanwendung u.a. mit dem Fehlen wettbewerbsrechtlicher Bestimmungen in vielen Ländern, unzureichenden Durchsetzungsmöglichkeiten und mangelnder zwischenstaatlicher Kooperationsbereitschaft.

[2]   Vgl. zu diesen polit-ökonomischen Aspekten Petersmann (1994), Abschnitt 5.4.

Die wichtigsten Aussagen des Buches

● **Der GATT-Vertrag als Grundlage der neuen Welthandelsordnung**

Die neue Welthandelsordnung beruht auf dem **GATT-Vertrag** aus dem
Jahre **1947**, ergänzt um einige geringfügige Revisionen durch die Uruguay-Runde. Somit liegen auch dem neuen WTO-Welthandelssystem
folgende **Kernprinzipien** zugrunde:

* Nichtdiskriminierung (Meistbegünstigung und Inländerbehandlung),
* Verbot mengenmässiger Handelsbeschränkungen,
* progressive Liberalisierung und rechtsverbindliche Festschreibung
  der Marktzugangsbedingungen,
* Eindämmung nicht-tarifärer Handelshemmnisse,
* Schutzklauseln und
* multilaterale Streibeilegung.

Die in den 1970er Jahren vereinbarten **Kodizes** mit begrenzter Mitgliedschaft, d.h. die den GATT-Vertrag erläuternden Zusatzabkommen (z.B.
über Antidumpingmassnahmen, Subventionen und technische Handelshemmnisse), wurden im Rahmen der Uruguay-Runde fortentwickelt und
bilden in ihrer neuen Gestalt einen wichtigen Bestandteil der neuen Welthandelsordnung.

● **Die neue Ordnung als Quantensprung**

Das WTO-Welthandelssystem tritt voraussichtlich zum 1. Juli 1995 in
Kraft. Es kann aus folgenden Gründen als ein Quantensprung in den
internationalen Handelsbeziehungen bezeichnet werden:

* Die **Einfuhrzölle** konnten zusätzlich **abgebaut**, in bestimmten
  Sektoren sogar gänzlich beseitigt werden. Erstmals werden auch

die **Entwicklungs- und Schwellenländer** substantielle **Zollsenkungen und -bindungen** vornehmen.

- Das für den Güterhandel relevante **GATT-Regelwerk** konnte beträchtlich **gestärkt** werden. Als Beispiele seien angeführt:

  - die erstmalige Ächtung von "Grauzonenmassnahmen" (v.a. "freiwillige" Exportbeschränkungsabkommen),

  - schärfere multilaterale Regeln für die Subventionsvergabe,

  - die Stärkung der Nichtdiskriminierungsverpflichtung im Bereich der technischen Handelshemmnisse sowie

  - neu geschaffene Regeln für die Handhabung von Warenversandkontrollen und Ursprungsregeln.

- Die bislang faktisch ausserhalb jeder GATT-Disziplin stehenden Sektoren **Landwirtschaft** und **Textilien/Bekleidung**, d.h. ca. 20 % des Welthandelsvolumens, werden **der WTO-Ordnung unterworfen**. Handelskonflikte können somit künftig multilateral beigelegt werden.

- Das GATT-System erfasst bislang lediglich den Güterhandel. Die neue Welthandelsordnung geht weit darüber hinaus, indem

  - **Dienstleistungen**,

  - **geistige Eigentumsrechte** und

  - **Direktinvestitionen**

  einbezogen werden. Auf diese Weise trägt die WTO-Ordnung der zunehmenden Bedeutung des internationalen Dienstleistungshandels, der handelsverzerrenden Wirkungen unzureichenden geistigen Eigentumsschutzes sowie der fortschreitenden Internationalisierung der Produktion Rechnung. Das **handelshemmende Potential binnenwirtschaftspolitischer Massnahmen** (z.B. Direktinvestitionsauflagen, Regulierungen der Dienstleistungserbringung, Immaterialgüterrecht) findet erstmals seinen Niederschlag in multilateralen Regeln.

- Unter dem Dach der WTO wird ein grundlegend **reformiertes multilaterales Streitbeilegungsverfahren** etabliert, das eine effizientere Durchsetzung der verschiedenen Abkommen verspricht.

- An die Stelle des Grundsatzes der begrenzten Mitgliedschaft tritt der **"single package"-Ansatz**: Die 30 WTO-Abkommen müssen von allen Mitgliedsländern in ihrer Gesamtheit angenommen oder abgelehnt werden. Damit gehört "membership à la carte" der Vergangenheit an. Der "single package"-Ansatz führt zu einer vollständigen **Integration der Entwicklungs- und Schwellenländer in das multilaterale Handelssystem.**

● Noch unbewältigte Herausforderungen

Das mutlilaterale Handelssystem steht künftig vor folgenden, im Rahmen der Uruguay-Runde nicht aufgegriffenen Problemen:

- Es müssen griffigere Bestimmungen vereinbart werden, um zu verhindern, dass **regionale Integrationsräume** das liberale Welthandelssystem aushöhlen.

- Es müssen GATT-rechtliche Möglichkeiten geschaffen werden, um zur Bekämpfung grenzüberschreitender und globaler **Umweltprobleme** beitragen zu können, ohne umweltpolitisch bemäntelten Protektionismus zu ermutigen.

- Es müssen Vorkehrungen gegen **private Wettbewerbsbeschränkungen** getroffen werden, damit die im Rahmen der WTO erzielten Fortschritte beim Abbau staatlicher Handelshemmnisse nicht entwertet werden.

Index

Literaturverzeichnis

Abbott, K. W. (1988)

"Protecting First World Assets in the Third World: Intellectual Property Negotiations in the GATT Multilateral Framework", Vanderbilt Journal of Transnational Law 22, 689-745.

Andere, E. (1993)

"The Mexican Antidumping Regime - Regulatory Framework, Policies and Practice", Journal of World Trade 27:2, 5-36.

Anderson, D. (1987)

"The Single European Market and the Real Economy", Business Economics 24:4, 10-16.

Anderson, K. B. (1993a)

"Antidumping Laws in the United States - Use and Welfare Consequences", Journal of World Trade 27:2, 99-117.

Anderson, A. D. M. (1993b)

"An Analysis of the Proposed Subsidies Code Procedures in the "Dunkel Text" of the GATT Uruguay Round - The Canadian Exporters´ Case", Journal of World Trade 27:3, 71-100.

Anderson, A. D. M. and A. M. **Rugman** (1989)

"Subsidies in the U.S. Steel Industry: A New Conceptual Framework and Literature Review", Journal of World Trade 23:6, 59-83.

Arden-Clarke, C. (1991)

The General Agreement on Tariffs and Trade, Environmental Protection and Sustainable Development (World Wide Fund for Nature Discussion Paper). Geneva.

Ariff, M. (1989)

"TRIMs: A North-South Divide or a Non-issue?", World Economy 12, 347-360.

Asakura, H. (1993)

"The Harmonized System and Rules of Origin", Journal of World Trade 27:4, 5-21.

Balassa, B. (1961)

The Theory of Economic Integration. Homewood, Ill.

Balassa, B. (1989)

"Subsidies and Countervailing Measures: Economic Considerations", Journal of World Trade 23:2, 63-79.

Balassa, B. (1990)

"The United States", in: **Messerlin**, P. A. and K. P. **Sauvant** [Eds.], I he Uruguay Round: services in the world economy, 125-131. Washington, DC.

Baldwin, R. E. (1970)

Nontariff Distortions of International Trade. Washington, DC.

Baldwin, R. E. (1984)

"Trade Policies in Developed Countries", in: **Jones**, R. W. and P. B. **Kenen** [Eds.], Handbook of International Economics, Vol. 1, 571-619. Amsterdam.

Baldwin, R. E. (1992)

"Assessing the Fair Trade and Safeguards Laws in Terms of Modern Trade and Political Economy Analysis", World Economy 15, 185-201.

Barcelo, J. J. (1991)

"A History of GATT Unfair Trade Remedy Law - Confusion of Purposes", World Economy 14, 311-325.

Bast, J. und A. **Schmidt** (1991)

"Das GATT-Streitschlichtungsverfahren", Recht der Internationalen Wirtschaft (RIW) 11/1991, 929-934.

Bayard, T. O. and K. A. **Elliott** (1992)

"Aggressive Unilateralism and Section 301: Market Opening or Market Closing?", World Economy 15, 685-706.

Beath, J. (1990)

"Innovation, Intellectual Property Rights and the Uruguay Round", World Economy 13, 411-426.

Berg, H. (1976)

Internationale Wirtschaftspolitik. Göttingen.

Bergeijk, P. A. G. (1991)

"International Trade and the Environmental Challenge", Journal of World Trade 25:6, 105-115.

Bergsten, C. F. (1974)

"Coming Investment Wars?", Foreign Affairs 53, 135-152.

Bergsten, C. F. and W. R. **Cline** (1982)

Trade Policy in the 1980s. Washington, DC.

Bergsten, C. F. and M. **Noland** [Eds.] (1993)

Pacific Dynamism and the International Economic System. Washington, DC.

Bernier, I. (1982)

"State Trading and the GATT", in: **Kostecki** [Ed.] (1982), State Trading in International Markets, 245-260. London.

Beseler, J. F. and A. **Williams** (1986)

Anti-Dumping and Anti-Subsidy Law: The European Communities. London.

Bhagwati, J. N. and H. **Patrick** [Eds.] (1990)

Aggressive Unilateralism. Ann Arbor.

Bhagwati, J. N. (1984)

"Splintering and Disembodiment of Services and Developing Nations", World Economy 7, 133-144.

Bhagwati, J. N. (1987)

"Trade in Services and the Multilateral Trade Negotiations", World Bank Economic Review 1, 549-569.

Bhagwati, J. N. (1988)

Protectionism. Cambridge, MA.

Bhagwati, J. N. (1991)

The World Trading System at Risk. New York.

Bhagwati, J. N. (1992a)

"The Threats to the World Trading System", World Economy 15, 443-456.

Bhagwati, J. N. (1992b)

"Regionalism versus Multilateralism", World Economy 15, 535-555.

Blankart, F. (1994)

"Das Ergebnis der Uruguay-Runde: Ein historischer Markstein, Schlussstein oder Startblock?", Aussenwirtschaft 49, 17-29.

Bourgeois, J. H. J. (1988)

"The GATT Rules for Industrial Subsidies and Countervailing Duties and the New GATT Round - The Weather and the Seeds", in: **Petersmann**, E.-U. und M. **Hilf** [Eds.] (1988), The New GATT Round of Multilateral Trade Negotiations, 219-236. Deventer (NL).

Bourgeois, J. H. J. (1991)

Subsidies and International Trade. Deventer, NL.

Brand, R. A. (1993)

"Competing Philosophies of GATT Dispute Resolution in the *Oilseeds* Case and the Draft Understanding on Dispute Settlement", Journal of World Trade 27:6, 117-144.

Breuss, F. (1990)

"Internationaler Handel mit Dienstleistungen - theoretische Ansätze", Aussenwirtschaft 45, 105-130.

Brittan, Sir L. (1992)

"A Framework for International Competition", Address at the World Economic Forum, Davos, Switzerland, February 3, 1992.

Brodnig, G. (1990)

Die friedliche Streitbeilegung im Rahmen des Allgemeinen Zoll- und Handelsabkommens. Wien.

Broll, U. (1993)

Internationaler Handel. München.

Burniaux, J.-M. and D. van der **Mensbrugghe** (1991)

"Trade Policies in a Global Context: Technical Specification of the Rural/ - Urban-North/South (RUNS) Applied General Equilibrium Model", Technical Papers No. 48 (OECD Development Centre). Paris.

Campbell, N. and M. J. **Trebilcock** (1992)

"A Comparative Analysis of Merger Law: Canada, the United States and the European Community", World Competition 15:3, 5-37.

Campiche, C. und G. **Löhrer** (1994)

"Total global", Bilanz - Das Schweizer Magazin für Politik und Wirtschaft, März 1994, 94-102.

Canal-Forgues, E. and R. **Ostrihansky** (1990)

"New Developments in the GATT Dispute Settlement Procedures", Journal of World Trade 24:2, 67-90.

Charnovitz, S. (1991)

"Exploring the Environmental Exception in GATT Article XX", Journal of World Trade 25:5, 37-55.

Cherry, C. A. (1993)

"Environmental Regulation within the GATT regime - A new definition of 'product'", UCLA Law Review 40, 1061-1099.

Chin, J. C. and G. M. **Grossman** (1990)

"Intellectual Property Rights and North-South-Trade", in **Jones**, R. W. and A. O. **Krueger** [Eds.], The Political Economy of International Trade: Essays in Honor of Robert Baldwin, 90-107. Cambridge, MA.

Christians, A. (1990)

Immaterialgüterrechte und GATT. Frankfurt et al.

Christy, P. B. (1991)

"Negotiating Investment in the GATT: A Call for Functionalism", Michigan Journal of International Law 12, 743-798.

Cline, W. R. (1990a)

"Textiles and Apparel" in: **Schott**, J. J. [Ed.] (1990), Completing the Uruguay Round, 63-77. Washington, DC.

Cline, W. R. (1990b)

The Future of World Trade in Textiles and Apparel. Washington, DC.

Corden, W. M. (1974)

Trade Policy and Economic Welfare. Oxford.

Cottier, T. (1991)

"The Prospects for Intellectual Property in GATT", Common Market Law Review 28, 383-414.

Cottier, T. (1992)

"Intellectual Property in International Trade Law and Policy: The GATT Connection", Aussenwirtschaft 47, 79-105.

Courage-van Lier, I. H. (1984)

"Supervision within the General Agreement on Tariffs and Trade", in: **Dijk**, P. [Ed.] (1984), Supervisory Mechanisms in International Economic Organizations, 46-223. Antwerpen.

Dale, R. (1980)

Antidumping Law in a Liberal Trade Order. London.

Dam, K. W. (1963)

"Regional Economic Arrangements and the GATT: The Legacy of a Misconception", University of Chicago Law Review 30, 615-665.

Dam, K. W. (1970)

The GATT: Law and International Economic Organization. Chicago.

Davey, W. (1987)

"Dispute Settlement in GATT", Fordham International Law Review 11, 57-101.

Davidson, C., S. J. **Matusz** and M. E. **Kreinin** (1985)

"Analysis of Performance Standards for Foreign Direct Investment", Canadian Journal of Economics 18, 876-890.

Dhanjee, R. and L. **Boisson de Chazournes** (1990)

"TRIPs: Objectives, Approaches and Basic Principles of the GATT and of Intellectual Property Conventions", Journal of World Trade 24, 5-15.

Dijk, P. [Ed.] (1984)

Supervisory Mechanisms in International Economic Organizations. Antwerpen.

Djajic, S. and H. **Kierzkowski** (1989)

"Goods, Services and Trade", Economica 56, 83-95.

Drake, W. J. and K. **Nicolaides** (1992)

"Ideas, Interests, and Institutionalization", International Organization (1992), 37-100.

Dunning, J. H. (1993)

Multinational Enterprises and the Global Economy. Wokingham (England) et al.

Eglin, R. (1993)

"GATT and Environment", Ecodecision (March).

Eidgenössisches Volkswirtschaftsdepartement [EVD] (1994)

GATT-Kurzdokumentation. Bern.

Erzan, R. and P. **Holmes** (1990)

"Phasing Out the Multi-Fibre Arrangement", World Economy 13, 191-211.

Espiell, K. (1974)

"GATT: Accomodating General Preferences", Journal of World Trade Law 8:4, 341-363.

Esty, D. G. (1993)

"GATTing the Greens - Not Just Greening the GATT", Foreign Affairs 72:5, 32-36.

Esty, D. G. (1994)

Greening the GATT - Trade, Environment, and the Future. Washington, DC.

Ethier, W. (1991)

Moderne Aussenwirtschaftstheorie. München.

Etter, C. (1993)

"Epilogue: Implications for Swiss foreign economic policy", in: **Zweifel**, P. [Ed.]

(1993), Services in Switzerland - Structure, Performance and Implications of European Economic Integration. Heidelberg.

European Round Table of Industrialists [ERT] (1993)

Survey on improvements of conditions for investment in the developing world. Brussels, Vevey (Switzerland).

Feketekuty, G. (1992)

The New Trade Agenda (Group of Thirty: Occasional Paper No. 40). Washington, DC.

Fikentscher, W. (1983)

Wirtschaftsrecht, 2 Bde. München.

Finger, J. M. (1992)

"Dumping and Antidumping: The Rhetoric and the Reality of Protection in Industrial Countries", World Bank Research Observer 7:2, 121-143.

Finger, J. M. and K. C. **Fung** (1994)

"Can Competition Policy Control '301´?", erscheint in: Aussenwirtschaft 49:II.

Fontheim, C. G. B. and R. M. **Gadbaw** (1982)

"Trade Related Performance Requirements under the GATT/MTN System and U.S. Law", Law and Policy in International Business 14, 129-180.

Gadbaw, R. M. and T. J. **Richards** (1988)

Intellectual Property Rights. Global Consensus, Global Conflict? Boulder, London.

Gaisford, J. D. and D. L. **McLachlan** (1990)

"Domestic Subsidies and Countervail: The Treacherous Ground of the Level Playing Field", Journal of World Trade 24:4, 55-77.

Gandolfo, G. (1986)

International Economics. Berlin et al.

GATT (1987)

Activities 1986. Geneva.

GATT (1992a)

GATT - What it is, what it does. Geneva.

GATT (1992b)

International Trade 1990-91 (Vol. I). Geneva.

GATT (1993a)

Final Act Embodying the Results of the Uruguay Round of Multilateral Trade Negotiations. Geneva.

GATT (1993b)

Focus (GATT Newsletter), No. 104 (December 1993). Geneva.

Gilroy, B. M. (1993)

Networking in Multinational Enterprises - The Importance of Strategic Alliances. Columbia, S.C.

Girard, P.-L. (1994)

"Die Verhandlungen der Uruguay-Runde - eine erste Bilanz", Die Volkswirtschaft 3/94, 8-15.

Glick, L. A. (1984)

Multilateral Trade Negotiations: World Trade After the Tokyo Round. Totowa, NJ.

Graham, E. M. and P. R. **Krugman** (1990)

"Trade-Related Investment Measures", in: **Schott**, J. J. [Ed.] (1990), Completing the Uruguay Round. Washington, DC.

Grant, R. J., M. C. **Papadakis** and J. D. **Richardson** (1993)

"Global Trade Flows: Old Structures, New Issues, Empirical Evidence", in: **Bergsten**, C. F. and M. **Noland** [Eds.] (1993), Pacific Dynamism and the International Economic System, 17-64. Washington, DC.

Greenaway, D. (1983)

International Trade Policy. Basingstoke.

Greenaway, D. (1991)

"Why Are We Negotiating on TRIMs?", in: **Greenaway**, D., R. C. **Hine**, A. P. **O'Brien** and R. J. **Thornton** [Eds.] (1991), Global Protectionism, 145-168. London.

Greenaway, D. (1992)

"Trade Related Investment Measures and Development Strategy", Kyklos 45, 139-159.

Greenaway, D., R. C. **Hine**, A. P. **O'Brien** and R. J. **Thornton** [Eds.] (1991)

Global Protectionism. London.

Greenaway, D. and A. **Sapir** (1992)

"New issues in the Uruguay Round - Services, TRIMs and TRIPs", European Economic Review 36, 509-518.

Greenaway, D. and L. A. **Winters** [Eds.] (1994)

Surveys in International Trade. Oxford, Cambridge.

Grossman, G. M. (1981)

"The Theory of Domestic Content Protection and Content Preference", Quarterly Journal of Economics 96, 583-603.

Hamilton, C. and J. **Whalley** (1990)

"Safeguards", in: **Schott**, J. J. [Ed.] (1990), Completing the Uruguay Round, 79-91. Washington, DC.

Hanel, P. (1993)

"Standards in International Trade: A Canadian Perspective", Canadian Journal of Administrative Sciences 10, 83-95.

Hathaway, D. E. (1987)

Agriculture in the GATT: Rewriting the Rules. Washington.

Hathaway, D. E. (1990)

"Agriculture", in: **Schott**, J. J. [Ed.] Completing the Uruguay Round, 51-62. Washington, DC.

Hauser, H. (1991)

"Das GATT und die Uruguay Runde", Dokumentation zur Wirtschaftskunde Nr. 1/2 1991. Herausgeber: Gesellschaft zur Förderung der schweizerischen Wirtschaft. Zürich.

Hauser, H. und K.-U. **Schanz** (1993a)

"Was bringt die Uruguay-Runde", Dokumentation zur Wirtschaftskunde Nr. 4/1993. Herausgeber: Gesellschaft zur Förderung der schweizerischen Wirtschaft. Zürich.

Hauser, H. und K.-U. **Schanz** (1993b)

Die wirtschaftliche Bedeutung der Uruguay-Runde für die Schweiz - Gutachten zuhanden des Bundesrates. Zürich, Chur.

Hauser, H. und R. E. **Schoene** (1994)

"Is there a Need for International Competition Rules", erscheint in: Aussenwirtschaft 49:II.

Hennart, J.-F. (1991)

"The transaction cost theory of the multinational enterprise", in: **Pitelis**, C. N. and R. **Sudgen** [Eds.](1991), The Nature of the Transnational Firm, 81-116. London.

Hill, T. P. (1977)

"On goods and services", The Review of Income and Wealth 23, 315-338.

Hillman, A. and P. **Moser** (1995)

"Trade Liberalization as Politically Optimal Exchange of Market Access", erscheint in: **Canzoneri**, M., W. **Ethier** and V. **Grilli**, The New Transatlantic Economy.

Hindley, B. (1990)

"Services", in: **Schott**, J. J. [Ed.] (1990), Completing the Uruguay Round. Washington, DC.

Hine, R. C. (1994)

"International Economic Integration", in: **Greenaway**, D. and L. A. **Winters** [Eds.], Surveys in International Trade, 234-272. Oxford, Cambridge.

Hoekman, B. M. (1989)

"Agriculture and the Uruguay Round", Journal of World Trade 23, 83-96.

Hoekman, B. M. (1990)

"Services - related production, employment, trade, and factor movements", in **Messerlin**, P. A. and K. P. **Sauvant** [Eds.], The Uruguay Round: services in the world economy, 27-46. Washington, DC.

Hoekman, B. M. (1992)

"Market Access through Multilateral Agreement: From Goods to Services", World Economy 15, 707-727.

Hoekman, B. M. (1993a)

"Safeguards Provisions and International Trade Agreements Involving Services", World Economy 16, 29-49.

Hoekman, B. M. (1993b)

"New Issues in the Uruguay Round and Beyond", Economic Journal 103, 1528-1539.

Hoekman, B. M. (1993c)

"Rules of Origin for Goods and Services: Conceptual Issues and Economic Considerations", Centre for Economic Policy Research Discussion Paper Series No. 821. London.

Horlick, G., R. **Quick** and E. A. **Vermulst** (1986)

"Government Actions Against Domestic Subsidies: An Analysis of the International Rules and an Introduction to United States' Practice", Legal Issues of European Integration 1, 1-51.

Horlick, G. (1993)

"How the GATT Became Protectionist - An Analysis of the Uruguay Round

Draft Final Antidumping Code", Journal of World Trade 27:5, 5-17.

Hudec, R. E. (1975)

The GATT Legal System and World Trade Diplomacy. New York.

Hudec, R. E. (1987)

Developing Countries in the GATT legal system. London.

Hudec, R. E. (1990)

"Dispute Settlement", in: **Schott**, J. J. [Ed.] (1990), Completing the Uruguay Round, 180-204. Washington, DC.

Hufbauer, G. C. (1990)

"Subsidies", in: **Schott**, J. J. [Ed.](1990), Completing the Uruguay Round, 93-107. Washington, DC.

Hufbauer, G. C. and J. S. **Erb** (1984)

Subsidies in International Trade. Washington, DC.

Hufbauer, G. C. and K. A. **Elliott** (1994)

Measuring the Costs of Protection in the United States. Washington, D.C.

Hungerford, T. L. (1991)

"GATT: A Cooperative Equilibrium in a Noncooperative Trading Regime?", Journal of International Economics 31, 357-369.

Immenga, U. (1994)

"Comment: The Failure of Present Institutions and Rules to Respond to the Globalization of Competition", erscheint in: Aussenwirtschaft 49:II.

Insergent, K. A., A. J. **Rayner** and R. C. **Hine** [Eds.](1994)

Agriculture in the Uruguay Round. London.

Ipsen, K. (1991)

Reform des Welthandelssystems? - Perspektiven zum GATT und zur Uruguay-Runde. Frankfurt am Main et al.

Islam, S. (1990)

"Asia Trade: Blind Man's Bluff - Hanging by a Thread", Far Eastern Economic Review 150:51, 57-58.

Jackson, J. H. (1989)

The World Trading System. Cambridge, MA.

Jackson, J. H. (1990a)

Restructuring the GATT System. London.

Jackson, J. H. (1990b)

"Reflections on Restructuring the GATT", in: **Schott**, J. J. [Ed.], Completing the Uruguay Round, 205-224. Washington, DC.

Jackson, J. H. (1993)

"Regional Trade Blocks and the GATT", World Economy 16, 121-131.

Jackson, J. H. (1994)

"Alternative Approaches for Implementing Competition Rules in International Economic Relations", erscheint in: Aussenwirtschaft 49:II.

Jackson, J. H. und W. **Davey** (1986)

Legal Problems of International Economic Relations. St. Paul, MI.

Jäger, T. (1992)

Streitbeilegung und Überwachung als Mittel zur Durchführung des GATT. Basel und Frankfurt/Main.

Jarchow, H.-J. und P. **Rühmann** (1993)

Monetäre Aussenwirtschaft (Band II: Internationale Währungspolitik). Göttingen.

Jones, R. W. and A. O. **Krueger** [Eds.](1990)

The Political Economy of International Trade: Essays in Honor of Robert Baldwin. Cambridge, MA.

Jones, K. (1989)

"Voluntary Export Restraints: Political Economy, History and the Role of the GATT", Journal of World Trade 23:3, 125-140.

Jones, R. W. and P. B. **Kenen** [Eds.] (1984)

Handbook of International Economics, Vol. 1. Amsterdam.

Josling, T. (1993)

"Agricultural Trade Issues in Transatlantic Trade Relations", World Economy 16, 553-573.

Kamien, M. I. and N. L. **Schwartz** (1982)

Market Structure and Innovation. New York.

Kartte, W. (1992)

"Ein Handelskodex der Grossen Sieben", Frankfurter Allgemeine Zeitung vom 15.02.1992.

Kewalram, R. P. (1993)

"The Australia-New Zealand Closer Economic Relations Trade Agreement - An Experiment with the Replacement of Anti-Dumping Laws by Trade Practices Legislation", Journal of World Trade 27:5, 111-124.

Kibola, H. S. (1989)

"Pre-Shipment Inspection and the GATT", Journal of World Trade 23:2, 49-61.

Kleen, P. (1989)

"The Safeguard Issue in the Uruguay Round - A Comprehensive Approach", Journal of World Trade 23:5, 73-92.

Komorosky, K. S. (1988)

"The Failure of Governments to Regulate Industry: A Subsidy Under the GATT?", Houston Journal of International Law (1988), 189-217.

Komuro, N. (1993)

"Japan's First Antidumping Measures in the *Ferro-Silico-Manganese* Case", Journal of World Trade 27:3, 5-30.

Kostecki , M. [Ed.] (1982)

State Trading in International Markets. London.

Kostecki, M. (1987)

"Export-restraint Arrangements and Trade Liberalization", World Economy 10, 425-444.

Kovenock, D. and M. **Thursby** (1992)

"GATT, Dispute Settlement and Cooperation", Economics and Politics 4, 151-170.

Krueger, A. O. (1974)

"The Political Economy of the Rent-Seeking Society", American Economic Review 64, 291-303.

Krugman, P. R. und M. **Obstfeld** (1994)

International Economics - Theory and Policy. New York.

Kulessa, M. E. (1992)

"Free Trade and the protection of the environment - Is the GATT in need of reform?", Intereconomics 27, 165-173.

Langhammer, R. J. (1991)

"Nachsitzen in der Uruguay-Runde", Kieler Diskussionsbeiträge Nr. 170, Institut für Weltwirtschaft Kiel.

Likar, L. (1993)

"Trade and the Transformation of Latin America", OECD Observer 183, 9-13.

Lloyd, P. J. (1992)

"Regionalisation and World Trade", OECD Economic Studies 18, 7-43.

Lloyd, P. J. (1993)

"A Tariff Substitute for Rules of Origin in Free Trade Areas", World Economy 16, 699-711.

Lochmann, M. W. (1986)

"The Japanese Voluntary Restraint on Automobile Exports: An Abandonment of the Free Trade Principles of GATT and the Free Market Principles of the US Antitrust Law", Harvard International Law Journal 27, 99-157.

Long, O. (1986)

Law and its Limitations in the GATT Multilateral Trade System. Dordrecht.

Marconini, M. (1990)

"The Uruguay Round negotiations on services: an overview", in **Messerlin**, P. A. and K. P. **Sauvant** [Eds.], The Uruguay Round: services in the world economy, 19-26. Washington, DC.

Maskus, K. E. (1990a)

"Intellectual Property", in: **Schott**, J. J. [Ed.] (1990), Completing the Uruguay Round. Washington, DC.

Maskus, K. E. (1990b)

"Normative Concerns in the International Protection of Intellectual Property Rights", World Economy 13, 387-409.

May, B. (1994)

"Der erfolgreiche GATT-Abschluss - ein Pyrrhussieg?", Europa-Archiv 2/1994, 33-42.

McCulloch, R. (1990)

"Services in the Uruguay Round", World Economy 13, 329-348.

McGovern, E. (1986)

International Trade Regulation. Exeter.

McGovern, E. (1991)

"Remedies for Subsidies", in: **Bourgeois**, J. H. J. [Ed.] (1991), Subsidies and International Trade. Deventer, NL.

McKenzie, P. D. (1990)

"China's Application to the GATT: State Trading and the Problem of Market Access", Journal of World Trade 24:5, 133-158.

McMillan, J. (1990)

"The Economics of Section 301: A Game-Theoretic Guide", Economics and Politics 2, 45-57.

Messerlin, P. A. and K. P. **Sauvant** [Eds.](1990)

The Uruguay Round: services in the world economy. Washington, DC.

Messerlin, P. A. (1990)

"Antidumping", in: **Schott**, J. J. [Ed.] (1990), Completing the Uruguay Round, 108-129. Washington, DC.

Messerlin, P. A. (1994)

"Should antidumping rules be replaced by national or international competition rules?", erscheint in: Aussenwirtschaft 49:II.

Miyagiwa, K. (1991)

"Oligopoly and Discriminatory Government Procurement Policy", American Economic Review 81:5, 1320-1328.

Müller, H.-J. (1986)

GATT-Rechtssystem nach der Tokio-Runde. Berlin (Ost).

Neue Zürcher Zeitung, diverse Ausgaben.

Nicolaides, P. (1989a)

"Economic Aspects of Services: Implications for a GATT Agreement", Journal of World Trade 23:1, 125-136.

Nicolaides, P. (1989b)

"The Problem of Regulation in Traded Services: The Implications for Reciprocal Liberalization", Aussenwirtschaft 44, 29-57.

Nicolaides, P. (1990)

"The Conduct of Anti-Dumping Policy", Aussenwirtschaft 45, 425-435.

Nicolaides, P. (1994)

"Reconciling Trade and Competition Policies", OECD Observer 187, 35-38.

Nicolaides, P. and R. **van Wijngaarden** (1993)

"Reform of Anti-Dumping Regulations - The Case of the EC", Journal of World Trade 27:3, 31-53.

Nunnenkamp, P. (1983)

"Technische Handelshemmnisse - Formen, Effekte und Harmonisierungs-bestrebungen", Aussenwirtschaft 38, 373-397.

OECD (1993a)

Foreign Trade by Commodities (1992), 2 Volumes. Paris.

OECD (1993b)

Agricultural Policies, Markets and Trade. Monitoring and Outlook 1993. Paris.

OECD (1994)

Monthly Statistics of Foreign Trade (January 1994). Paris.

Oppermann, T. und M. **Beise** (1994)

"Die neue Welthandelsordnung - ein stabiles Regelwerk für weltweiten Freihandel?", Europa-Archiv, Folge 7, S. 195-202.

Palmeter, N. D. (1990)

"The U.S. Rules of Origin Proposal to GATT: Monotheism or Polytheism?", Journal of World Trade 24:2, 25-36.

Palmeter, N. D. (1993)

"Pacific Regional Trade Liberalization and Rules of Origin", Journal of World Trade 27:5, 49-62.

Palmeter, N. D. (1994)

"Competition Policy and 'Unfair'Trade: First Do No Harm", erscheint in: Aussenwirtschaft 49:II.

Park, Y. S. (1976)

Oil Money and the World Economy. Boulder, Col.

Parker, R. P. (1989)

"Dispute Settlement in the GATT and the Canada-U.S. Free Trade Agreement", Journal of World Trade 23:3, 83-93.

Patterson, E. (1992)

"GATT and the Environment - Rules Changes to Minimize Adverse Trade and Environmental Effects", Journal of World Trade 26:3, 99-109.

Pelkmans, J. (1984)

Market Integration in the European Community. The Hague.

Perez-Lopez, J. F. (1991)

"GATT Safeguards: A Critical Review of Article XIX and Its Implementation in Selected Countries", Case Western Reserve Journal of International Law 23, 517-592.

Pescatore, P. (1993)

"The GATT Dispute Settlement Mechanism", Journal of World Trade 27:1, 5-20.

Pescatore, P., W. J. **Davey** and A. F. **Lowenfeld** [Eds.] (1993)

Handbook of GATT Dispute Settlement. New York, Deventer.

Petersmann, E.-U. und M. **Hilf** [Eds.] (1988)

The New GATT Round of Multilateral Trade Negotiations. Deventer (NL).

Petersmann, E.-U. (1988a)

"Grey Area Measures and the Rule of Law", Journal of World Trade 22:2, 23-44.

Petersmann, E.-U. (1988b)

"Strengthening GATT Procedures for Settling Trade Disputes", World Economy 11, 55-89.

Petersmann, E.-U. (1990a)

"Need for Reforming Antidumping Rules and Practices - The Messy World of Fourth-Best Policies", Aussenwirtschaft 45, 179-198.

Petersmann, E.-U. (1990b)

"Towards a New Multilateral Trading System and a New Trade Organization? - The Final Phase of the Uruguay Round", Aussenwirtschaft 45, 407-424.

Petersmann, E.-U. (1993a)

"International Trade Law and International Environmental Law - Prevention and Settlement of Disputes in GATT", Journal of World Trade 27:1, 43-81.

Petersmann, E.-U. (1993b)

"International Competition Rules for the GATT-MTO World Trade and Legal System", Journal of World Trade 27:6, 35-86.

Petersmann, E.-U. (1994)

"Proposals for Negotiating International Competition Rules in the GATT-WTO World Trade and Legal System", erscheint in: Aussenwirtschaft 49:II.

Porter, M. E. (1991)

Nationale Wettbewerbsvorteile. München.

Quick, R. (1983)

Exportselbstbeschränkungen und Artikel XIX GATT. Hamburg.

Qureshi, A. H. (1990)

"The New GATT Trade Policy Review Mechanism: An Exercise in Transparency or ´Enforcement‘?", Journal of World Trade 24:3, 147-160.

Qureshi, A. H. (1992)

"Some Reflections on the GATT TPRM, in the Light of the Trade Policy Review of the European Communities", Journal of World Trade 26:6, 103-120.

Raab, W. von (1991)

"Pre-Shipment Inspections: Improved Administration of an International Trade Regime", Journal of World Trade 25:5, 87-97.

Raaflaub, P. (1994)

Subventionsregeln der EU und des GATT - Theorie und Politik für die Hochtechnologie. Chur, Zürich.

Randzio-Plath, C. und H.-B. **Schäfer** (1991)

"Welthandel am Scheideweg - Probleme und Perspektiven der Uruguay-Runde des GATT", Bonn: Stiftung Enwicklung und Frieden.

Rayner, A. J., K. A. **Insergent** and R. C. **Hine** (1993)

"Agriculture in the Uruguay Round: An Assessment", Economic Journal 103, 1513-1527.

Reinert, K. A. (1993)

"Textile and Apparel Protection in the United States: A General Equilibrium Analysis", World Economy 16, 359-376.

Robertson, D. (1992)

GATT Rules for Emergency Protection. New York et al.

Robson, P. (1984)

The Economics of International Integration. London.

Rodrik, D. (1987)

"The Economics of Export-Performance Requirements", Quarterly Journal of Economics 102, 633-650.

Roessler, F. (1975)

"Selective Balance-of-Payment Adjustment Measures Affecting Trade: The Roles of the GATT and the IMF", Journal of World Trade Law 9, 622-653.

Roessler, F. (1989)

"The GATT Declaration on Trade Measures for Balance of Payments Purposes", Journal of International Law 23, 92-127.

Roningen, V. and P. **Dixit** (1989)

"Economic Implications of Agricultural Policy Reforms in Industrial Markets", USDA Staff Report No. AGES 89-363. Washington, DC.

Root, F. R. (1990)

International Trade and Investments. Cincinnati, OH, et al.

Sapir, A. and C. **Winter** (1994)

"Services Trade", in: **Greenaway**, D. and L. A. **Winters** [Eds.], Surveys in International Trade, 273-302. Oxford, Cambridge.

Scammell, W. M. (1964)

International Monetary Policy. London, New York.

Scammell, W. M. (1980)

The International Economy Since 1945. London.

Schanz, K.-U. (1994)

Die Bedeutung der Uruguay-Runde des GATT für die ABB Schweiz und ihre Gesellschaften - Gutachten zuhanden der Geschäftsleitung ABB Schweiz. Baden b. Zürich.

Scheibach, R. (1992)

Importrelevante Investitionsauflagen und das GATT. Frankfurt a. M.

Scheidegger, E. (1992)

Schweiz-EG 92: Mehr Wettbewerb durch den Binnenmarkt. Chur, Zürich.

Schoppe, S. G. [Hrsg.] (1992)

Kompendium der internationalen Betriebswirtschaftslehre. München.

Schöppenthau, Ph. v. (1993)

"Multifaserabkommen - Quo vadis? Der Welttextilhandel nach der Uruguay - Runde", Aussenwirtschaft 48, 309-336.

Schott, J. J. [Ed.] (1990)

Completing the Uruguay Round. Washington, DC.

Schott, J. J. (1990)

"The Uruguay Round: What Can Be Achieved?", in: **Schott**, J. J. [Ed.] (1990), Completing the Uruguay Round. Washington, DC.

Schuknecht, L. (1992)

Trade Protection in the European Community. Reading.

Senti, R. (1986)

GATT - System der Welthandelsordnung. Zürich.

Senti, R. (1994)

"Die Integration als Gefahr für das GATT", Aussenwirtschaft 49, 131-150.

Siebert, H. (1988)

"Ansatzpunkte zur Überwindung der internationalen Verschuldungsfrage", Wirtschaftswissenschaftliches Studium 17, 501-506.

Siebert, H. (1991)

Aussenwirtschaft. Stuttgart.

Simon, E. (1986)

"U.S. Trade Policy and Intellectual Property Rights", Albany Law Review 50,

501-507.

Smeets, H.-D. (1987)

Importschutz und GATT. Bern und Stuttgart.

Snape, R. E. (1991)

"International Regulation of Subsidies", World Economy 14, 139-164.

Södersten, B. (1980)

International Economics. London.

Sorsa, P. (1992)

"GATT and the Environment", World Economy 15, 115-133.

Stecher, B. (1980)

"Zum Stand der internationalen Handelspolitik nach der Tokio-Runde", Kieler Diskussionsbeiträge Nr. 69, Institut für Weltwirtschaft Kiel.

Steil, B. (1994)

"Labor and free trade: 'Social correctness´ is the new protectionism", Foreign Affairs 73:1, 14-20.

Stern, R. M., J. H. **Jackson** and B. M. **Hoekman** (1988)

An Assessment of the GATT Codes on Non-Tariff Measures. Brookfield, VT.

Stevens, C. (1994)

"The Greening of Trade", OECD Observer 187, 32-34.

Subramaniam, A. (1990)

"TRIPs and the Paradigm of the GATT: a Tropical, Temperate View", World Economy 13, 509-521.

Sutherland, P. D. (1994)

"Global Trade - The Next Challenge", Aussenwirtschaft 49, 7-16.

Sykes, A. O. (1991)

"Protectionism as a 'Safeguard´: A Positive Analysis of the GATT 'Escape Clause´ with Normative Speculations", University of Chicago Law Review 58, 255-305.

Tan, A. (1989)

"Payments Imbalances, Sudden Surges and Safeguards", World Economy 12, 325-338.

Tang, X. (1989)

"Textiles and the Uruguay Round of Multilateral Trade Negotiations", Journal of World Trade 23:3, 51-68.

Tharakan, P. K. M. (1993)

"Contingent Protection: The US and EC Anti-Dumping Actions", World Economy 16, 575-600.

Thomas, C. and G. A. **Tereposky** (1993)

"The Evolving Relationship Between Trade and Environmental Regulation", Journal of World Trade 27:4, 23-45.

Trela, I. and J. **Whalley** (1988)

"Do Developing Countries Lose from the MFA?", Working Paper (Centre for the Study of International Economic Relations, University of Western Ontario). London, Ontario.

Tschofen, F. (1992)

"Multilateral Approaches to the Treatment of Foreign Investment", Foreign Investment Law Journal 7, 384-427.

Tyers, R. and K. **Anderson** (1988)

"Liberalising OECD agricultural policies in the Uruguay Round: effects on trade and welfare", Journal of Agricultural Economics 39, 197-216.

Tyers, R. (1994)

"The Cairns Group Perspective", in: **Insergent**, K. A., A. J. **Rayner** and R. C. **Hine** [Eds.], Agriculture in the Uruguay Round. London.

Tyson, L. (1992)

Who´s bashing Whom? Trade Conflict in High-Technology Industries. Washington, DC.

UN (1993)

Statistical Yearbook (38th Issue). New York.

United States International Trade Commission [USITC] (1988)

"Economic Effects of Intellectual Property Rights Infringement", Journal of World Trade 22:4, 101-114.

Vermulst, E. and P. **Waer** (1990)

"European Community Rules of Origin as Commercial Policy Instruments", Journal of World Trade 24:3, 55-99.

Vermulst, E. (1992)

"Rules of Origin as Commercial Policy Instruments - Revisted", Journal of World Trade 26:6, 61-102.

Vermulst, E. (1993)

"A European Practioner's View of the GATT System - Should Competition Law

Violations Distorting International Trade Be Subject to GATT Panels?", Journal of World Trade 27:2, 55-75.

Viner, J. (1923)

Dumping: A Problem in International Trade. Chicago.

Viner, J. (1950)

The Customs Union Issue. New York.

Vosgerau, H.-J. (1993)

"Trade Policy and Competition Policy in Europe - Complementarities and Contradictions", Universität Konstanz, Sonderforschungsbereich 178 "Internationalisierung der Wirtschaft" (Serie II, Nr. 198).

Waer, P. (1993)

"Constructed Normal Values in EC Dumping Margin Calculations - Fiction, or a Realistic Approach?", Journal of World Trade 27:4, 47-80.

Whalley, J. [Ed.] (1989)

The Uruguay Round and Beyond. London.

Whalley, J. (1991)

"The interface between environmental and trade policies", Economic Journal 101, 180-189.

Winters, L. A. (1990)

International Economics. London.

Woss, H. (1993)

"Calculating customs valuation", Business Mexico 3:6, 38-39.

Yusuf, A. (1980)

"Differential and More Favorable Treatment: The GATT Enabling Clause", Journal of World Trade Law 14, 488-507.

Zweifel, P. [Ed.] (1993)

Services in Switzerland - Structure, Performance and Implications of European Economic Integration. Heidelberg.